KB266510

기억을 팝니다

기억을 팝니다

SMALL CHANGE
BIG IMPACT

사랑받는 매장의
여섯 가지
리테일 전략

김용일 지음

SIGONGSA

김현정, 삼성전자 VD사업부 리테일그룹 그룹장

전 세계 55개국, 1만 5천여 개 매장. 그리고 전체 매출의 70%를 만들어 내는 오프라인 공간. 20년 연속 글로벌 1위 브랜드의 리테일 경쟁력 뒤에는 언제나 '사람'이 존재해 왔다. 나는 약 10년의 시간 동안 김용일 디렉터와 함께 이 공간을 만들고, 변화의 흐름을 지나왔다. 사람들이 매장에 5분 이상 머무는 것조차 조심스러워하던 팬데믹 시기부터 다시 매장을 찾고 경험을 회복해 온 지금까지, 오프라인 공간은 멈추지 않고 끊임없이 변화해 왔다. 그리고 우리는 그 변화 속에서 늘 새로운 답을 찾아야 했다.

매장은 고정된 구조물이 아니다. 매장은 살아 움직인다. 시간에 따라 달라지고, 어느 나라에 존재하는지, 어떤 고객을 만나는지, 어떤 유통 환경 안에 놓여 있는지에 따라 전혀 다른 방식으로 소비자와 만난다. 그래서 리테일은 단순한 전시나 운영의 문제가 아니다. 결국 중요한 것은 소비자에게 무엇을 경험하게 할 것인가, 그리고 그 경험 가운데 무엇을 기억으로 남길 것인가에 대한 질문이다.

김용일 디렉터는 각 나라의 서로 다른 유통 환경과 변화하는 소비자를 깊이 이해하며, 글로벌 매장이 때로는 같게, 때로는 다르게 진화해야 하는 이유를 누구보다 현장 가까이에서 오래 고민해 온 사람이다. 정답이 하나로 정해져 있지 않은 글로벌 리테일의 현장에서 국가마다, 고객마다, 환경마다 다르게 완성되어야 하는 매장의 본질을 이해하고, 그 차이를 실제 해답으로 연결해 온 사람 중 한 명이기도 하다.

이 책은 매장을 '어떻게 만들 것인가'를 설명하는 책이 아니다. 오히려 사람에게 오래 기억에 남는 경험이란 무엇인지, 그리고 친구를 만난 것처럼 자연스럽지만 분명한 인상을 어떻게 공간 안에 남길 수 있는지를 이야기하는 책에 가깝다. 현장에서 축적해 온 시간과 고민, 그리고 섬세한 시선이 담긴 이 책이 매장을 통해 소비자에게 무엇을 남길 것인지 고민하는 이들에게 작은 힌트이자 깊은 영감이 되기를 바란다.

손용석, 경희대학교 경영대학원 교수

경영학자로서 나는 오랫동안 리테일을 유통 채널 혹은 매출이 발생하는 접점으로 분석해 왔다. 전통적인 경영학에서 매장은 효율성, 회전율, 비용 구조, 입지, 재고 관리 같은 지표로 평가되는 운영 단위였다. 그러나 이 책은 그러한 관점을 근본적으로 확장한다. 저자는 매장을 단순한 판매 공간이 아니라, 소비자의 인지 구조가 재편되고 위험 인식이 조정되며 선택의 부담이 관리되는 하나의 종합적 경영 시스템으로 정의한다.

이 책이 제시하는 핵심 통찰은 분명하다. 리테일의 성과는 제품이나 가격만으로 결정되지 않으며, 소비자의 기억과 감정, 판단 기준이 어떻게 형성되는가에 의해 장기적으로 좌우된다. 이는 소비자 경험을 감성 마케팅이나 디자인의 문제로 축소해 다루어 온 기존 접근과 뚜렷이 구분된다. 저자는 동선, 조명, 소리, 색채, 정보 밀도, 직원 응대, 대기 시간, 결제 구조 같은 요소들을 모두 경영 변수이자 행동을 조정하는 설계 도구로 다룬다. 이러한 접근은 서비스 운영 이론, 행동 경제학, 인지 심리학, 조직 설계 논의를 하나의 실천적 프레임으로 통합한다. 특히 인상적인 부분은 만족과 기억을 구분하는 분석이다. 많은 기업이 소비자 만족도를 성과 지표로 관리하지만, 이 책은 만족이 반드시 재방문과 충성도로 이어지지 않는다는 점을 명확히 지적한다. 대신 저자는 회상 가능한 기억 구조, 다시 말해 시간이 지나도 소비자의 머릿속에서 재생되는 경험의 형태가 브랜드의 지속 경쟁력을 만든다고 주장한다. 이는 단기 매출을 넘어 장기 성과를 고민하는 경영자와 연구자 모두에게 중요한 시사점을 제공한다.

또한 이 책은 수치 중심의 경영 관리가 갖는 위험도 경고한다. 매출, 체류 시간, 전환율 같은 지표가 목표가 되는 순간 전략의 본질이 왜곡될 수 있다는 점에서, 이는 굿하트의 법칙Goodhart's Law이 말하듯 지표 관리 중심 경영의 구조적 한계를 리테일 영역에 적용한 사례라 할 수 있다. 저자는 수치를 부정하지 않되, 수치가 설명하지 못하는 영역, 불안의 제거, 판단 비용의 감소, 신뢰의 축적이야말로 오프라인 매장의 본질적 자산임을 논증한다.

이 책의 강점은 이론에 머물지 않는다는 데 있다. 추상적인 개념을 공간 구조와 운영 언어로 번역하고, 실제 매장에서 재현 가능한 설계 원칙으로 제시한다. 이는 실무자에게는 즉시 적용 가능한 전략 도구가 되고, 연구자에게는 기존 리테일 연구가 충분히 다루지 못했던 공간 경험의 경영학을 탐구할 출발점이 된다.

나는 이 책을 리테일 전략서이자 동시에 경험 경제 시대의 경영 시스템 설계서라고 평가하고 싶다. 매장을 꾸미는 방법을 알려 주는 책은 많다. 그러나 매장을 통해 어떻게 판단을 만들고 기억을 축적하며 신뢰를 구조화하고 성과를 재현할 것인가를 이처럼 일관된 논리로 설명한 책은 드물다.

리테일 실무자에게는 매장을 다시 해석하는 지도이자, 경영자에게는 소비자 경험을 조직과 시스템 차원에서 재설계하게 만드는 질문이며, 경영학 연구자에게는 공간, 감정, 의사 결정, 성과를 하나의 프레임으로 연결하는 중요한 사례가 될 것이다. 오프라인 리테일이 여전히 경쟁력을 가질 수 있는 이유와 그 조건을 이토록 설득력 있게 보여 주는 저작을 만나게 되어 반갑다.

박상경, 신조 M&D 부사장

공간을 설계하고 시공하는 일은 더 이상 도면과 자재의 문제가 아니다. 그것은 브랜드가 어떤 태도로 소비자를 맞이하고, 어떤 기억으로 남을 것인가를 결정하는 경영 행위에 가깝다. 신조 M&D에서 다양한 리테일 공간과 상업 시설을 구축하며 현장을 지켜본 경험상, 매출보다 먼저 결정되는 것은 언제나 공간이 만들어 내는 감정의 방향과 체류의 밀도였다.

이 책은 그 막연하게 체감해 오던 사실을 구조와 언어로 정리한다. 동선, 조명, 색, 소리, 냄새, 정보의 밀도, 직원의 위치와 말투 같은 요소들이 단순한 디자인 선택이 아니라, 소비자의 판단 속도와 위험 인식, 머무름의 길이와 재방문 가능성을 좌우하는 경영 변수라는 점을 일관되게 보여 준다.

특히 인상 깊은 부분은, 공간을 '보이게 만드는 기술'이 아니라 '결정을 쉽게 만드는 장치'로 해석한다는 점이다. 현장에서 우리는 종종 멋진 공간을 만들었는데도 매출이 기대에 미치지 못하는 상황을 마주한다. 이 책은 그 이유를 감각적으로 설명하지 않고, 인지 부하, 선택 피로, 익숙함, 기억의 편집 방식 같은 메커니즘으로 해부한다. 그 과정은 공간 기획자와 시공 전문가에게도 매우 실질적인 기준이 된다.

또한 이 책은 화려한 사례 나열에 머물지 않는다. 왜 어떤 매장은 "좋았다"는 말만 남기고 잊히는지, 왜 어떤 매장은 구체적인 한 장면으로 회상되는지, 왜 어떤 공간에서는 결제가 자연스럽고 어떤 공간에서는 끝까지 망설임이 생기는지를 감각이 아닌 구조의 문제로 풀어낸다. 이는 공간 산업이 감성의 영역을 넘어 설계 가능한 시스템의 영역으로 진입하고 있음을 보여 주는 신호이기도 하다.

리테일 공간은 이제 상품을 진열하는 그릇이 아니라, 브랜드의 사고 방식이 물리적으로 구현되는 인터페이스다. 이 책은 그 인터페이스를 어떻게 설계해야 하는지에 대해, 디자인 언어가 아니라 경영의 언어로 설명한다. 공간을 통해 성과를 만들고자 하는 기업, 브랜드, 그리고 공간을 만드는 실무자 모두에게 하나의 기준점이 될 만한 관점을 제시한다.

현장에서 수많은 매장을 만들며 늘 느껴 왔던 질문들, 왜 어떤 공간은 오래 남고 어떤 공간은 금방 잊히는가, 왜 같은 상품인데도 장소에 따라 가치가 달라지는가, 왜 소비자는 이유를 설명하지 못하면서도 다시 그곳을 찾는가. 이 책은 그 질문들에 감각이 아닌 구조로 답한다. 그리고 그 답은 앞으로의 오프라인 공간이 어떤 방향으로 진화해야 하는지를 조용하지만 분명하게 가리킨다.

유건우, 한국능률협회컨설팅 AX전략본부 매니저

기업의 문제를 진단하고 개선 과제를 설계하는 일을 하다 보면, 많은 조직이 '무엇을 바꿔야 하는지'는 알고 있지만 '어디서부터 바꿔야 하는지'를 놓치고 있다는 사실을 자주 확인하게 된다. 전략, 제도, 프로세스는 계속 업데이트되지만 소비자가 실제로 마주하는 환경은 그대로인 경우가 많기 때문이다.

이 책은 그 출발점을 정확히 짚는다. 매장은 단순한 판매 채널이 아니라, 기업의 의사 결정 방식이 가장 압축된 형태로 드러나는 현장이라는 점을 일관되게 보여 준다. 소비자가 머뭇거리는 위치, 발걸음을 돌리는 타이밍, 질문을 던지는 순간, 결제를 미루는 이유가 모두 공간의 구조와 감각 설계 안에 이미 들어 있다는 분석은 매우 설득력이 있다.

특히 인상적인 점은 리테일을 '운영의 영역'이 아니라 '조직의 사고 방식이 구현되는 구조물'로 해석한다는 점이다. 동선의 혼란은 내부 의사 결정의 혼란을 반영하고, 정보의 과잉은 조직의 우선순위 부재를 드러내며, 매장의 불친절한 리듬은 내부 프로세스의 마찰을 그대로 노출한다. 공간이 조직의 성격을 숨김없이 보여 주는 보고서라는 관점은 경영 컨설팅 실무에서도 충분히 적용 가능한 통찰이다.

또한 이 책은 성과 개선을 단기 처방이 아니라 축적의 문제로 다룬다. 소비자 경험이 어떻게 반복되고, 반복된 경험이 어떻게 신뢰로 전환되며, 그 신뢰가 다시 선택으로 이어지는지를 구조적으로 설명한다. 이는 단발성 매출 상승이 아니라 지속 가능한 성과 체계를 고민하는 기업에게 중요한 시사점을 제공한다.

무엇보다 이 책은 리테일을 '감각의 산업'으로 소비하지 않는다. 판단 비용, 불확실성, 인지 부담, 사회적 압력 같은 경영학적 변수로 해석한다. 매장을 감정의 무대가 아니라 의사 결정의 공장으로 바라보는 이 시선은, 기존의 리테일 담론과 분명히 다른 깊이를 가진다.

소비자 접점을 개선하고 싶지만 어디서부터 손대야 할지 막막한 기업, 성과 지표는 안정적인데 브랜드 충성도는 쌓이지 않는 조직, 그리고 현장의 실행력이 전략을 따라오지 못한다고 느끼는 관리자라면 이 책에서 많은 힌트를 얻게 될 것이다. 공간을 바꾸는 일이 조직을 바꾸는 일과 직결될 수 있다는 사실을, 이 책은 매우 현실적인 언어로 증명한다.

박지연, 덴탈리더스 병원컨설팅 대표

병원 경영을 컨설팅하다 보면, 숫자보다 먼저 무너지는 것이 있다. 바로 환자가 느끼는 '안심'이다. 진료의 질이 나쁘지 않아도, 대기실에서의 긴장, 접수대 앞의 어색함, 설명을 듣는 동안의 불안, 계산대에서의 혼란 같은 작은 경험들이 쌓이면 병원은 쉽게 "다시는 가고 싶지 않은 곳"이 된다. 의료 서비스는 전문성으로 시작하지만, 신뢰로 유지된다. 그리고 그 신뢰는 대부분 공간과 동선, 말투와 소리, 기다림의 방식 같은 비의료적 요소에서 만들어진다.

이 책은 바로 그 지점을 집요하게 파고든다. 병원도 리테일의 영역이다. 그래서 읽는 내내 병원 경영과 겹쳐 보이지 않는 장면이 거의 없었다. 환자가 문을 열고 들어오는 순간부터 진료실에 앉고, 설명을 듣고, 결제를 마치고, 건물을 나설 때까지의 흐름은 병원과 매장이 거의 동일한 구조를 갖는다. 다만 병원에서는 그 흐름 하나하나가 매출 이전에 신뢰와 직결된다는 점에서 훨씬 더 예민하게 작동한다.

특히 인상 깊었던 것은 이 책이 '좋은 경험'을 막연한 친절이나 인테리어 수준에서 설명하지 않는다는 점이다. 소비자가 언제 불안해지는지, 언제 판단을 미루는지, 언제 방어적으로 변하는지, 그리고 그 순간들이 어떤 환경 단서에 의해 촉발되는지를 매우 구체적으로 분석한다. 이는 병원 현장에서 매일 반복되는 장면이다. 진료 자체보다 대기 시간이 더 길게 기억되고, 치료 결과보다 상담 방식이 더 오래 남으며, 의료진의 설명보다 공간의 분위기가 병원의 성격을 규정해

버리는 경우를 우리는 수없이 본다.

또한 이 책은 경험을 감정의 문제가 아니라 구조의 문제로 다룬다. 환자의 만족도가 떨어질 때 많은 병원은 직원 교육이나 CS 매뉴얼을 먼저 강화한다. 그러나 실제 원인은 접수 동선의 충돌, 대기 공간의 소음, 상담실의 거리감, 결제 프로세스의 불투명함 같은 구조적 요소인 경우가 많다. 이 책은 그런 문제를 감성이나 태도의 문제가 아니라 설계와 시스템의 문제로 되돌려 놓는다. 의료 서비스 산업에 매우 필요한 관점이다.

병원 경영은 리테일 영역에서도 훨씬 보수적이고, 변화에 대한 저항도 크다. 하지만 환자의 기대치는 빠르게 변하고 있다. 이제 환자들은 치료만 잘 받는 것으로 만족하지 않는다. 설명이 이해되었는지, 존중받았는지, 불필요하게 긴장하지 않았는지, 다음 방문이 부담스럽지 않은지까지 종합적으로 평가한다. 이 책이 말하는 '기억의 구조'는 바로 이 새로운 환자 기준을 이해하는 데 중요한 도구가 된다.

무엇보다 이 책은 공간과 경험을 비용이 아니라 자산으로 다룬다. 병원을 리모델링하거나 장비를 바꾸는 일보다 더 중요한 것은, 환자가 어떤 장면을 기억으로 가져가는지 설계하는 일이라는 주장에 깊이 공감했다. 병원의 브랜드는 로고가 아니라, 치료가 끝난 뒤 환자의 몸에 남아 있는 감정이라는 점을 이 책은 일관되게 보여 준다.

의료 서비스 업계에 있는 사람이라면 누구나 한 번쯤 이런 말을 듣는다. "원장님 실력은 좋은데, 왠지 다시 오기는 망설여져요." 그 '왠지'

의 정체를 언어로 풀어내고, 구조로 설명하며, 설계의 대상으로 바꿔
놓은 책은 흔치 않다.

이 책은 리테일의 전반적인 영역을 이야기하지만, 실제로는 모든 오
프라인 서비스 산업, 특히 병원처럼 신뢰와 불안이 동시에 작동하는
공간을 운영하는 이들에게 더 큰 통찰을 준다. 환자의 선택을 바꾸고
싶다면, 치료 설명보다 먼저 공간과 경험의 문법을 다시 써야 한다는
사실을 조용하지만 단단하게 일깨워 주는 책이다.

최민, 프랜차이즈 카페 멀티 스토어 운영자

외식 프랜차이즈 컨설팅을 하다 보면, 매출이 떨어지는 이유를 메뉴
나 가격에서만 찾는 경우를 자주 본다. 하지만 현장에서 더 많이 목격
하는 원인은 따로 있다. 손님이 가게 안에서 무엇을 먹었는지가 아니
라, 어떤 상태로 머물렀는가가 재방문을 가른다는 사실이다. 주문하
기 전의 망설임, 대기 시간의 체감, 자리에 앉았을 때의 어색함, 계산
대 앞의 불편함 같은 순간들이 브랜드의 인상을 결정한다.

이 책은 바로 그 '보이지 않는 구간'을 다룬다. 매장을 수익 구조가 아
니라 경험 구조로 해부하고, 소비자의 행동이 어디에서 느려지고 어
디에서 멈추며 어디에서 다시 움직이는지를 매우 현실적인 언어로
풀어낸다. 외식업을 오래 지켜본 사람이라면 고개를 끄덕일 수밖에
없는 장면들이 이어진다. 손님이 메뉴판을 오래 들여다보다가 아무

말 없이 나가는 이유, 테이블 회전율이 갑자기 떨어지는 지점, 특정 매장만 이상하게 불만 리뷰가 쌓이는 패턴이 모두 공간과 흐름의 문제로 연결된다.

특히 인상 깊은 점은 이 책이 친절이나 분위기 같은 추상적인 단어를 쓰지 않는다는 것이다. 대신 동선, 시선, 소리, 조명, 대기 구조, 결제 과정처럼 실제 매출에 영향을 주는 요소들을 행동 단위로 분석한다. 이는 외식 프랜차이즈 운영자에게 매우 중요한 관점이다. 매뉴얼을 아무리 정교하게 만들어도, 매장 구조가 소비자의 움직임을 방해하면 그 매뉴얼은 작동하지 않는다. 이 책은 그 사실을 이론이 아니라 경험의 언어로 보여 준다.

요식업은 진입 장벽이 낮고 경쟁이 치열하다. 메뉴는 쉽게 복제되고 가격도 금세 따라잡힌다. 결국 브랜드를 구분하는 것은 음식 그 자체보다 그 음식을 먹기까지의 과정 전체다. 이 책은 바로 그 과정이 어떻게 기억으로 남고, 그 기억이 어떻게 선택을 반복하게 만드는지를 차분하게 설명한다. 단골이 생기는 매장과 늘 신규 소비자만 바뀌는 매장의 차이가 어디서 발생하는지도 자연스럽게 드러난다.

컨설팅 현장에서 "맛은 비슷한데 왜 우리 매장만 장사가 안 될까요?"라는 질문을 수없이 받아 왔다. 이 책은 그 질문에 대해 메뉴 개발이나 마케팅 예산이 아닌, 훨씬 더 근본적인 답을 제시한다. 손님이 머무는 동안 어떤 감정 곡선을 그리는지, 어떤 순간에 긴장이 풀리고 어떤 순간에 다시 올라가는지, 그리고 그 곡선이 재방문 의사에 어떤 흔적을 남기는지를 구조적으로 보여 준다.

외식업은 감각의 산업이다. 냄새, 소리, 빛, 사람의 밀도, 테이블 간격 같은 요소가 동시에 작동한다. 이 책은 그 복잡한 감각들을 하나의 '운영 언어'로 정리한다. 프랜차이즈 본사 입장에서는 가맹점마다 흔들리는 경험 품질을 어떻게 통제할 것인지에 대한 힌트가 되고, 점주 입장에서는 당장 내일 매장에서 무엇을 바꿔야 하는지를 구체적으로 떠올리게 만든다.

이 책을 읽고 나면 매장을 볼 때 시선이 달라진다. 메뉴판보다 먼저 입구를 보게 되고, 인테리어보다 계산대 앞의 흐름을 먼저 보게 된다. 그리고 자연스럽게 이런 질문을 하게 된다. "이 가게는 손님에게 무엇을 팔고 있는가. 음식인가, 아니면 시간을 보내는 방식인가."

외식 프랜차이즈가 장기적으로 살아남으려면 유행하는 메뉴보다 안정적인 경험 구조가 필요하다. 이 책은 그 구조를 만드는 데 필요한 사고방식을 제공한다. 요식업을 단순한 장사나 유행 산업이 아니라, 행동을 설계하는 비즈니스로 바라보게 만드는 드문 책이다.

매장에서 소비자와
무엇으로 커뮤니케이션 하겠습니까?

어떻게 기억될 것인가

리테일 업계에는 "목牧이 좋은 자리"라는 말이 있다. 프랜차이즈 카페 하나만 세워도 사람이 끊이지 않는 곳이 있는가 하면, 같은 비용을 들여 더 좋은 인테리어와 상품을 갖추고도 조용한 자리도 있다. 사람들은 그 차이를 '목'이라고 부른다.

그러나 리테일 마케팅의 본질은 좋은 자리를 찾는 데 있지 않다. 그것이 전부라면 오래 장사한 상인이나 부동산 중개업소도 충분히 해낼 수 있는 일이다. 굳이 마케터라는 이름이 필요하지는 않을 것이다. 리테일 마케팅이 다루는 대상은 자리가 아니라 기억이다. 사람의 머릿속에 무엇이 남는가, 어떤 감정으로 떠오르는가, 그리고 시간이 지난 뒤에도 다시 떠올려지는가. 리테일 마케터는 이런 고민을 현장에 옮겨 답을 내놓는다.

코로나 이후 오프라인 시장은 급격히 위축되었고 온라인 시장은 폭발적으로 성장했다. 많은 이들이 이제 오프라인 매장은 끝났다고 말한다. 그러나 현실은 다르다. 사람들은 여전히 직접 보고, 만지고, 비교하며 판단하고 싶어 한다. 오히려 넘쳐 나는 광고와 정보 속에서 피로와 불신이 쌓일수록, 스스로 확인할 수 있는 경험의 가치는 더 커진다. 오프라인은 사라지지 않았다. 역할이 바뀌었을 뿐이다. 이제 매장은 물건을 쌓아 두는 장소가 아니라 브랜드를 체험하고 해석하고 기억하는 공간이 되었다. 진열의 기술이 아니라 인식의 설계가 필요한 시대다.

나는 지난 15년간 리테일 현장에서 일해 왔다. 수많은 매장을 기획했고 수백 개의 제안서를 썼으며 성공과 실패를 반복했다. 그리고 하나의 결론에 도달했다. 리테일에는 정답이 없다. 오직 상황에 맞는 해답만 존재한다. 브랜드의 위치, 시장의 분위기, 소비자의 감정, 공간의 제약. 이 모든 변수가 바뀔 때마다 해답도 달라진다. 그래서 리테일 마케팅은 흔히 감각의 영역이라 불리지만, 동시에 가장 치열한 사고와 계산이 요구되는 분야이기도 하다. 이 책은 그 해답을 공식처럼 정리한 매뉴얼이 아니다. 대신 내가 현장에서 검증해 온 사고의 방식과 판단의 기준, 그리고 실패와 수정의 기록이다.

나는 현재 글로벌 시장에서 오랜 기간 높은 성과를 유지해 온 브랜드들의 리테일 프로젝트를 매년 맡아 진행하고 있다. 체험이 구매에 직접적인 영향을 미치는 제품군이다. 그러나 전 세계의 매장을 매년 완전히 새롭게 바꾸는 것은 현실적으로 불가능하다. 그래서 나는 하나의 원칙을 세웠다. 'Small Change, Big Impact.' 모든 것을 바꾸지 않아도 인식은 바꿀 수 있다. 흥미롭게도 이 일은 새로 짓는 것보다 훨씬 어렵다. 아무것도 없는 공간을 채우는 일보다, 이미 익숙해진 공간 속에서 새로운 의미를 만들어 내는 일이 더 많은 고민을 요구한다. 그래서 나는 매 프로젝트마다 브랜드의 역사와 기술, 철학과 경쟁 구조를 집요하게 공부한다. 회의 테이블에서 논쟁이 가능할 만큼 준비한다. 그 과정이 고되더라도 공간의 깊이와 설득력은 그만큼 달라진다는 것을 경험으로 알고 있기 때문이다.

대학 시절 서양 건축사 수업에서 성당 이야기를 들은 적이 있다. 성당은 예배를 위한 공간이지만 그 내부는 단순한 건축물이 아니다. 높은 천장, 울려 퍼지는 소리, 빛의 각도, 동선, 공기의 밀도까지 모든 요소가 하나의 메시지를 전달한다. '신은 존재한다.' 건축은 믿음을 설명하지 않는다. 대신 느끼게 만든다. 리테일 공간도 마찬가지다. 아무리 많은 광고를 해도 잘 설계된 공간에서의 몇 분이 브랜드를 더 강하게 각인시킨다. 공간은 가장 오래 남는 광고이며 가장 조용하지만 강력한 설득이다. 그래서 오늘날의 팝업 스토어와 플래그십 스토어는 판매보다 기억을 목적으로 설계된다. 적은 수의 소비자일지라도 깊은 인상을 남기면 그 경험은 사진이 되고 이야기로 남고 브랜드의 이미지가 된다.

물론 모든 기업이 거대한 체험형 매장을 만들 수는 없다. 비용과 리스크는 현실적인 장벽이다. 모든 시도가 성과로 이어지지도 않는다. 그래서 리테일 마케팅은 더욱 전략적이어야 한다. 입지, 구조, 동선, 콘텐츠, 운영 방식, 투자 대비 효과까지 계산되지 않은 공간은 대부분 잊힌다. 나는 애플 스토어를 비롯해 다양한 글로벌 브랜드의 리테일 프로젝트 현장에서 사람들이 무엇을 기억하고 무엇을 잊는지를 반복해서 확인해 왔다. 소비자는 스펙만으로 제품을 고르지 않는다. 그 브랜드를 언제, 어디서, 어떤 감정으로 처음 인식했는지를 함께 떠올린다. 리테일 마케팅이 다루는 것은 결국 그 기억의 순간이다.

이 책은 매장을 예쁘게 꾸미는 방법을 알려 주지 않는다. 대신 질문을 던진다. 어떻게 보일 것인가가 아니라 어떻게 기억될 것인가. 이 질문에 답할 수 있을 때 비로소 공간은 단순한 장소를 넘어 브랜드의 일부가 된다. 언젠가 이 책을 읽은 누군가가 만든 공간에서 전혀 모르는 소비자가 잠시 발걸음을 멈추고 이렇게 말해 주기를 바란다.

"이곳은 이상하게 기억에 남는다."

이 한 문장이 이 책을 쓰는 이유의 전부다.

리테일이라는 일은 혼자 완성할 수 없다. 하나의 매장이 만들어지기까지 수많은 사람의 판단과 선택, 그리고 책임이 쌓인다. 나는 그 과정 속에서 수많은 브랜드와 사람들을 만났고, 그들과 함께 일하며 나라는 사람의 기준과 시선 역시 만들어졌다.

먼저, 제일기획에서의 시간 동안 함께했던 삼성전자 광고주분들과의 기억을 떠올린다. 그 기억들은 단순한 프로젝트의 결과가 아니라, 나를 성장시키고 기준을 만들어 준 중요한 순간들이었다.

특히 나를 믿고 중요한 선택을 맡겨 주신 VD 리테일 그룹장님을 비롯한 모든 분들께 깊이 감사드린다. 이름을 하나하나 언급하지 못하는 것이 아쉽지만, 분명한 것은 하나다. 나는 항상 당신들의 일을 하는 사람으로서, 리테일 업에 대한 자부심과 에이전시 담당자로서 맡은 브랜드에 대한 자긍심, 그리고 어떻게든 결과로 증명해 내겠다는 책임감을 가지고 일해 왔다. 그 믿음이 있었기에 더 깊이 고민할 수 있었고, 더 집요하게 설계할 수 있었다. 결국 그 모든 과정이 지금의 나를 만들었다. 진심으로 감사드린다. 또한 나를 만들어 온 시간들에도 빚을 지고 있다.

일과 업에 대한 기본과 기준을 처음으로 배울 수 있었던 CJ에서의 시간, 브랜드를 바라보는 시야를 확장시켜 준 LG생활건강에서의 경험, 그리고 지금, 그 모든 기억을 바탕으로 결과를 만들어 가고 있는 제일기획까지. 각각의 시간은 역할이 달랐지만 하나의 방향으로 이어져 있었고, 결국 그 모든 경험이 쌓여 지금의 기준이 되었다. 나는 그 기억 위에서 여전히 성장하고 있다. 덕분에 잘 자랐고, 아직도 더 커 가고 있다.

언제나 현장에서 완성도를 만들어 주시는 파트너와 협력사 분들께도 깊이 감사드린다. 리테일은 결국 디테일의 싸움이고, 그 디테일은 사람의 손에서 완성된다. 보이지 않는 곳에서 완벽을 만들어 주는 여러분이 있었기에, 공간은 단순한 결과물이 아니라 '기억될 수 있는 경험'이 될 수 있었다.

마지막으로, 제일기획이라는 치열한 환경 속에서 항상 함께하고 있는, 그리고 함께했던 동료들과 프로젝트 팀원들에게 마음을 꼭 전하고 싶다. 프로젝트를 진행할 때마다 함께 고민하고, 끝까지 완성도를 만들어 낸 팀원들에게 깊은 감사를 전한다. 광고주 앞에서 PT를 할 때마다 나는 늘 당당할 수 있었다. 이유는 단순하다. 내가 아니라, 우리가 만든 결과에 대한 확신이 있었기 때문이다. 각자의 자리에서 맡은 일을 누구보다 멋지게, 그리고 완벽하게 해

내며, 그들 덕분에 결국 나라는 사람의 이름과 결과까지 함께 세워 주고 있다는 것을 나는 알고 있다. 그래서 나는 언제나 믿고 이야기할 수 있었다. 그리고 그 믿음은 결국 광고주에게 전달되었고, 하나의 결과로 이어졌다. 나의 체면을 세워 준 것이 아니라, 우리가 함께 만든 기억을 지켜 준 것이다. 그래서 더 고맙고, 더 자랑스럽다.

돌아보면, 나는 매장을 만든 것이 아니라 수많은 사람들과 함께 '기억'을 만들어 왔다. 그리고 이 책 역시 그 기억들 위에 쌓인 하나의 결과다.

Special Thanks To.
이 책에 담긴 모든 기억은
혼자기 이닌, 함께 만들어진 결과입니다.
그 시작과 과정, 그리고 결과를 함께해 주신
모든 분들께 깊이 감사드립니다.
특히, 이 여정을 시작부터 끝까지 함께해 준 이용준, 유건우
그리고 ㈜SIGONGSA와 편집자에게 깊이 감사드립니다.

김용일

차례

1장

사람들이 기억하는 매장의 비밀

사람들은 하루에도 수십 개의 매장 앞을 지나친다. 간판을 보고, 쇼윈도를 스치듯 바라보고, 자동문이 열리는 소리를 들으며 걷는다. 그러나 이중 몇 개의 매장만이 이름이 남고, 모습이 떠오르며, 감정이 따라온다. 대부분의 매장은 방문한 지 몇 시간만 지나도 흐릿해진다. '거기 있었지' 정도의 잔상만 남기고 사라진다.

리테일의 경쟁은 여기서 시작된다. 더 많은 매장을 여는 것, 더 큰 평수를 확보하는 것, 더 화려한 인테리어를 하는 것은 출발선일 뿐이다. 진짜 싸움은 그다음이다. 어느 매장이 기억되는가. 그리고 어떤 방식으로 기억되는가.

소비자는 매장의 모든 요소를 기억하지 않는다. 진열된 상품의 개수도, 조명의 루멘 값도, 동선의 정확한 각도도 기억하지 못한다. 대신 특정한 장면 하나, 감정 하나, 불편했거나 편안했던 순간 하나를 통째로 묶어 떠올린다. 어떤 매장은 이상하게 편했던 곳으로, 어떤 매장은 괜히 부담됐던 곳으로, 또 어떤 매장은 굳이 다시 가고 싶지는 않은 곳으로 기억된다.

흥미로운 점은, 이 기억이 반드시 매장의 의도대로 형성되지는 않는다는 사실이다. 수억 원을 들인 인테리어보다 계산대에 있는 직원이

건넨 한마디가 더 오래 남기도 하고, 정교한 공간 설계보다 입구에서 느낀 첫 3초의 인상이 전부가 되기도 한다. 기억은 논리보다 감정에 가깝고, 정보보다 경험에 가깝다. 그렇다면 리테일에 대한 수많은 고민 끝에는 이 질문만이 남는다.

'매장은 무엇을 남겨야 하는가? 그리고 그 기억은 어떻게 설계할 수 있는가?'

이 장에서는 리테일 공간이 소비자의 머릿속에 남는 방식, 즉 '기억의 구조'를 먼저 살펴본다. 사람들이 어떤 순간에 매장을 인식하고, 어떤 지점에서 호감을 느끼며, 어떤 이유로 다시 떠올리는지를 정리한다. 매출을 만들기 이전에, 존재를 각인시키는 조건부터 이해해야 하기 때문이다.

사람의 선택은 언제나 합리적으로 보이지만, 그 이면에는 반복되는 심리 패턴이 있다. 매장이 기억되는 방식 역시 마찬가지다. 우연처럼 보이는 선택 뒤에는 예측 가능한 법칙이 존재한다.

리테일은 공간의 산업이기 이전에 인식의 산업이다. 이 책은 그 인식이 만들어지는 첫 지점에서부터 출발한다.

기억되는 매장과 잊히는 매장의 차이

몇 해 전, 글로벌 브랜드의 리테일 리뉴얼 프로젝트를 맡아 서울 외곽의 한 매장을 점검한 적이 있다. 규모는 작고 집기는 오래됐으며 조명도 특별할 것이 없었다. 솔직히 말해 평범하다는 말이 그 매장을 가장 정확하게 표현하는 말이었다. 회의를 마치고 나오면서도 큰 기대는 없었다.

그런데 이상하게도, 차에 타고 나서도 입구 장면이 계속 떠올랐다. 자동문이 열릴 때의 둔탁한 소리, 발을 들여놓자마자 느낀 미묘하게 낮은 온도, 입구 오른쪽에 놓인 작은 테이블, 그리고 고개만 살짝 숙여 인사하던 직원의 거리감. 어떤 요소 하나도 튀지 않았는데, 그 장면 전체가 하나의 사진처럼 남아 있었다.

며칠 뒤 훨씬 큰 예산을 들여 최근에 만든 플래그십 스토어를 방문했다. 그곳은 이상할 정도로 기억이 흐릿했다. "좋았던 것 같긴 한데, 뭐가 좋았더라"라는 말만 남았다. 그때 확신했다. 매장을 기억하게 만드는 것은 완성도가 아니라, 머릿속에 저장되는 단 하나의 장면이라는 사실을.

—

사람들은 매장을 통째로 기억하지 않는다. 정확히 말하면, 기억할 수 없다. 매장에 들어서는 순간 소비자의 감각은 동시에 여러 채널을 통해 과부하에 가까운 입력을 받는다. 조명과 사인, 진열대의 형태와 색, 가격표의 숫자, 직원의 표정, 다른 손님의 움직임, 음악의 볼륨, 바닥의 촉감, 공기의 냄새와 온도까지 수십 개의 정보가 겹쳐 들어온다.

그러나 인간의 뇌는 이 모든 정보를 저장하도록 만들어지지 않았다. 뇌는 기록 장치가 아니라 편집 장치에 가깝다. 대부분은 버리고, 일부만 남긴다. 이 차이에서 기억되는 매장과 잊히는 매장이 갈린다.

인지 심리학에서 기억은 저장이 아니라 선별의 결과로 정의된다. 사람은 보고 들은 전부를 기억하지 않는다. 주의를 뺏긴 것만 부호화하고, 의미가 있다고 판단한 단서만 저장한다. 이를 선택적 기억 selective memory이라고 부른다.

그래서 같은 매장을 다녀와도 어떤 사람은 "너무 어두웠다"고 말하고, 어떤 사람은 "직원이 부담스러웠다"고 말하며, 또 어떤 사람은 "이상하게 오래 머물고 싶었다"고 말한다. 공간은 같았지만, 각자의 기억에는 전혀 다른 매장이 남는다. 매장은 객관적으로 존재하지만, 기억 속 매장은 철저히 주관적으로 편집된다.

이 지점에서 리테일 실무자들이 흔히 하는 착각이 하나 있다. '완성도가 높으면 기억된다'는 믿음이다. 동선이 논리적이고, 집기가 통일되어 있으며, 색감이 조화롭고, 브랜드 아이덴티티가 매장 전반에 잘 반영되어 있으면 좋은 매장이라고 생각한다.

물론 이는 필요조건이다. 그러나 충분조건은 아니다. 완성도가 높아도 기억되지 않는 매장은 셀 수 없이 많다. 반대로 구조적으로 불완전하고 규모도 작지만 이상하게 자꾸 떠오르는 매장도 존재한다. 이 둘의 차이는 공간의 품질이 아니라 기억이 만들어지는 방식에 있다.

기억되는 매장은 전체가 아니라 지점으로 저장된다. 사람은 공간을 설계도처럼 저장하지 않는다. 대신 하나의 장면으로 압축한다. 입구에서 느낀 첫 공기의 온도, 문을 열 때의 무게감, 처음 마주친 진열의 밀도, 직원과 눈이 마주쳤던 순간, 계산대 앞에서 흐르던 음악, 매장을 나설 때 들은 문 닫히는 소리 같은 극히 일부의 장면이 전체 경험을 대표한다.

그리고 그 장면에 감정이 붙으면 기억은 장기 저장소로 이동한다. 편안함, 불쾌함, 놀람, 안도, 설렘 같은 감정은 기억을 고정하는 접착제 역할을 한다. 정보만 남은 공간은 사라지고, 감정이 붙은 장면만 살아남는다.

그래서 기억되는 매장과 잊히는 매장의 차이는 '얼마나 잘 만들었는가'가 아니라 '어떤 장면이 남았는가'에 있다. 잊히는 매장은 평균적인 경험만 남긴다. 특별히 불편하지도, 특별히 좋지도 않은 상태로 지나간다. 소비자는 "괜찮았어"라고 말하지만, 더 이상 할 말이 없다.

반면 소비자가 기억하는 매장은 한 문장으로 요약된다. "입구가 묘하게 편했어", "직원이 말 걸지 않는데도 신뢰가 갔어", "조명이 이상하게 사람을 차분하게 만들더라"와 같은 문장이 존재하는 순간, 그 매장은 소비자의 머릿속에 자리를 차지한다.

리테일 관점에서 보면, 매장에서 기억을 만드는 장면은 세 가지로 나뉜다. 첫째는 첫인상에서 만들어지는 장면이다. 밝기, 소음,

냄새, 입구의 개방감, 첫 사인의 문장, 첫 진열의 밀도가 여기에 해당한다.

둘째는 마찰에서 생기는 장면이다. 길을 헤매는 순간, 직원의 과잉 응대, 가격을 찾지 못하는 불안, 피팅룸의 조명, 계산 과정의 어색함처럼 사용 중 발생하는 불편이 강한 기억으로 남는다.

셋째는 작은 성취감에서 생기는 장면이다. 내가 잘 골랐다는 느낌, 발견했다는 기분, 이해받았다는 인상, 시간을 잘 썼다는 만족감이다. 흥미로운 점은 이 세 장면 중 어느 하나만 기억에 강하게 남으면 매장의 인상 전체가 결정된다는 사실이다. 그렇기 때문에 여기서 기억이 반드시 긍정적으로만 남지 않는다는 사실을 중요하게 기억해야 한다. 불편함은 편안함보다 더 오래 남고, 더 쉽게 재생된다. 같은 강도의 만족과 불쾌가 있다면, 대부분의 사람은 불쾌를 더 뚜렷하게 기억한다.

그래서 기억되는 매장을 만들기 전에 반드시 해야 할 일은 인상적인 장면을 추가하는 것이 아니라 '인상적인 불편 제거'다. 안내의 불명확함, 결제와 반품의 복잡함, 직원의 거리 조절 실패, 동선의 병목, 과도한 향이나 소음 같은 요소는 아무리 훌륭한 디스플레이와 콘텐츠가 있어도 기억을 망가뜨린다. 기억은 덧붙이는 작업이 아니라 편집하는 작업이기 때문이다.

브랜딩 역시 이 구조에서 자유롭지 않다. 브랜드를 강하게 보여주겠다는 욕심이 커질수록 매장은 설명 과잉에 빠지기 쉽다. 사인은 늘어나고, 메시지는 많아지고, 모든 벽이 말하려 든다. 그러나 인간의 기억 시스템은 과잉을 저장하지 않는다. 오히려 피로로 변환한다.

그래서 리테일 브랜딩에서 중요한 것은 얼마나 많이 말했는가가 아니라 '무엇 하나가 남았는가'다. 기억되는 매장은 화려해서가 아니라, 일관되게 단단해서 남는다. 운영의 태도, 응대의 기준, 공간의 리듬이 흔들리지 않을 때 소비자는 무의식적으로 신뢰를 형성한다.

결국 기억되는 매장은 하나의 대표 장면을 가진 곳이다. 말로 옮길 수 있고, 사진으로 남길 수 있으며, 브랜드의 성격과 충돌하지 않는 장면이다. 거창할 필요도 없고, 비쌀 필요도 없다. 그러나 의도적으로 설계되어야 한다.

기억되는 매장과 잊히는 매장의 차이는 규모도, 예산도, 인테리어 스타일도 아니다. 그것은 소비자의 머릿속에 단 하나의 장면이 있는가 없는가의 차이다. 매장은 공간이지만, 기억 속에서는 사건으로 존재한다. 그리고 리테일 마케팅이란, 이 사건을 설계하는 일이다.

기억은 선택이 아니라 반응

몇 해 전에 리테일 운영 점검 때문에 한 상권을 걷다가 카테고리가 비슷한 매장을 연달아 들어갔다. 가격대도 비슷했고, 겉으로 보이는 구성도 크게 다르지 않았다. 보고서로만 보면 '차이 없음'으로 처리해도 될 상황이었다. 그런데 첫 매장에 들어서는 순간 나는 숨을 한 번 더 들이마셨고, 어깨가 경직됐다. 사인이 많았고 통로가 좁았고 입구에서 직원의 시선과 동선이 매끄럽지 못한 게 눈에 들어왔다. 반면 다음 매장에선 들어가자마자 발걸음이 느려졌고, 시선이 매대를 자연스럽게 훑었다. 그날 나는 무엇이 달랐는지 문장으로 설명하기 전에 이미 결론을 알고 있었다. 머리가 비교해서 고

른 것이 아니라, 몸이 먼저 반응했고 그 반응이 '기억'으로 굳었다
는 사실을.

우리는 흔히 기억을 의지의 문제라고 생각한다. 인상 깊었던 장소
를 "기억하려고 노력했다"고 말하고, 중요한 경험을 "잊지 않으려
고 했다"고 표현한다. 이 언어 습관은 기억이 마치 저장 버튼을 누
르듯 의도적으로 선택하는 정보라고 착각하게 만든다. 그러나 실
제 인간의 기억 작동 방식은 그 반대에 가깝다. 우리는 기억을 고
르지 않는다. 우리가 어떤 자극에 반응하면 그 반응의 강도와 방향
에 따라 기억이 남는다. 결론은 단순하다. 소비자는 매장을 기억하
지 않는다. 소비자의 몸이 매장을 기억한다.

　리테일 매장을 떠올려 보면 쉽게 확인할 수 있다. 하루에도 수십
개의 매장을 스쳐 지나가지만, 며칠 뒤 구체적으로 떠오르는 공간
은 극히 일부다. 그리고 그 매장들이 특별히 더 크거나 더 비싸거
나 더 완벽하게 설계되어 있었던 경우는 오히려 드물다. 대신 어떤
감정이 발생했던 순간이 남는다. 불편함, 안도감, 긴장, 설렘, 혹은
설명하기 어려운 안정감. 기억은 정보의 밀도보다 감정의 강도에
더 민감하게 반응한다.

신경 과학은 이 구조를 반복적으로 보여 준다. 포르투갈 출신의 신경 과학자 안토니오 다마지오 Antonio Damasio는 인간의 의사 결정과 기억 형성 과정에서 감정이 핵심적인 역할을 한다고 설명했다. 그는 감정을 단순한 부수적 반응이 아니라, 사고와 판단을 가능하게 만드는 생물학적 장치로 보았다. 다마지오의 관점에서 뇌는 사건을 중립적으로 기록하지 않는다. 신체 반응과 감정 변화가 동시에 일어난 정보만 '다음에도 참고할 만한 단서'로 분류해 장기 기억으로 이동시킨다.

즉 기억은 저장된 데이터라기보다 몸에 남은 반응 흔적에 가깝다. 이 원리는 실험실에만 머무르지 않는다. 사람들이 매일 드나드는 매장에서도 거의 동일하게 작동한다. 그래서 소비자는 상품의 스펙이나 가격표에 적힌 숫자를 정확히 기억하지 못한다. 대신 "들어가자마자 숨이 막혔다", "괜히 오래 있고 싶어졌다", "괜히 경세하게 됐다"라는 감각이 반영된 문장으로 공간을 떠올린다. 이 문장들은 논리의 결과가 아니라 신경계의 반응 기록이다. 조명, 소리, 냄새, 밀도, 사람과의 거리, 동선의 흐름이 동시에 작용해 만들어 낸 신체적 감정의 총합이 기억의 형태로 굳어진 것이다.

이 지점에서 리테일 기획자와 마케터가 흔히 범하는 오류가 나온다. 우리는 매장을 설명할 때 구조와 기능을 중심으로 말한다.

"동선이 효율적이다, 카테고리 구분이 명확하다, 브랜드 아이덴티티가 잘 드러난다." 그러나 소비자의 기억 체계는 이런 설명 항목으로 작동하지 않는다. 인간의 뇌는 공간을 보고서처럼 저장하지 않는다. 대신 위험 신호인지, 안전 신호인지, 흥미 자극인지, 피로 자극인지를 먼저 분류한다. 그 분류 결과가 감정으로 번역되고, 감정이 기억의 재료가 된다.

미국의 신경 과학자 조지프 르두 Joseph LeDoux는 공포와 불안이 형성되는 경로를 연구하며, 인간의 뇌에는 이성적 판단보다 감정 반응이 먼저 작동하는 빠른 경로가 존재한다고 설명했다. 이 경로는 의식적인 사고를 거치지 않고도 위험 여부를 판단하고 신체를 긴장 상태로 만든다. 다시 말해 사람은 공간을 해석하기 전에 이미 '느낀다'. 그리고 그 느낌이 이후의 판단과 선택을 지배한다.

매장에 들어섰을 때 이유 없이 발걸음이 느려지는 경우가 있다. 특별히 싫은 요소가 없어도 빨리 나가고 싶은 공간도 있다. 이때 소비자는 "취향이 아니다"라고 말하지만, 실제로는 수십 개의 환경 자극이 신경계에 부담을 주었을 가능성이 크다. 조명의 색온도, 천장의 높이, 소리의 반사, 직원과의 거리, 시야에 동시에 들어오는 정보량. 이런 요소들은 신체의 긴장도에 영향을 준다. 때문에 긴장도가 일정 수준을 넘으면 뇌는 그 공간을 회피 대상으로 분류한다.

따라서 기억은 설득의 결과가 아니라 반응의 결과다. 아무리 브랜드 철학을 잘 설명해도, 아무리 제품의 장점을 논리적으로 전달해도, 공간이 불편하면 기억은 부정적으로 저장된다. 반대로 구조적으로 다소 부족하더라도 몸이 편안하면 매장은 괜찮았던 곳으로 분류된다. 이 분류는 의식보다 오래 남는다.

사람들이 오래 기억하는 매장을 떠올릴 때 흔히 사용하는 표현은 "좋은 가격이었다"나 "상품이 많았다"가 아니라 "편했다", "부담이 없었다"는 말이다. 이 문장들은 선택의 언어가 아니라 반응의 언어다. 가령 편했다는 말은 평가라기보다 신경계가 남긴 기록에 가깝다. 덜 긴장했던 몸의 상태가 기억으로 남아 다음 행동을 반복시킬 뿐이다.

리테일 마케팅의 난이도가 높은 이유가 여기에 있다. 우리는 상품을 판매한다고 생각하지만, 실제로는 신경계에 개입하고 있다. 소비자의 판단이 아니라 반응을 다루는 일이다. 그리고 반응은 설문 조사나 인터뷰보다 훨씬 빠르게 형성되고, 훨씬 느리게 수정된다. 한 번 불편하다고 저장된 공간은 나중에 아무리 개선되어도 다시 방문하기까지 긴 시간이 필요하다. 반대로 특별한 이유 없이 편안했던 공간은 구체적인 장점이 떠오르지 않아도 다시 찾게 된다.

그래서 리테일 전략의 우선순위는 달라져야 한다. 무엇을 더 설명할지, 어떤 기능을 더 넣을지보다 먼저 물어야 할 질문이 있다.

'이 공간에 들어온 사람의 몸이 먼저 무엇을 느끼는가. 긴장하는가, 풀리는가. 경계하는가, 탐색하는가. 서두르는가, 머무르는가.'

이 질문에 답하지 못한 채 리테일 마케팅 설계를 시작하면 매장은 정보는 많지만, 소비자에게 기억되지 않는 장소가 된다.

결국 기억은 소비자의 머릿속에서 만들어지지 않는다. 기억은 소비자의 몸에서 먼저 만들어진다. 심장이 빨라졌는지, 호흡이 얕아졌는지, 어깨가 굳었는지, 발걸음이 느려졌는지. 이 미세한 생리적 변화가 감정으로 번역되고, 감정이 언어로 포장되어 "그 매장은 별로였어" 혹은 "괜히 좋았어"라는 한마디로 정리된다. 그리고 그 한 줄이 브랜드의 재방문과 회피를 결정한다.

따라서 기억을 설계한다는 것은 소비자 반응을 설계하는 일이다. 선택지를 늘리는 것이 아니라, 몸의 긴장을 줄이고 탐색을 가능하게 만드는 조건을 만드는 일에 가깝다. 좋은 매장이란 기억에 남는 매장이 아니라, 나도 모르게 경계를 풀게 만드는 매장이다. 소비자가 매장을 나선 뒤에 남는 한 줄이 바뀌는 순간, 경험은 비로소 기억으로 굳어진다.

명동과 가로수길에 패션 브랜드의 플래그십 스토어 오픈 점검에 참여한 적이 있다. 단일 패션 브랜드 매장으로써는 상당한 규모인 3층 규모의 매장이있다. 인테리어는 화려했으며, 새로운 기술, 조명은 눈부실 정도였다. 동선은 보고서로 보면 흠잡을 데 없는 매장이었다. 그런데 매장을 다 둘러보고 밖으로 나왔을 때, 이상하게도 머릿속이 비어 있었다. 무엇을 봤는지, 어디가 인상적이었는지 바로 떠오르지 않았다. 그날 저녁 팀 회식 자리에서 누군가 "오늘 매장에서 뭐가 제일 기억나요?"라고 물었을 때, 나는 선뜻 대답하지 못했다. 대신 며칠 전 우연히 들렀던 작은 카페의 창가 자리, 오후

네 시쯤 기울던 햇빛과 테이블 위의 미세한 먼지까지 또렷하게 떠올랐다. 그때 깨달았다. 사람의 뇌는 공간의 크기나 완성도를 저장하지 않는다. 뇌는 장면이 생긴 방식으로 공간을 저장한다.

———

앞에서 살펴본 것처럼 사람들은 매장을 전체 구조로 기억하지 않고, 감정이 개입된 몇 개의 장면으로 압축해 저장한다. 그렇다면 그 장면들은 어떤 방식으로 만들어지고, 뇌 속에는 어떤 형태로 남을까. 이 질문에 답하기 위해서는 공간 기억 spatial memory이라는 개념을 이해할 필요가 있다.

　인지 신경 과학에서 공간 기억이란 사람이 자신이 있었던 장소의 구조, 이동 경로, 방향, 거리, 그리고 그 안에서 발생한 사건을 통합적으로 저장하는 능력을 의미한다. 이 기능의 핵심에는 해마 hippocampus와 내후각 피질 entorhinal cortex이 있다. 해마는 단순히 사물을 기억하는 기관이 아니라, '내가 어디에 있었는가'와 '그곳에서 무엇을 느꼈는가'를 함께 묶어서 정보 하나로 저장하는 장치에 가깝다. 그래서 사람의 기억 속 장소는 지도처럼 평면적으로 남지 않는다. 대부분은 이야기의 한 장면처럼, 감정이 묻어 있는 서사 구조로 남는다.

소비자가 매장을 기억할 때 "오른쪽에 신발 코너가 있었고, 그 옆에 계산대가 있었다"라고 정확히 말하는 사람은 거의 없다. 대신 "처음 들어갔을 때 길을 잃은 느낌이 들었다", "안쪽으로 갈수록 조용해졌다", "마지막 공간이 유난히 인상적이었다" 같은 식으로 기억한다. 뇌는 공간을 좌표로 저장하기보다, 이동하면서 겪은 긴장과 이완, 혼란과 안정, 기대와 실망의 흐름으로 저장한다. 말하자면 공간은 '구조'로 남기보다 '흐름'으로 남는다.

매장의 동선과 구조는 단순한 편의성의 문제가 아니라, 기억의 형태를 결정하는 요소가 된다. 직선으로 뚫린 통로는 빠른 이동을 돕지만, 동시에 장면을 압축한다. 입구에 출구까지 한눈에 보이는 공간은 뇌에 '이미 다 봤다'는 신호를 빠르게 준다. 반대로 시야가 한번에 닿지 않고, 다음 공간이 부분적으로만 드러나는 구조는 이동 속도를 늦추고, 장면을 여러 개로 쪼갠다. 뇌는 이 각각의 장면을 별도의 기억 단위로 저장한다. 결과적으로 같은 면적이라도, 장면이 나뉘는 방식에 따라 '기억의 길이'가 달라진다.

이 원리를 극단적으로 활용한 사례가 이케아IKEA다. 이케아의 쇼룸은 거실, 침실, 주방, 수납공간을 순서대로 통과하도록 설계되어 있다. 직선 통로가 거의 없다. 항상 다음 공간이 절반쯤 가려진 채 나타난다. 뇌는 완결되지 않은 장면을 보면 자연스럽게 다음을 확인하려는 경향이 있는데, 이는 자이가르닉 효과 zeigarnik effect, 즉 미완성된 과제에 대한 집착으로 설명된다. 이케아는 가구를 진열하면서 동시에 이동 자체를 하나의 이야기 구조로 만든다. 소비자는 단순히 제품을 본 것이 아니라, 여러 개의 방문 장면을 연속적으로 경험했다고 기억한다. 그 결과 '무엇을 샀는가'보다 '그곳에서 얼마나 오래 머물렀는가'가 더 선명하게 남는다.

카페, 서점, 패션 매장에서도 같은 원리가 작동한다. 테이블 간격이 지나치게 좁거나 매대가 빽빽한 공간에서는 시선이 쉴 지점이 없다. 뇌는 이런 공간을 빨리 처리해야 할 정보 구역으로 분류하고, 체류를 줄인다. 반대로 정보 밀도와 여백이 균형을 이루는 공간에서는 이동 속도가 느려지고 머무는 시간이 늘어난다. 이때 소비자는 자신이 무엇을 샀는지보다 '그곳에서 시간을 보냈다'는 감각을 먼저 저장한다. 그리고 기억은 구매보다 체류 경험을 중심으로 재구성된다. 리테일 현장에서 반복적으로 관찰되는 사실은, 사람은 물건을 산 장소보다 시간을 보낸 장소를 더 오래 기억한다는 것이다. 뇌가 공간을 저장할 때 크기나 화려함을 기준으로 삼지 않기 때문이다. 이 맥락에서는 이동의 리듬, 시야의 열림과 닫힘, 멈춤과 재개, 그리고 그 순간의 감정 강도에 대한 기준이 중요하다. 즉, 공간 기억은 건축 도면이 아니라 편집된 영상에 가깝다. 장면과 장면 사이의 전환이 자연스럽고, 특정 순간에 감정이 고조될수록 그 매장은 더 또렷한 이야기로 남는다.

그래서 리테일 공간 설계는 단순히 면적을 나누고 상품을 배치하는 일이 아니다. 소비자의 뇌에 어떤 순서로 장면이 저장되게 할지를 설계하는 일이다. 어디에서 속도를 늦출 것인지, 어디에서 시야를 막을 것인지, 어느 지점에서 감정을 흔들 것인지에 따라 기억의 서사가 달라진다. 같은 제품, 같은 브랜드라도 동선이 달라지면 전혀 다른 매장으로 기억되는 이유가 여기에 있다.

결국 매장은 하나의 기억 장치다. 벽과 바닥, 조명과 진열대는 모두 뇌의 저장 방식을 자극하기 위한 인터페이스다. 사람들이 다시 찾는 매장은 예쁜 공간이어서가 아니라, 머릿속에 하나의 완성된 이야기로 저장된 공간이다. 리테일의 경쟁력은 더 넓은 매장을 갖는 데 있지 않다. 소비자의 기억 속에 얼마나 선명한 장면의 연쇄를 남겼는가에 있다. 매장이 남기는 것은 평면도가 아니라 서사이며, 그 서사의 질이 곧 브랜드의 반복 방문율을 결정한다.

최근 출장 중에 급히 충전 케이블이 필요해 한 전자 제품 매장에 들른 적이 있다. 일정이 촉박해서 오래 머물 생각도 없었고, 모델 비교를 할 시간도 없었다. 입구에서 직원이 고개만 살짝 숙여 인사했고, 매장은 조용했다. 진열대 앞에 서자 제품 종류가 한눈에 들어왔고, 가격표도 복잡하지 않았다. 나는 거의 고민하지 않고 가장 가까운 제품 하나를 집어 들었다.

계산대 앞에 섰을 때도 특별한 일은 없었다. 직원은 제품을 봉투에 넣으며 "출장이신가 봐요"라고 한마디 했고, 결제는 10초도 걸리지 않았다. 매장을 나서며 자동문이 닫히는 소리를 들었을 때,

나는 이미 다음 일정 생각을 하고 있었다. 그곳에서 무엇을 봤는지, 진열장이 어떻게 생겼는지, 직원 얼굴이 어땠는지는 잘 떠오르지 않는다.

그런데 이상하게도 며칠 뒤, 다시 케이블이 필요해졌을 때 검색 대신 그 매장이 먼저 떠올랐다. 이유를 생각해 보면 딱히 특별한 서비스도 없었고, 가격이 싸지도 않았다. 다만 머릿속에는 한 문장만 남아 있었다. "거긴 빨랐고, 편했다."

나는 그 매장에서 무엇을 했는지보다, 어떤 상태로 나왔는지를 기억하고 있었던 셈이다. 서두르던 몸이 덜 긴장된 상태로 밖으로 나왔다는 사실, 계산이 끝난 뒤에도 마음이 끊기지 않고 다음 일정으로 자연스럽게 넘어갔다는 감각. 그것이 그 매장을 다시 떠올리게 만든 전부였다.

사람들은 매장을 떠난 뒤 뭘 했는지를 기억한다고 생각한다. 어떤 옷을 입어 봤는지, 어디를 돌아다녔는지, 직원이 무슨 말을 했는지 같은 장면들이다. 하지만 며칠만 지나면 그 디테일은 거의 사라진다. 대신 머릿속에 남는 문장은 훨씬 단순하다. "편했어", "좀 불편했어", "정리가 잘 돼 있었어", "정신없었어."

사람의 기억은 경험에 대한 평가 한 줄이다. 이 한 줄은 근거가 흐릿해져도 행동을 결정한다. 다시 갈지, 그냥 검색할지, 친구에게 말할지, 아예 피할지. 그래서 리테일에서 경험이 기억으로 굳는다는 말은, 그 순간 이미 다음 행동이 정해졌다는 뜻에 가깝다.

이 굳어짐은 오래 머물렀다고 생기지 않는다. 구조가 만든다. 30분을 돌아다녔는데도 뭐가 좋았는지 떠오르지 않는 매장이 있다. 5분만 있었는데도 "거긴 확실히 괜찮았어"라고 말하게 되는 매장이 있다. 이 차이는 시간도, 정보의 양도 아니다. 기억으로 남을 만한 순간이 있었느냐 없었느냐다. 사람의 기억은 매장에서 있었던 시간을 그대로 저장하지 않는다. 경험을 몇 개의 장면으로 잘라 이야기처럼 정리한다.

심리학에서 말하는 에피소드 기억episodic memory은 바로 이 방식을 설명하는 개념이다. 인지 심리학자 엔델 툴빙Endel Tulving은 인간의 기억을 단순한 정보 저장이 아니라, 나중에 다시 활용하기 위해 맥락과 감정을 묶어 재구성한 사건 단위의 기록으로 정의했다. 즉 기억은 창고에 쌓아 두는 데이터가 아니라, 미래의 선택과 행동을 위해 편집된 참고 자료에 가깝다.

그래서 매장에서 무언가가 기억으로 남는 순간은 경험이 끝났을 때가 아니다. 뇌가 그 경험을 다음에도 참고할 가치가 있다고 판단하는 바로 그 순간이다. 이 판단이 내려지는 순간, 수많은 정보 중 일부 장면만이 선택되어 감정, 의미, 평가와 함께 하나의 에피소드로 압축된다. 나머지는 대부분 사라진다.

이 판단은 보통 네 가지 신호에서 만들어진다. 시선이 멈췄는가, 감정이 조금이라도 움직였는가, 의미가 붙었는가, 그리고 마지막에 전체 평가가 어떻게 정리됐는가다. 이 네 가지는 추상적인 심리 용어가 아니다. 전부 매장 안에서 다음과 같이 구체적인 장면으로 발생한다.

첫 번째는 시선이 갑자기 멈추는 순간이다. 소비자는 매장 안의 모든 것을 보지 않는다. 눈은 계속 움직이지만, 기억으로 남는 것은 그중 일부다. 이유는 단순하다. 주의는 한 번에 한 지점에만 집중되기 때문이다. 이때 시선을 멈추게 만드는 가장 쉬운 방법이 대비다. 매장 전체가 밝은데 한 구역만 조두가 낮다든지, 전체가 차분한데 한 제품만 질감이 다르다든지, 조용한 공간에서 특정 구역만 소리가 달라지는 순간이다.

이런 순간에 사람은 무의식적으로 '내가 왜 여기 있지?'라고 생각한다. 이 질문이 아주 짧게라도 생기면, 그 장면은 기억 후보가 된다. 그래서 모든 것이 고르게 예쁜 매장은 편안할 수는 있어도 잘 기억되지는 않는다. 시선이 멈춰 기억되는 순간이 없기 때문이다. 기억은 통일감이 아니라 멈춤에서 시작된다.

두 번째는 감정이 붙는 순간이다. 여기서 말하는 감정은 감동이나 설렘 같은 큰 감정이 아니다. 오히려 아주 사소한 감정이다. 직원이 바로 달려오지 않고 적당한 거리를 지켜서 부담 없다는 느낌, 처음 온 매장인데도 동선이 바로 이해되어서 편하다는 느낌, 가격표가 단정해서 따로 계산하지 않아도 될 때 드는 안심된다는 느낌이다.

반대로 이런 감정도 생긴다. 계속 따라붙는 직원 때문에 드는 압박감, 길이 막혀 부딪히며 드는 짜증, 할인 규칙이 복잡해서 드는 불안. 이런 감정은 오래 지속되지 않아도 된다. 순간적으로만 붙어도 경험은 단순한 방문이 아니라 '느낌이 남은 사건'으로 바뀐다.

여기서 많은 운영자들이 좋은 감정만 만들면 된다고 착각한다. 하지만 실제로 중요한 것은 좋고 나쁨이 아니라 얼마나 분명했느냐다. 불편이 뚜렷하면 사람은 그 매장을 피하게 된다. 만족이 뚜렷하면 다시 떠올린다. 문제는 불편이 생겼을 때 아무런 마무리 없이 끝나는 경우다. 기다림이 길었다면, 그 기다림이 그냥 끝나느냐, 아니면 마지막에 '그래도 잘 샀다'는 느낌으로 정리되느냐에 따라 기억은 완전히 달라진다. 리테일 마케터에게 소비자의 감정은 없애야 할 대상이 아니라, 어떻게 설계하고 정리할지 결정해야 할 대상이다.

세 번째는 의미가 붙는 순간이다. 사람은 조명, 음악, 진열을 그대로 기억하지 않는다. 그 요소들을 보고 스스로 내린 결론을 기억한다. 같은 조명도 어떤 매장에서는 '차분하다'가 되고, 어떤 매장에서는 '답답하다'가 된다. 같은 음악도 '센스 있다'가 되거나 '시끄럽다'가 된다. 차이는 설명이 아니라 해석이다.

그래서 설명이 많은 매장은 오히려 소비자의 기억에 남기에 불리하다. "우리는 이런 브랜드입니다"를 계속 말하면, 소비자가 스스로 결론을 내릴 여지가 줄어들기 때문이다. 반대로 소비자가 "여긴 정리가 잘 돼 있어서 실패할 확률이 낮다", "여긴 나를 재촉하지 않는다" 같은 결론을 자기 언어로 만들면 그 기억은 오래간다. 내 머리로 만든 결론은 잘 지워지지 않기 때문이다.

네 번째는 마지막에 평가가 정리되는 순간이다. 사람은 경험을 되돌아볼 때 전체 평균을 계산하지 않는다. 마지막에 어떤 느낌으로 끝났는지가 전체의 인상을 대표한다. 그래서 출구는 단순한 동선의 끝이 아니다. 평가가 확정되는 지점이다. 계산대에서 직원이 어떤 말투로 말했는지, 결제가 매끄러웠는지, 쇼핑백이 허술했는지 단정했는지, 나가면서 들린 음악이 어떤 톤이었는지. 이런 사소한 요소들이 '결국 괜찮았다' 혹은 '다시는 안 올 것 같다'를 만든다.

이 순간이 지나면 평가는 쉽게 바뀌지 않는다. 이후에 다른 정보를 보더라도, 사람은 이미 정리된 평가를 기준으로 새 정보를 해석한다. 그래서 마지막 장면을 설계하지 않은 매장은 앞에서 아무리 잘해도 손해를 본다.

정리하면 단순하다. 시선을 억지로 끌지 말고 멈추게 할 지점을 만들 것. 감정을 크게 만들려고 하지 말고 작게라도 붙게 할 것. 의미를 설명하지 말고 스스로 결론 내리게 할 것. 끝을 꾸미려 하지 말고 평가가 흔들리지 않게 정리할 것.

그리고 질문을 바꿔야 한다. 무엇을 더 넣을지가 아니라, 무엇을 남길 것인가로. 요소를 늘리면 정보는 많아지지만, 기억은 흐려진다. 덜어 내면 대비가 생기고, 시선이 멈추고, 감정이 붙고, 의미가 만들어진다. 그래서 리테일에서 가장 비싼 설계는 가장 많이 지운 설계다.

기억이 남는 순간을 운에 맡기면 매장은 매번 다른 평가를 받는다. 어떤 날은 좋고, 어떤 날은 별로인 매장은 기억 자산을 쌓지 못한다. 반대로 기억이 만들어지는 지점을 구조로 설계한 매장은 작아도 강해진다. 결국 이기는 쪽은 규모가 아니라, 소비자의 머릿속에 남는 장면을 의도적으로 만들고 그 장면이 한 문장으로 정리되게 만드는 쪽이다. 경험은 언제 기억이 되는가. 시선이 멈추고, 느낌이 붙고, 의미가 생기고, 마지막 평가가 정리되는 순간이다. 리테일은 그 순간을 만드는 산업이다.

| 첫 방문이 항상 마지막 기준이 되는 이유 |

2025년 나는 한 브랜드의 리뉴얼 오픈을 앞두고 '첫 주말' 운영 리허설을 현장에서 돌았다. 내부에서는 자신감이 컸다. 집기와 사인은 새로 들어왔고, 직원 스크립트도 업네이트됐고, 오픈 프로모션도 촘촘했다. 문제는 소비자가 들어오는 순간부터였다. 입구 앞에 안내 문구가 많았고, 동선은 '여기서 줄을 서세요', '이쪽에서 체험하세요', '저쪽에서 결제하세요'로 갈라졌다. 직원은 친절했지만 첫 마디가 너무 길었다. 사람들은 고개를 끄덕이며 들어왔지만 표정이 묘하게 굳어 있었다. 그날 끝나고 소비자 인터뷰를 몇 개만 들어도 결론은 같았다. "재밌긴 한데, 좀 복잡해요", "뭘 먼저 해야 할지 모르겠어요."

오픈 다음 주, 안내를 줄이고 동선을 정리해 훨씬 매끄럽게 만들었다. 그런데도 한 달 뒤 재방문을 물으면 일부 소비자는 똑같이 말했다. "거기, 처음에 너무 정신없어서 다시는 안 갈 줄 알았어요." 그때 확신했다. 개선으로 현재의 경험은 바꿀 수 있어도, 첫 방문에서 만들어진 '기준'은 쉽게 바뀌지 않는다.

———

사람들은 매장을 여러 번 방문한 뒤에도 의사 결정의 기준으로는 거의 언제나 '처음 갔을 때 어땠는가'를 사용한다. 두 번째 방문의 편리함이나 세 번째 방문의 할인 혜택보다, 첫 방문에서 느꼈던 막연한 인상 하나가 더 오래 남는다. 괜히 불편했던 기억, 왠지 믿음이 갔던 느낌, 다시는 오기 싫었던 분위기 같은 소비자의 평가는 대부분 첫 경험에 뿌리를 두고 있다. 리테일 현장에서 흔히 관찰되는 현상이다. 매장을 아무리 개선해도 첫 인상이 나빴던 브랜드는 회복하는 데 몇 배의 비용과 시간이 든다. 첫 방문은 하나의 경험이 아니라, 이후 모든 판단의 기준점이다.

이 현상은 감정의 문제가 아니라 인간 인지 구조의 문제다. 사회 심리학에서는 이를 초두 효과 primacy effect 라고 부른다. 미국의 심리학자 솔로몬 애시Solomon Asch는 사람에게 여러 개의 성격 정보를 순서대로 제시했을 때, 앞부분에 제시된 정보가 전체 인상을 압도적으로 지배한다는 사실을 실험으로 입증했다. 동일한 특성 목록이라도 제시 순서에 따라 평가가 완전히 달라졌다. 뇌는 나중의 정보를 공정하게 재계산하지 않는다. 이미 만들어진 해석의 틀 안에서 의미를 수정할 뿐이다.

매장도 예외가 아니다. 소비자의 뇌는 첫 방문 순간에 이미 하나의 문장을 만든다. 이 브랜드는 비싸다, 여기는 복잡하다, 나랑 안 맞는다, 생각보다 괜찮다. 이런 문장들은 의식적으로 기록되지 않지만 이후의 모든 경험을 해석하는 기준선이 된다. 두 번째 방문에서 친절한 직원을 만나도 '원래 불친절한 브랜드인데 오늘만 괜찮네'로 해석되고, 세 번째 방문에서 동선이 개선되어도 '원래 정신없는 매장이지만 조금 나아졌다'로 받아들여진다. 반대로 첫 경험이 긍정적이면 작은 불편은 '그럴 수도 있지'로 흡수된다. 뇌는 경험을 수정하기보다, 기존 판단을 보호한다.

이 지점에서 많은 브랜드가 첫 방문을 테스트로 착각한다. 오픈 초반은 어수선할 수 있고, 몇 주 지나면 정리되며, 소비자는 그 변화를 알아줄 거라고 믿는다. 하지만 소비자는 개선 과정을 보러 오지 않는다. 소비자가 가져가는 것은 과정이 아니라 첫 경험이다. 경험에서 나온 첫 문장은 마치 제품 설명서처럼 이후의 모든 체험에 붙어 다닌다. 그래서 첫 방문 경험은 예행연습이 아니라, 브랜드의 정체성이 소비자의 인지 구조 속에 고정되는 순간이다. '이 브랜드는 나를 편하게 한다' 혹은 '이 브랜드는 나를 긴장시키고 흔든다'라는 문장이 그날 만들어지고, 이후의 모든 경험은 그 문장을 강화하거나 방어하는 방향으로 해석된다.

이 때문에 리테일 마케팅에서 소비자의 첫 방문은 처음 만남이 아니라 장기 기억 구조 설계 단계다. 브랜드에 대한 기대치, 신뢰의 상한선, 불만을 참아 줄 여지, 가격에 대한 관용도까지 대부분 이때 결정된다. 실제 현장 데이터를 보면 신규 방문자의 재방문율은 첫 체류 시간, 첫 문의 응대, 첫 결제 과정의 매끄러움과 높은 상관관계를 보인다. 반면 재방문한 소비자의 만족도를 조금 높이는 것보다, 첫 방문한 소비자의 불편 요소 하나를 제거하는 편이 매출 곡선에 더 큰 영향을 미치는 경우가 많다.

문제는 많은 브랜드가 이 구조를 거꾸로 이해한다는 점이다. 기존 소비자를 위한 리뉴얼, 단골을 위한 혜택, 충성 소비자 관리에는 많은 자원을 투입하면서도, 첫 방문에 관한 경험 설계는 상대적으로 단순하게 처리한다. "일단 들어오면 알아서 좋아하겠지", "우리 브랜드 철학은 오래 보면 이해될 거야" 같은 가정이 그 배경이다.

하지만 뇌는 오래 보며 수정하지 않는다. 처음 보고 판단한 뒤, 그 판단을 방어한다.

리테일 공간에서 소비자가 첫 방문 때 받는 인상은 아주 구체적인 요소들로 구성된다. 입구를 찾는 데 걸린 시간, 문을 여는 순간 느껴지는 온도, 조명의 밝기, 직원이 먼저 말을 걸었는지 여부, 가격표의 가독성, 동선의 직관성, 계산대 앞의 침묵 길이, 영수증을 건네는 손의 속도 같은 것들이다. 이 요소들은 개별적으로는 사소해 보이지만, 뇌는 그것들을 종합해 하나의 정서 문장으로 압축한다. 그리고 그 문장이 브랜드의 기본 설명서가 된다.

특히 오프라인 매장은 되돌릴 수 없다. 웹사이트는 로딩이 느리면 새로 고침을 누르면 되지만, 매장은 불편한 순간이 그대로 기억으로 남는다. 온라인에서는 배너를 닫으면 끝나지만, 오프라인에서는 어색했던 3초의 침묵이 브랜드 이미지가 된다. 그래서 리테일 마케팅은 언제나 '처음 온 사람의 시선'으로 공간을 점검해야 한다. 내부 직원에게 익숙한 구조는 신규 방문자에게는 미로일 수 있고, 브랜드 담당자에게 당연한 용어는 소비자에게는 외국어일 수 있다.

흥미로운 점은 첫 방문의 인상이 반드시 친절하거나 편안할 필요는 없다는 것이다. 중요한 것은 일관성이다. 어떤 브랜드는 첫 방문에서 낯섦과 긴장을 의도적으로 선택한다. 다만 그 긴장이 무질서가 아니라 '정체성'으로 읽혀야 한다. 사람은 낯선 공간에서 가장 먼저 '여기서 나는 무엇을 해야 하는가'를 판단한다. 어디로 가야 하는지, 무엇을 만져도 되는지, 누구에게 말을 걸어야 하는지, 얼마쯤 할 것 같은지. 이 질문에 빠르게 답을 얻으면 불안은 줄어들고, 공간은 친숙해진다. 반대로 이 질문이 오래 풀리지 않으면 어떤 고급 인테리어도 부담으로 변한다.

리테일 매장에서 첫 방문 경험을 설계할 때 가장 중요한 원칙은 하나다. 설명하지 않아도 이해되는 구조다. 브랜드의 철학을 장황하게 설명하는 안내문보다, 소비자가 한 발 움직였을 때 자연스럽게 다음 행동이 떠오르는 동선이 훨씬 강력하다. 제품의 우수성을 적은 문구보다, 만져 보고 비교해 보고 상상해 볼 수 있는 환경이 더 오래 기억된다.

첫 방문은 브랜드가 소비자를 설득하는 시간이 아니라, 소비자가 브랜드를 해석하는 시간이다. 브랜드가 이해받는 시간이 아니라, 브랜드가 소비자의 사고 속으로 들어가는 시간임을 기억하자.

결국 첫 방문이 전부를 결정한다는 말은 과장이 아니다. 가격 전략, 프로모션, 광고 캠페인, 멤버십 제도보다 먼저 작동하는 것은 기억의 틀이다. 그 틀이 소비자의 기억 속에서 호의적으로 만들어지면 이후의 모든 마케팅은 증폭되고, 부정적으로 만들어지면 이후의 모든 노력은 보정 작업이 된다. 리테일 매장은 매일 새로운 소비자를 맞이하지만, 그들 각자에게는 언제나 '첫 번째 공간'이다. 그리고 그 첫 장면이 브랜드의 평생 설명서가 된다.

이 책이 반복해서 강조하는 '기억되는 매장'이라는 개념도 결국 이 지점에서 출발한다. 기억은 누적되지만 기준은 처음에 만들어진다. 그래서 리테일에서 가장 비싼 마케팅은 광고가 아니라, 첫 경험의 실패다.

좋았다는 감정이 막연한 이유

몇 해 전 주말 오후에 아들과 대형 복합 쇼핑몰에 갔다. 목적은 없었다. 아이가 게임 매장을 보고 싶어 했고, 나는 그냥 따라 들어갔다. 두 시간쯤 지나 집으로 돌아오는 길에 아내가 물었다. "어디 갔다 왔어?"

나는 잠시 생각하다가 이렇게 말했다. "그냥, 괜찮은데."

아내가 다시 물었다. "뭐가 괜찮았는데?"

그 질문 앞에서 나는 말이 막혔다. 매장이 컸던 것도 아니고, 직원이 친절했던 것도 아니고, 특별한 이벤트가 있었던 것도 아니었다. 분명 불쾌하지 않았고, 시간도 잘 갔고, 아이도 재미있어 했는데, 정작 무엇이 좋았는지는 떠오르지 않았다. 기억에 남은 장면이 아니라, 기분만 남아 있었다.

———

매장을 다녀온 사람에게 어땠느냐고 물으면, 많은 경우 돌아오는 대답은 짧다. 괜찮았어, 나쁘지 않았어, 좋았어. 문제는 그다음 문장이 거의 이어지지 않는다는 데 있다. 무엇이 좋았는지, 어디가 편했는지, 어떤 장면이 인상적이었는지, 왜 다시 가고 싶은지에 대한 설명이 비어 있다. 리테일 관점에서 이 말은 칭찬처럼 들리지만, 실제로는 경고에 가깝다. 기억이 남았다는 뜻이 아니라, 기억이 정리되지 못한 채 흩어졌다는 신호일 수 있기 때문이다.

사람이 공간을 경험하는 방식부터 확인해야 하는 이유가 여기에 있다. 매장에 들어서는 순간 사람의 감각에는 조명, 소리, 냄새, 공간의 밀도 같은 수많은 환경 단서가 동시에 들어온다.

그러나 앞서 이야기했듯이 뇌는 이 모든 정보를 같은 비중으로 저장할 수 없다. 그래서 경험은 먼저 압축되고, 그다음 재구성된다. 이때 압축의 기준은 대체로 감정의 변화다. 즉, 경험은 사실의 목록이 아니라 '느낌의 지도'로 남는다.

여기에서 '좋았다'의 막연함이 발생한다. 감정은 남는데, 감정을 만든 단서가 언어로 묶이지 못하면 기억은 요약^{gist}만 남긴다. 인지 심리학자 찰스 브레이너드^{Charles Brainerd}와 발레리 레이나^{Valerie Reyna}가 정리한 퍼지 트레이스 이론^{fuzzy-trace theory}은 인간이 경험을 저장할 때 세부 정보보다 의미 요약을 우선한다는 점을 설명한다. 매장 경험도 같다. '좋았다'는 강한 요약이지만, 무엇이 좋았는지를 구성하는 세부 단서가 빠져 있다. 요약만 남으면 전달이 어렵고, 비교가 어렵고, 재현이 어렵다. 그리고 재현되지 않는 기억은 쉽게 희미해진다.

또 하나의 이유는 감정의 성격 자체에 있다. 감정은 종종 이유보다 먼저 발생하고, 이유는 나중에 붙는다. 의사 결정 연구자 폴 슬로빅^{Paul Slovic}은 사람들이 복잡한 판단을 할 때 감정 신호를 간단한 기준으로 사용한다고 설명해 왔다. 이를 정서 휴리스틱^{affect heuristic}이라 부른다. 매장에서 소비자가 '여기 괜찮네'라고 느꼈다면, 사실 그 판단은 그 전에 내려진 경우가 많다. 괜찮다는 말 뒤에 조명이 좋아서, 향이 편해서, 동선이 편해서 같은 언어적 이유가 뒤따르기는 한다. 하지만, 이 이유는 종종 완전한 원인이 아니라 사후 설명에 가깝다. 그러니 소비자 스스로도 정확히 무엇이 좋았는지 말하기 어려워진다.

이 막연함은 좋은 경험의 증거가 아니라, 경험이 서사로 굳지 못했다는 증거다. 소비자의 기억에 강하게 남으려면 사건이 문장으로 바뀌어야 한다. 사람은 이야기를 기억하고, 그 이야기를 다시 꺼내며, 그 과정에서 행동을 결정하기 때문이다. "그 매장은 직원이 말을 안 붙이는데도 불편하지 않더라", "입구를 지나자 공기가 확 바뀌어서 긴장이 풀렸어", "피팅룸 조명이 이상하게 얼굴을 좋아 보이게 만들더라"와 같은 문장은 재방문을 만들고 추천을 만든다. 반대로 "좋았어"는 호감의 표현이지만, 행동으로 이어질 연결 고리가 약하다. 인상은 남았으나 회상할 손잡이가 없기 때문이다.

리테일에서 이 손잡이는 우연히 만들어지지 않는다. 오히려 대부분은 설계의 결과다. 기억이 막연해지는 매장에는 공통점이 있다. 좋은 요소들이 많지만 서로 경쟁한다. 조명도 신경 썼고, 음악도 신경 썼고, POP도 신경 썼고, 동선도 신경 썼고, 이벤트도 신경 썼다. 그런데 소비지기 떠올릴 만한 단 하나의 장면으로 수렴되지 않는다. 결과적으로 경험은 풍부하지만 산만해진다. 이런 매장은 나쁜 매장이 아니다. 오히려 평균 이상인 경우가 많다. 다만 기억될 구조가 부족한 매장일 뿐이다.

여기서 중요한 구분이 생긴다. 만족satisfaction과 기억memory은 다르다. 만족은 그 순간의 평가이고, 기억은 시간이 지난 후 이뤄지는 재구성이다. 심리학자 대니얼 샤크터Daniel Schacter는 기억이 기록 장치처럼 저장되는 것이 아니라, 끊임없이 편집되고 재구성되는 과정이라는 점을 강조한다. 매장에서의 만족은 그 자리에서 끝날 수 있지만, 기억은 시간이 지나며 줄어든 정보 속에서 다시 조립된다. 그래서 기억을 설계한다는 것은 그 조립 과정에서 살아남을 요소를 미리 심는 작업이다.

그렇다면 어떤 요소가 살아남을까. 감정의 급격한 변화가 일어나는 지점이 첫 번째 요소다. 판단이 내려지는 순간이 두 번째 요소가 된다. 마지막 세 번째 요소는 몸이 반응한 순간이다. 뇌는 생각보다 변화에 민감하다. 평온하게 좋은 경험은 장기적으로 호감은 남길 수 있지만, 말로 옮길 장면이 없다면 쉽게 묻힌다. 그래서 리테일에서는 의외로 약한 불편도 기억이 된다. 길이 헷갈렸다, 직원이 너무 가까웠다, 음악이 너무 컸다, 냄새가 과했다 같은 경험은 불쾌할 수도 있지만 명확한 문장으로 남는다. 기억이 생긴다는 점에서는 강력하다. 문제는 방향이다. 기억은 생겼는데, 브랜드에 불리하게 생긴 것이다. 결국 우리의 목표는 간단하게 정리된다. 기억을 만들되, 긍정적인 방향으로 만들 것.

리테일 마케터는 인지적 부담이 낮은 순간을 설계해야 한다. 사람은 복잡한 상황에서 더 많은 것을 기억하지 않는다. 더 적은 것만 기억한다. 인지 부하cognitive load가 커지면 정보는 저장되지 않고 통과한다. 매장이 정보로 가득할수록, 소비자가 가격표를 읽고 비교할수록, 선택지가 많을수록 오히려 좋았다 같은 요약만 남기기 쉽다. 이때 필요한 것은 추가 정보가 아니라 구조다. 어떤 진열은 설명을 줄여야 하고, 어떤 구역은 선택지를 줄여야 하며, 어떤 지점은 시선을 쉬게 해야 한다. 그래야 소비자가 장면을 붙잡을 여지가 생긴다.

사회적 상호 작용이 발생하는 순간도 고려해야 한다. 소비자가 매장에서 얻는 기억은 제품 자체뿐 아니라 사람과의 거리에 크게 영향을 받는다. 직원이 한 말, 직원이 서 있던 위치, 눈이 마주친 타이밍, 말이 걸린 방식은 경험 전체의 평가를 바꾼다. 그런데 이 상호 작용은 대부분 소비자가 언어화하기 어렵다. "직원이 괜찮았어"라는 말은 사실 "내 경계를 침범하지 않았어", "내가 모자라 보이지 않게 해 줬어", "결정권을 빼앗지 않았어" 같은 복합적인 감정을 포함한다. 말로는 단순하지만 감정의 덩어리는 크다. 그래서 좋았다는 표현 아래에 가장 큰 요인이 숨어 있는 경우가 많다.

그래서 결론은 하나로 정리된다. "좋았다"는 평가는 목표가 아니라 출발점이다. 감정은 남았지만, 감정을 만든 단서가 문장으로 묶이지 못하면 매장 경험은 요약만 남기고 쉽게 증발한다. 반대로 소비자가 한 문장이라도 구체적으로 말하기 시작하면, 그 순간부터 기억은 견고해진다. "입구의 향이 인상적이었어", "TV 화면이 실제보다 더 현실 같았어", "안쪽으로 갈수록 조명이 편했어"와 같은 문장이 나오기 시작하면, 매장은 이미 소비자의 머릿속에서 편집을 끝낸 셈이다.

리테일이 다루는 것은 호감이 아니라 회상이다. 매장은 소비자가 나가는 순간 끝나는 공간이 아니라, 나간 뒤에도 계속 편집되는 경험이다. 기억은 감정으로 시작하지만, 행동으로 이어지려면 문장으로 굳어야 한다. 결국 매장은 상품을 파는 장소이기 이전에, 사람의 머릿속에 남을 '회상 가능한 한 문장'을 설계하는 구조적인 공간이다. 그리고 그 문장의 질이, 재방문과 추천, 브랜드 신뢰의 강도를 결정한다.

기억의 우선순위는 감정의 크기

리테일 현장에서 자주 듣는 말이 있다. "설명은 다 했는데요." 제품 스펙, 가격 혜택, 기능 비교표, 프로모션 조건까지 담당자는 빠짐 없이 설명했고 소비자는 고개를 끄덕이며 매장을 나간다. 논리적 으로 보면 빠진 것이 없다. 그런데 일주일 뒤 소비자의 기억에 남아 있는 것은 설명의 구조가 아니다. 대개 한 문장이다. "그 매장, 뭔 가 불편했어" 혹은 "이상하게 믿음이 갔어." 리테일 현장에서 소비 자의 기억은 정보의 총합이 아니라 감정의 요약본이다.

오프라인 매장이 다루는 핵심이 기억이라는 전제를 받아들이면 이 예시는 예외가 아니라 규칙이 된다. 매장은 정보를 저장하는 장소가 아니라, 경험을 통해 브랜드를 해석하고 압축하는 공간이다. 결국 소비자가 선택하는 것은 정보의 양이 아니라, 그 정보와 함께 남은 감정의 방향이다.

문제는 이 감정이 종종 비합리로 취급된다는 점이다. 사람들은 감정을 이성의 반대편에 있는 요소로 오해하지만, 실제 판단 과정에서 감정은 오히려 이성이 작동하기 위한 출발점에 가깝다. 노벨 경제학상을 받고, 시스템 1과 시스템 2 이론system 1 and system 2 thinking으로 유명한 심리학자 대니얼 카너먼Daniel Kahneman은 인간의 사고가 두 가지 체계로 작동한다고 설명했다. 빠르고 자동적인 직관의 체계system 1와 느리고 논리적인 분석의 체계system 2다. 그의 연구에 따르면 대부분의 일상적 판단은 분석 체계가 개입하기 전에 이미 직관의 체계에서 방향이 정해진다. 사람은 모든 정보를 검토한 뒤 결론을 내리는 존재가 아니라, 먼저 느낌과 인상이 결론을 만들고, 그다음에 논리가 그것을 정당화한다.

리테일 현장에서는 이 순서가 특히 분명하게 드러난다. 매장은 짧은 시간 안에 과도한 선택을 요구한다. 소비자는 짧은 시간 안에 매장이 만들어 내는 수많은 자극과 선택을 동시에 받아들인다.

그러나 이 환경에서 소비자는 매장이 전달하는 정보 전부를 이해하려 하지 않는다. 대신 지금 이 선택이 안전한지를 빠르게 판단할 수 있는 단서를 찾는다. 감정은 분위기가 아니라 판단을 압축하는 장치로 작동한다. 정보를 줄이고, 위험을 낮추고, 행동을 가능하게 만든다.

정보는 설득의 재료이지, 설득 그 자체는 아니다. 특히 고관여 제품군일수록 정보는 많아지지만 역설적으로 소비자는 더 빨리 감정적 기준으로 이동한다. 선택 부담이 커질수록 사람은 모든 옵션을 비교하기보다 믿을만한 기준 하나로 판단을 끝내려 하기 때문이다. 그 기준은 대개 이런 문장으로 요약된다. '이 브랜드는 정직해 보인다, 이 공간은 과하지 않다, 여기는 나를 재촉하지 않는다.'

이 지점에서 리테일 운영자가 반드시 구분해야 할 것이 있다. 소비자가 느끼는 감정은 매장의 분위기가 아니라 논리 구조에서 비롯된다. 우연히 좋은 음악을 틀어서 생기는 것이 아니라, 소비자의 판단 부담을 줄이는 설게가 누적된 결괴로 형성된다.

소비자가 매장에서 느끼는 감정은 대체로 네 가지 비용의 합으로 나타난다. 첫째, 이해 비용이다. 무엇이 어디에 있는지, 어떻게 비교해야 하는지, 어떤 순서로 봐야 하는지를 스스로 해석해야 할 때 발생한다. 둘째, 사회적 비용이다. 직원의 시선, 다른 소비자의 밀도, 뭔가를 꼭 해야 할 것 같은 압박이 부담이 된다. 셋째, 실패 비용이다. 잘못 고르면 손해를 볼 것 같다는 느낌, 질문했다가 어색해질 것 같다는 느낌이 판단을 무겁게 만든다. 넷째, 시간 비용이다. 머무는 시간이 길어질수록 선택 피로decision fatigue가 쌓이고, 결국 소비자는 구매가 아니라 탈출을 선택한다.

이 네 가지 비용을 낮추는 매장은 대체로 '편했다'라는 기억을 남긴다. 반대로 비용을 높이는 매장은 정보가 정확하고 제품이 좋아도 '피곤했다'라는 인상으로 요약된다. 중요한 점은 이 요약이 이후의 해석 기준이 된다는 것이다. 같은 가격표가 있더라도 합리적이거나 비싸다고 느끼고, 같은 직원의 설명도 친절이나 부담으로 느껴진다. 감정은 경험의 결과이면서 동시에 다음 경험을 해석하는 기준이 된다.

이 차이는 가전 매장에서 특히 선명하게 드러난다. 일반적인 가전 매장은 복잡한 기술 정보를 전달하기 위해 POP와 스펙 카드로 가득 차 있다. 제품 앞에 서면 성능 수치와 약어, 비교표가 먼저 눈에 들어온다. 이해 비용과 실패 비용이 동시에 올라간다.

그런데 한 프리미엄 가전 브랜드의 플래그십 스토어를 방문했을 때 다른 경험을 했다. 매장에서 가격표와 스펙 카드가 거의 보이지 않았다. 공간 전체는 조용했고, 동선은 단순했으며, 직원의 설명은 기능을 나열하기보다 사용 장면을 그려 주는 방식에 가까웠다. 무엇을 사야 하는지 몰라도 불편하지 않았고, 오래 머물러도 재촉받는 느낌이 없었다. 나오는 길에 이런 생각이 들었다. '이 브랜드 신뢰가 가네.' 논리적 비교를 한 것도 아니고, 스펙을 외운 것도 아니었다. 그저 누군가에게 "한번 가볼 만한 매장"이라고 말하고 싶어졌다.

며칠 뒤 그 매장을 떠올릴 때 기억에 남은 것은 제품 정보가 아니었다. "그때 좀 편했어", "괜히 기분이 괜찮았어"와 같은 맥락이었다. 어떤 매장은 정보가 많지만 기억되지 않고, 어떤 매장은 설명은 적은데 오래 남는다. 차이는 정보의 정확도가 아니라 감정의 마찰도에 있다.

리테일 매장의 목표가 단기 구매라면 이 구조를 무시해도 성과는 나온다. 강한 할인, 강한 혜택, 강한 푸시로 즉각적인 결정을 만들 수 있기 때문이다. 그러나 이 책이 다루는 것은 '사람들에게 기억되는 매장', '기억을 파는 매장'이다. 이 관점에서 감정은 매출과 별개의 요소가 아니라, 매출보다 먼저 작동하는 변수다. 소비자는 제품의 스펙만 기억하지 않는다. 그 브랜드를 처음 접했을 때 느낀 감정을 함께 저장한다. 이 감정이 나쁘면 구매는 한 번으로 끝나고, 감정이 좋으면 구매가 지연되더라도 관계는 남는다.

그렇기 때문에 소비자가 브랜드에 느끼는 감정이 중요하다는 말은 너무 추상적이다. 더 중요한 질문을 해야 하고, 그 질문은 감정이 어디에서 만들어지느냐다. 많은 매장이 공간 전체를 아름답게 만들려 하지만 기억은 전체가 아니라 접점에서 굳어진다. 입구에서의 첫 3초, 제품 앞에서의 첫 손짓, 직원과 나눈 첫 문장, 결제 직전의 마지막 확신. 오프라인 매장이 '보고 지나치는 매체'가 아니라 '머무르는 매체'라는 사실은, 이 접점들이 감정을 형성할 시간을 갖는다는 뜻이기도 하다. 머무는 동안 감정이 계속 흔들리면 신뢰가 흔들리고, 신뢰가 흔들리면 기억은 선명해지지 않는다.

그래서 리테일 마케터가 스스로에게 해야 할 질문은 이렇게 바뀌어야 한다. '정보를 더 줄까?'가 아니라 '이 정보가 어떤 감정과 함께 남게 할까?'로. 매장에서 가장 강한 정보는 설명 문장이 아니라 경험의 질감이라는 것을 기억하자. 이해가 쉬웠는지, 부담이 없었는지, 존중받고 있다고 느꼈는지, 실수해도 괜찮을 것 같았는지. 이 질감이 반복될 때 브랜드의 메시지는 주장처럼 들리지 않고 경험으로 축적된다.

결국 기억은 정보의 저장이 아니라 감정의 각인이다. 정보는 시간이 지나면 흐려지지만 감정은 다음 행동의 방향을 남긴다. 그래서 리테일에서 '기억을 설계한다'는 말은 감성적인 수사가 아니라 가장 현실적인 전략이다. 판단 비용을 구조적으로 낮추고, 신뢰의 신호를 일관되게 제공하며, 결정의 순간에 흔들리지 않도록 접점

을 정밀하게 다듬는 것. 그 반복이 매장을 이상하게 오래 기억에
남는 장소로 만든다.

기억을 팔아야 하는 이유

내가 근무하는 팀에 유독 추천을 잘하는 동료가 있었다. 점심 집이든 카페든 그가 찍어 주는 곳은 실패가 드물었다. 재미있게도 그는 한 번도 "여기 맛있어", "여기 유명해" 같은 말을 먼저 하지 않았다. 대신 늘 장면부터 말했다. "문 열고 들어가면 바깥 소음이 뚝 끊겨요", "계산대 앞에서 괜히 한 박자 늦게 걷게 돼요", "앉자마자 숨이 길어져요."

처음엔 과장이라고 생각했다. 그런데 가 보면 그가 말한 대로였다. 어느 서점 겸 카페에서는 입구에서 발걸음이 느려졌고, 어느 샌드위치 가게에서는 메뉴를 고르기도 전에 '여긴 기준이 있구나'

라는 느낌이 들었다. 이름은 바로 떠오르지 않아도, 공기와 빛의 색, 걷던 속도, 잠시 멈췄던 위치는 또렷하게 남았다. 그때 깨달았다. 사람은 정보를 기억하는 게 아니라 장면을 기억한다는 사실을. 그리고 좋은 추천이란 결국 그 공간이 내 몸과 감정에 남기는 장면을 정확히 짚어 주는 일이라는 것을.

———

좋은 입지, 넓은 면적, 화려한 인테리어. 업계는 늘 이 세 가지를 성공의 조건처럼 말한다. 물론 무시할 수 없다. 다만 그 조건들이 매장을 기억하게 만드는 직접적인 원인은 아니다. 사람들이 매장에 대한 기억을 떠올릴 때 지도 위의 핀, 평면도, 마감재 리스트를 곱씹지 않는다. 머릿속에 남는 것은 "어쩐지 믿음이 갔다", "이상하게 오래 머물렀다", "딱 한 번 갔는데 장면이 남아 있다" 같은 감각을 담은 한 문장이다. 리테일의 본질을 자리가 아니라 기억이라고 정의할 수 있는 이유도 기억을 팔아야 하는 이유도 여기에 있다.

그렇다면 질문은 이렇게 바뀐다. 무엇이 기억을 만들고, 무엇이 기억을 막는가. 기억되는 매장은 무엇을 더 많이 갖춘 곳이 아니라, 무엇인가를 더 정확히 통제한 곳이다. 즉 양의 문제가 아니라 구조의 문제다. 기억을 팔기 위해서는 다섯 가지 요소를 고려해야 한다.

첫째, 기억되는 매장은 우선순위가 분명하다. 앞에서 이야기한 것처럼 사람의 인지는 한번에 많은 정보를 처리하지 못한다. 그래서 매장은 모든 것을 보여 주려는 순간 오히려 아무것도 남기지 못한다. 기억되는 매장은 반대로 이 공간에서 소비자가 반드시 알아야 할 한 문장을 먼저 정한다. 이 한 문장은 제품일 수도 있고, 브랜드의 태도일 수도 있고, 이곳에 온 당신에게 어떤 시간을 주겠다는 약속일 수도 있다.

그다음부터는 전개가 단순해진다. 조명, 컬러, 집기, 동선, POP, 직원의 스크립트까지 모든 요소가 그 한 문장을 돕는 방향으로 정렬된다. 소비자는 이 정렬을 논리적으로 분석하지 않지만 감각적으로는 즉시 감지한다. "여긴 뭔가 단단하다"라는 소비자의 피드백이 바로 그 결과다. 여기서 말하는 단단함은 미적인 인상이 아니라 운영의 성질이다. 브랜드의 기획, 메시지, 디자인 언어, 실행 방식, 그리고 매장이라는 현실 제약 속에서도 흔들리지 않는 기준이 서로 맞물릴 때, 공간은 그럴듯함이 아니라 신뢰로 작동한다.

둘째, 기억되는 매장은 장면을 설계한다. 사람들은 매장이라는 덩어리를 저장하지 않는다. 그 안에서 감정이 움직였던 순간을 저장한다. 그렇다면 리테일이 해야 할 일은 공간을 채우는 일이 아니라 장면을 만드는 일이다. 입구에서 한 번, 메인 존에서 한 번, 체험 구간에서 한 번, 직원과 마주치는 지점에서 한 번, 나가기 직전에 한 번. 몇 개의 장면만 명확히 설계해도 기억의 밀도는 달라진다. 문제는 많은 매장이 장면을 무작정 예쁘게 만들려고 한다는 점이다. 예쁨은 쉽게 상향 평준화된다. 그러나 기억은 그렇지 않다. 기억은 언제나 '왜 여기서 이런 감정을 느꼈지?'라는 이유를 필요로 한다.

장면이 기억으로 굳기 위해서는 두 가지 조건이 맞물려야 한다. 주의가 붙을 것, 의미가 붙을 것. 주의는 강한 자극에서만 생기지 않는다. 오히려 리테일에서는 '낯설지 않지만 새롭다'의 경계에서 가장 오래 머문다. 지나치게 낯설면 불안해지고, 지나치게 익숙하면 자동으로 통과한다. 기억되는 매장은 이 중간 지대를 의도적으로 만든다. 소비자가 스스로 속도를 늦추며 잠깐만, 하고 멈추는 지점. 그곳이 장면의 시작이다. 의미는 긴 설명에서 생기지 않는다. 의미는 해석의 실마리를 제공할 때 생긴다. 예컨대 TV 매장에서 화질이 좋다고 반복해서 말하는 대신, 소비자가 직접 차이를 눈으로 확인하도록 비교의 장면을 만드는 것이 더 강력하다. 정보의 양이 아니라 지각되는 차이가 더 중요하다는 뜻이다. 사람은 많은 정보를 이해할 때가 아니라, 분명한 차이를 인식할 때 확신을 만든다.

셋째, 기억을 파는 매장은 일관성을 아름다움보다 상위에 둔다.

많은 공간이 좋은 디자인을 목표로 삼지만, 리테일에서 디자인은 목적이 아니라 수단이다. 목적은 인식의 설계다. 어느 구간은 고급스럽고 다른 구간은 임시방편처럼 보이거나, 안내 문구는 과도하게 친절한데 직원의 톤이 건조하다면, 소비자의 뇌는 그 불일치를 브랜드의 리스크로 해석한다. 제품이 아니라 브랜드에 대한 리스크다. 반대로 공간의 언어가 끝까지 같은 방향을 유지하면, 소비자는 근거를 조목조목 말하지 못해도 믿을 만하다는 결론에 도달한다. 이 결론이 재방문과 추천의 출발점이 된다.

넷째, 기억되는 매장은 기대 관리를 잘한다. 기억은 경험만으로 만들어지지 않는다. 경험과 기대의 차이로 만들어진다. 기대보다 조금 좋으면 호감이 되고, 기대보다 확실히 좋으면 이야깃거리가 된다. 반대로 기대가 과도하게 부풀려진 상태에서 실제 경험이 그 아래로 떨어지면, 그 매장은 강하게 기억되더라도 부정적인 기억으로 남는다. 그래서 광고와 매장은 같은 이야기를 해야 한다. 광고가 만든 약속을 매장이 확인해 주고, 매장이 만든 체험을 광고가 다시 떠올리게 해야 한다. 둘이 어긋나면 기억은 분리되고, 분리된 기억은 구매로 이어지기 어렵다.

다섯째, 기억되는 매장은 실행 기준이 살아 있다. 리테일은 설계보다 운영에서 무너지는 경우가 훨씬 많다. 조명의 각도가 조금씩 어긋나고, POP가 늘어나고, 진열이 흐트러지고, 직원이 바뀌고, 재고가 비면 브랜드가 말하던 단단함은 빠르게 무너진다. 그래서 기억되는 매장은 인테리어보다 운영 기준이 더 촘촘하다. 어떤 제품을 어디에 놓는지, 가격표는 어떤 톤으로 쓰는지, 소비자가 질문했을 때 직원은 어떤 순서로 설명하는지까지 정해져 있다. 이 기준이 있어야 일관성이 유지되고, 일관성이 있어야 신뢰가 생긴다.

이 다섯 가지 축이 실제로 어떻게 작동하는지는 일상적인 장면에서도 드러난다. 앞서 말한 그 동료처럼, 기억을 남기는 사람은 늘 정보가 아니라 경험을 말한다. "여기 메뉴가 몇 개다"가 아니라 "여기서는 내가 어떻게 걷고, 어디서 멈추고, 어떤 기분이 되는지"를 먼저 그려 준다. 그래서 듣는 사람도 스스로 그 장면을 상상하게 되고, 실제 방문했을 때 그 상상이 확인되는 순간 기억은 더 단단해진다.

기억되는 매장은 특별해서 기억되는 것이 아니다. 기억이 만들어지는 방식에 맞춰 우선순위, 장면, 일관성, 기대, 운영이라는 다섯 개의 축을 정확히 맞춘 결과로 기억된다. 결국 매장은 공간이지만, 소비자의 머릿속에서는 사건으로 남는다. 그리고 리테일의 경쟁력은 그 사건을 얼마나 의도적으로 설계했는가에서 갈린다. 우리가 기억을 팔아야 하는 이유다.

2장

리테일 마케팅이 기억을 만드는 방법

이제 우리가 할 다음 질문은 자연스럽다. 소비자의 머릿속에 남는 그 장면은 어떻게 만들어지는가.

여전히 많은 리테일 관계자들이 기억을 운의 영역이라고 여긴다. 어떤 매장은 잘 되고, 어떤 매장은 안 된다. 이유를 물으면 "시기가 안 좋았다", "상권이 약했다", "경쟁사가 많았다" 같은 설명이 돌아온다. 물론 외부 변수는 존재한다. 그러나 같은 상권, 같은 시기, 비슷한 예산으로 출발했는데도 유독 오래 회자되는 매장이 있는 이유를 단순히 운으로만 설명하기는 어렵다.

반복해서 관찰해 보면, 기억에는 일정한 패턴이 있다. 사람의 뇌가 정보를 받아들이고, 감정이 개입하고, 장기 기억으로 굳어지는 과정에는 분명한 순서와 조건이 존재한다.

이 장은 그 구조를 해부한다. 매장에서 벌어지는 수많은 자극 중 어떤 것이 주의를 붙잡는지, 어떤 순간에 감정이 발생하고, 그 감정이 어떤 방식으로 기억으로 전환되는지, 그리고 왜 어떤 경험은 며칠 만에 사라지고 어떤 경험은 수년 뒤에도 선명하게 떠오르는지를 단계적으로 다룬다. 이는 공간 디자인의 이야기가 아니라 인지와 감정의 작동 방식에 관한 이야기다. 리테일 마케팅이 결국 사람의 머릿속을 설계하는 일이라면, 이 과정을 이해하지 못한 채 공간을 만든다는 것은 구조도를 보지 않고 건물을 올리는 것과 다르지 않다.

또 하나 중요한 전제가 있다. 소비자의 기억은 축적의 결과가 아니라 전환의 결과라는 점이다. 매장에 머문 시간이 길다고 해서, 본 상품의 수가 많다고 해서 기억이 강해지는 것은 아니다. 기억은 특정한 지점에서 발생한다. 예상이 어긋나는 순간, 감정이 흔들리는 순간, 판단이 멈칫하는 순간이 그 예다. 이 전환의 지점을 어떻게 만들고, 어디에 배치하고, 어떤 강도로 조절하는지가 리테일 성과를 결정한다. 같은 공간, 같은 제품이라도 기억이 남느냐 사라지느냐는 이 설계의 차이에서 갈린다.

3장에서 다룰 감각과 공간이라는 보다 구체적인 도구로 들어가기 전에, 사람의 내부에서 벌어지는 일부터 정리할 필요가 있다.

이 장을 지나고 나면, 매장을 설계할 때 더 이상 "무엇을 더 넣을 것인가"라는 질문만 하지 않게 될 것이다. 대신 "어디에서 전환이 일어나야 하는가", "어떤 감정을 남기고 싶은가", "그 감정이 기억으로 굳는 조건은 무엇인가"를 스스로 묻게 될 것이다. 리테일이 공간의 기술이기 이전에 인간 이해의 기술이라는 사실이, 이 지점에서 분명해진다.

몇 해 전, 프리미엄 제품 체험 매장을 점검하던 날이 있었다. 진열은 완벽했고, 비교 체험은 촘촘했으며, 직원들은 사양을 막힘없이 설명했다. 보고서로만 보면 흠잡을 데 없는 구성이었다. 그런데 이상하게도 소비자들은 가장 중요한 순간에 자주 빠져나갔다. 한참을 비교하던 사람이 "잠깐만요"라고 말하더니 통로 끝으로 걸어가 휴대폰을 한 번 보고, 동행인과 작은 목소리로 몇 마디를 나누고, 결국 "온라인으로 다시 볼게요"라고 남기고 나갔다. 그들은 제품이 마음에 들지 않아서가 아니라, 마음이 지친 표정이었다. 그날 매장 운영팀은 "설명을 더 붙이면 된다"고 말했지만, 나는 그들과 반대로 매장을 기록했다. 설명이 부족한 게 아니라, 생각이 쉬어 갈 자리가 부족하다고. 매장에서 선택이 무너지는 순간은 대개 정보가 모자랄 때가 아니라, 정보가 넘칠 때 찾아온다.

———

매장에서 소비자가 가장 많이 하는 행동은 상품을 고르는 일처럼 보이지만, 실제로는 정보를 버티는 일에 가깝다. 진열대 앞에서 제품을 비교하고, 가격표를 확인하고, 사양을 읽고, 직원의 설명을 듣는 몇 분 동안 이들의 머릿속에서는 선택을 위한 계산이 계속 돌아간다. 문제는 그 계산이 오래 지속될수록 더 정교해지는 것이 아니라, 어느 순간 급격히 질이 떨어진다는 점이다. 어떤 매장은 제품이 부족해서가 아니라, 판단이 마비될 만큼 과잉으로 제공되기 때문에 소비자를 놓친다. 선택이 많아서가 아니라, 생각이 지쳐서 떠난다.

여기서 중요한 전환이 하나 생긴다. 소비자가 더 생각할수록 더 좋은 결정을 내릴 것이라는 믿음은 리테일에서 자주 배신당한다. 제한된 시간, 낯선 환경, 비교의 과부하 속에서 인간의 사고는 끝까지 이성적으로 버티지 못한다. 노벨경제학상을 받은 허버트 사이먼Herbert Simon이 말한 제한된 합리성bounded rationality은 이 지점을 정확히 찌른다. 우리는 최적해最適解를 계산하는 존재가 아니라,

대충 '충분히 괜찮은 해'에 도달하면 멈추는 존재다. 매장에서 소비자가 "그냥 이걸로 할게요"라고 말하는 순간은, 만족의 선언이 아니라 피로의 종결일 때가 많다.

그런데 흥미롭게도, 선택의 질이 좋아지는 순간은 더 밀어붙일 때가 아니라 잠깐 멈출 때 나타난다. 심리학에서 말하는 브루잉 효과brewing effect는 문제 해결이나 판단이 막혔을 때 잠시 다른 활동을 하거나 휴식을 취하면, 이후 더 나은 결론에 도달하는 현상을 가리킨다. 말 그대로 사고가 숙성되는 시간이다. 머릿속에서 의식적으로 계산을 멈춘 사이, 무의식적 처리unconscious processing가 정보를 재배열하고 새로운 연결을 만든다. 그래서 멈춤이 곧 후퇴가 아니라, 오히려 전진을 가능하게 한다.

이 효과가 단지 기분 탓이 아니라는 점은 실험에서도 반복적으로 관찰된다. 1971년 미국의 심리학자 실베이라Silveira는 브루잉 효과를 실험으로 확인했다. 참가자들에게 그림 여러 장을 보여 준 뒤 어떤 그림이 가장 마음에 드는지 선택하게 하되, 한 그룹은 즉시 선택하게 하고 다른 그룹은 짧은 휴식 시간을 준 다음 선택하게 했다. 결과는 흥미로웠다. 휴식이 선택을 망치지 않았다. 오히려 휴식을 준 그룹이 앞서 보았던 그림들의 차이를 더 분명히 구분하고, 선택 기준을 더 일관되게 적용하는 경향을 보였다. 더 중요한 건 그들이 왜 그렇게 골랐는지 설명하는 방식이 달라졌다는 점이다. 같은 틀 안에서 맴도는 설명이 아니라, 새로운 관점의 언어가 등장한다. 멈춤이 사고 구조를 재정렬한 것이다.

이 대목에서 리테일 마케팅을 하는 우리는 스스로에게 불편한 질문을 해야 한다. 우리는 매장에서 소비자가 멈추지 않도록 설계해 왔다. 더 많이 보게 하고, 더 많이 비교하게 하고, 더 빨리 결론 내게 하려고 한다. 하지만 브루잉 효과가 사실이라면 정답은 리테일의 관성 반대편에 있다. 소비자에게 필요한 것은 설득의 추가가 아니라, 사고가 정리될 여백이다. 소비자의 머릿속이 정보로 꽉 차는 순간, 생각은 더 깊어지는 게 아니라 멈춘다. 그때 발생하는 행동은 구매가 아니라 회피다. "다음에 올게요, 온라인으로 다시 볼게요, 좀 더 알아보고요." 이 문장은 미루기의 언어처럼 보이지만, 실은 과부하의 언어다.

브루잉 효과를 리테일에 적용한다는 것은 휴식 공간을 예쁘게 꾸민다는 뜻이 아니다. 핵심은 구매 동선 한복판에 판단을 숙성시키는 장치를 넣는 일이다. 소비자가 제품을 잠시 보지 않아도 되는 지점, 비교를 잠시 내려놓는 지점, 동행인과 대화를 회복하는 지점이 필요하다. 벤치 하나, 작은 정원, 카페, 체험이 아닌 멈춤 중심의 코너, 혹은 조용히 앉아 화면을 스크롤할 수 있는 틈. 겉으로는 비

판매 영역처럼 보이지만, 실제로는 선택을 성숙시키는 전 단계다. 판단이 스스로 정리되면 결정은 오히려 또렷해진다. 더 많은 정보를 밀어 넣는 것보다, 정보의 흐름을 잠깐 끊어 줄 때 구매 전환율이 올라가는 이유가 여기에 있다.

이 전략을 잘 구현한 공간들은 공통적으로 매장 안의 속도를 조절한다. 예를 들어 더현대 서울의 사운즈 포레스트, T팩토리의 팩토리 가든처럼 매장 내부에 의도적으로 비상업적 장면을 끼워 넣는 방식은 단순한 인테리어가 아니라 리듬 설계다. 소비자는 그곳에서 제품을 보지 않는다. 대신 숨을 고르고, 동행인과 이야기하고, 자신에게 묻는다. 무엇이 더 필요한지. 어떤 선택이 나에게 맞는지. 이 짧은 공백이 지나면, 다시 제품 영역으로 돌아왔을 때 비교의 기준이 정돈되어 있다. 매장은 소비자를 설득한 게 아니라, 소비자가 스스로 결론에 도달하도록 환경을 제공한 것이다.

브루잉 효과가 특히 강하게 작동하는 구간은 고관여 제품군에서다. 사양이 복잡하고 가격이 높으며, 구매 이후 후회 비용이 큰 상품일수록 의식적 비교가 길어지다가 피로가 먼저 온다. 이때 리테일이 선택해야 할 방향은 더 자세히 설명하기가 아니라 설명이 쉬어 갈 자리 만들기다. 배리 슈워츠^{Barry Schwartz}가 말한 선택의 역설^{paradox of choice}처럼, 옵션이 늘어날수록 만족이 커지는 것이 아니라 오히려 불안과 후회가 증가하기 때문이다. 정보량을 늘리는 것은 소비자의 자유를 확장하는 것처럼 보이지만, 그 자유를 감당할 인지적 에너지cognitive energy가 함께 제공되지 않으면 결과는 정반대로 흐른다.

리테일 관점에서 브루잉 효과를 적용하면 세 가지 원칙으로 정리할 수 있다. 첫째, 판단 구간과 휴식 구간을 분리하되 끊지 말고 이어야 한다. 멈춤이 동선에서 이탈이 되면 전환으로 이어지지 않기 때문이다. 둘째, 휴식 구간에는 비교를 유도하는 메시지를 최소화해야 한다. 이곳은 제품을 더 보여 주는 자리가 아니라 생각을 덜하게 만드는 자리다. 셋째, 휴식 이후에는 결정을 돕는 단순한 구조로 복귀시켜야 한다. 멈춤 뒤에 똑같은 복잡함을 다시 던지면 숙성된 판단은 다시 흐트러진다. 즉, 여백은 소비자 스스로 내리는 결론을 위해 존재한다. 결국 브루잉 효과는 리테일에서 침묵의 기술에 가깝다.

소비자는 충분히 강요받았을 때가 아니라, 스스로 납득했다고 느꼈을 때 행동한다. 선택이 시작되는 지점은 자극이 최대가 되는 순간이 아니라, 생각이 잠깐 멈출 수 있게 설계된 순간임을 기억하자. 말하지 않아서 설득이 약해지는 것이 아니라, 말하지 않기 때문에 설득이 완성되는 순간이 있다.

좋은 매장, 잘되는 매장은 정보로 이기지 않는다. 리듬으로 이긴다. 소비자의 사고 속도를 낮추고, 판단이 숙성될 시간을 제공하는 매장을 목표로 하자. 이곳에서는 선택이 더 늦어지는 대신, 더 단단해진다.

집 근처 대형 마트에서 세탁기를 보러 간 적이 있다. 오래 쓰던 제품이 소음이 심해져서 교체를 고민하던 참이었다. 매장에는 수십 대의 세탁기가 줄지어 있었고, 각각에 용량, 소비 전력, 회전수, 인공지능 기능 같은 설명이 빼곡히 붙어 있었다. 몇 분만 서 있어도 머리가 금방 복잡해졌다. 그런데 이상하게도 발걸음이 멈춘 곳은 사양표가 가장 단순한 한 모델 앞이었다. 거기에는 긴 설명 대신 한 줄 문장이 적힌 작은 카드 한 장이 붙어 있었다. "전기 요금, 체감됩니다."

수치도 없고, 비교표도 없고, 조건도 없었다. 대신 바로 옆에는 같은 모델을 쓰는 하루의 장면이 작은 사진으로 이어져 있었다. 밤에 돌아가는 세탁기, 아침 햇살이 들어오는 거실, 빨래가 널린 베란다. 나는 무의식적으로 휴대폰을 꺼내 지난달 전기 요금을 확인했고, 머릿속으로 우리 집 사용 패턴을 떠올렸다. '우리는 거의 매일 밤에 돌리니까… 이 정도면 꽤 차이 나겠는데.' 그때 깨달았다. 내가 멈춘 이유는 설명을 충분히 들어서가 아니라, 설명이 끝나지 않았기 때문이라는 것을. 이 매장은 정보를 채운 것이 아니라, 일부러 남겨 두었다.

———

매장에서 소비자가 멈추는 순간은 대개 정보가 충분해서가 아니라, 반대로 '정보가 모자라서' 생긴다. 직관적으로는 이상하게 들릴지 모른다. 우리는 흔히 설명을 잘하면 설득된다고 믿는다. 그런데 앞서 거듭해 강조했듯이 결국 사람을 멈추게 하는 것은 긴 설명이 아니라, 자기 이야기를 대입할 수 있는 한 줄의 문장이다. 그 빈칸이 머릿속에서 스스로 채워지기 시작할 때, 발걸음은 멈추고 손은 움직인다.

정보 격차 이론information gap theory이 이 현상을 가장 간결하게 설명한다. 사람은 알고 있는 것과 알고 싶은 것 사이에 간극이 생기면, 그 간극을 메우기 위해 행동한다. 핵심은 간극의 크기가 아니라 간극의 형태다. 너무 작으면 '대충 알겠다'로 끝나고, 너무 크면 '어차피 모르겠다'로 포기한다. 행동을 만드는 빈칸은, 금방 채울 수 있을 것 같으면서도 지금은 확신이 서지 않는 정도의 크기다. 그래서 잘되는 매장은 정보를 전달하기보다, 정보를 구성한다. 그래서 리테일을 하는 사람들이 매장을 구성할 때는 무엇을 남겨 둘지를 결정하는 것이 중요하다.

리테일에서 이 빈칸이 자주 생기는 지점은 의외로 단순하다. 가격표, 진열 카피, POP, 제품 네이밍, 시연(데모), 샘플 제공 방식 같은 접점에서 소비자는 짧은 시간 안에 판단을 내려야 한다. 그런데 판단은 늘 완전한 정보로 내려지지 않는다. 오히려 결정에 필요한 최소한의 정보가 갖춰졌다고 느끼는 순간에 움직인다. 정보 격차는 바로 그 최소 조건을 정교하게 설계하는 기술이다.

여기서 리테일을 생각하는 사람들이 꼭 알아야 하는 중요한 오해가 하나 있다. 정보 격차를 소비자의 호기심을 끌기 위한 낚시 정도로 이해하면 리테일의 신뢰가 무너진다. 정보 격차는 속임수가 아니라 인지 구조를 고려한 배려다. 소비자는 매장 안에서 끊임없이 비교하고, 추론하고, 선택해야 한다. 이 과정에서 피로가 누적되면 생각을 멈추는 선택이 발생한다. 그래서 빈칸은 소비자를 괴

롭히는 미끼가 아니라, 소비자가 스스로 의미를 만들도록 돕는 장치여야 한다. 빈칸이 불안으로 번지면 이탈을 만들고, 호기심으로 번지면 체류를 만든다. 같은 빈칸이라도 결과가 정반대로 갈리는 이유는 빈칸의 정서적 온도가 다르기 때문이다.

정보 격차가 호기심으로 작동하려면, 매장이 먼저 안전한 전제를 제공해야 한다. 소비자는 이 매장이 나를 곤란하게 하지 않을 것이라는 확신이 있어야 빈칸을 견딘다. 이 전제는 매장의 태도에서 만들어진다. 가격과 조건이 불명확한데 직원이 과하게 붙으면 빈칸은 곧 불신이 된다. 반대로 가격과 기준이 투명하게 정리되어 있고, 소비자가 스스로 탐색할 여백이 있으면 같은 빈칸도 발견의 즐거움이 된다. 즉, 정보 격차는 단독으로 존재하지 않는다. 신뢰의 바닥 위에서만 설계가 된다.

리테일에서는 이 빈칸을 세 가지 층위로 관리하는 것이 좋다.

첫째, 제품의 이해 빈칸이다. 소비자가 제품을 완전히 이해하기 전에, 핵심만 이해했다고 느끼게 만드는 단계다. 예를 들어 무엇이 다른가를 한 문장으로 요약해 주되, 그 차이가 어디에서 오는지의 일부는 남겨 두는 방식이다. 가령 '3초 만에 체감되는 변화' 같은 문구는 강한 주장처럼 보이지만, 실제로는 이런 질문을 만든다. '3초 만에 무엇이 달라지지?' 이때 소비자는 이미 제품을 읽기 시작했다. 중요한 건 그다음이다. 빈칸을 메울 수 있는 단서가 바로 옆에 있어야 한다. 스펙 표가 아니라 비교할 근거가 있어야 한다. 동일 조건 비교, 전후 체험, 핵심 부품의 역할, 혹은 사용 상황의 장면이다. 빈칸을 만든 다음, 메우는 길을 열어 주는 것. 이 순서가 맞아야 설득이 된다.

둘째, 가치의 빈칸이다. 소비자는 제품의 정보가 아니라 자신의 입장에서 어떤 이익이 되는가를 알고 싶어 한다. 그런데 이 이익은 설명으로 주입되지 않는다. 소비자 스스로 연결하고 납득해야 자기 것이 된다. 그래서 빈칸은 소비자의 상황과 연결될 여지로 설계되어야 한다. "전기 요금이 줄어듭니다"는 정보지만, "한 달 사용 습관만 바꿔도 체감됩니다"는 자신의 생활을 떠올리게 한다. 그 순간에 기억을 호출해 계산을 시작한다. '내가 집에서 이렇게 쓰니까…' 바로 이 자기 계산이 선택을 만든다. 정보 격차는 소비자의 머릿속에서 벌어지는 이 자기 계산을 촉발하는 장치다.

셋째, 경험의 빈칸이다. 특히 오프라인 매장의 강점은 경험이다. 그런데 경험은 제공되는 순간보다 해석되는 순간에 기억으로 굳는다. 따라서 경험 설계의 핵심은 전부 보여 주는 것이 아니라, 일부를 직접 발견하게 만드는 것이다. 매장 동선에서 다음 구역에 무엇이 있을지를 아주 조금만 예고해도 체류 시간이 달라진다. 다만 예고는 과장되면 안 된다. 예고가 약속이 되기 때문이다. 약속을 지키지 못하면 빈칸은 배신이 된다. 반대로 작은 예고를 정확히 충족시키면, 소비자는 그 매장을 약속을 지키는 공간으로 기억한다. 기억의 신뢰가 쌓인다.

정보 격차 이론을 리테일 실전에 적용할 때 마케터들이 실패하는 이유는 빈칸을 크게 만들수록 좋다고 착각했기 때문이다. 빈칸은 적당해야 한다. 소비자가 채울 수 있어야 한다. 그리고 채운 결과가 기분 좋아야 한다. 소비자가 빈칸을 메운 뒤 "아, 그렇구나"가 아니라 "아, 그래서 이게 좋구나"로 이어질 때, 그 빈칸은 구매의 언어로 번역된다. 결국 정보 격차의 목표는 호기심 그 자체가 아니라, 호기심이 품질과 가치에 닿도록 경로를 설계하는 데 있다.

'모르는 순간'은 약점이 아니라 출발점이다. 다만 그 출발점이 낭비되지 않도록, 매장은 빈칸을 만들고, 곧바로 메우게 하고, 메운 뒤에는 확신이 남도록 해야 한다. 이 세 단계가 이어질 때, 소비자는 "좋았다"는 한마디를 넘어 '왜 좋았는지'까지 말할 수 있게 된다. 그 말이 가능해지는 순간, 매장은 단순한 판매 공간이 아니라 스스로 설명되는 기억의 구조가 된다.

주말 오후에 아무 목적 없이 쇼핑몰을 걷다가 한 라이프스타일 편집 숍에 들어간 적이 있다. 새로 산 것도 없고, 급하게 필요한 물건도 없던 날이었다. 입구에는 작은 테이블 하나와 조명 몇 개만 놓여 있었고, 매장 안쪽은 바로 보이지 않았다. 대신 얇은 가벽 뒤로 따뜻한 불빛이 새어 나오고, 어딘가에서 나무 냄새 같은 향이 났다.

나는 무의식적으로 가벽 옆을 돌아 안쪽으로 걸어 들어갔다. 그러자 작은 거실처럼 꾸며진 공간이 나왔고, 그 너머에는 또 다른 방처럼 보이는 진열 구역이 이어져 있었다. '여기까지 보고 나가야지'라고 생각했는데, 몇 걸음 더 옮기다 보니 또 다른 공간이 나타났다. 주방, 침실, 서재처럼 테마가 조금씩 달랐다. 매장 전체를 다 보고 나왔을 때는 40분이 지나 있었다.

집에 돌아오는 길에 이상한 기분이 들었다. 나는 그 매장에서 특별히 비싼 것도, 희귀한 것도 보지 않았다. 그런데 장면들이 계속 떠올랐다. 가벽 옆으로 새어 나오던 불빛, 첫 번째 공간의 소파 옆에 놓인 스탠드 조명, 안쪽에서 들리던 낮은 음악. 왜 그랬을까 생각해 보니, 매장은 끝내 '다 봤다'는 느낌을 주지 않았다. 항상 다음이 조금 남아 있었고, 나는 그걸 확인하느라 걸음을 멈추지 못했다.

사람이 매장을 다 봤다고 느끼는 순간은, 대개 그 매장을 잊기 시작하는 순간과 겹친다. 완결감은 안도감을 주지만, 동시에 긴장을 풀어 버린다. 반대로 어딘가가 덜 채워져 있고, 덜 설명되어 있고, 다음이 남아 있으면 뇌는 그 경험을 끝내지 못한 일처럼 취급한다. 그 미세한 미완성의 감각이 기억을 붙잡아 둔다.

자이가르닉 효과는 미완성 과제, 끝맺지 못한 사건이 완결된 사건보다 더 강하게 떠오르는 경향을 말한다. 단순히 궁금해서가 아니다. 인간의 인지 시스템은 세계를 예측 가능한 단위로 묶어 처리하려는 성향이 있는데, 사건이 닫히지 않으면 그 묶음이 풀리지 않는다. 그래서 뇌는 그 장면을 임시 저장 상태로 남겨 두고, 기회가 오면 다시 불러와 끝내려 한다. 리테일에서 이 원리를 이해한다는 것은 소비자를 속이거나 낚는 기술이 아니다. 소비자의 주의를 자연스럽게 이어지게 만드는 설계 언어를 갖는다는 뜻이다.

이케아의 쇼룸은 이 원리를 거의 교과서처럼 구현한다. 소비자는 원하지 않아도 거실, 침실, 주방, 수납공간을 순서대로 통과한다. 직선 통로는 드물고, 다음 공간은 늘 반쯤 가려진 상태로 나타난다. 뇌는 완결되지 않은 장면을 보면 다음을 보고 싶어 하는 경향이 있으며, 이 흐름이 자이가르닉 효과와 맞물린다. 결과적으로 이케아는 가구를 팔기 전에 시간을 팔고, 시간을 통해 구매를 만든다.

여기서 중요한 건 강제로 오래 머물게 한다는 게 아니라 '다음 장면이 자연스럽게 이어진다'는 감각이다. 소비자는 현재 공간에서의 경험을 완결하기 전에 다음 공간의 힌트를 받는다. 힌트는 약속이 되고, 약속은 한 걸음 더 가게 만든다. 이때 소비자의 머릿속에서는 작은 내러티브가 생성된다. '내 방에 두면 어떨까', '저 수납은 우리 집 구조에 맞을까' 같은 상상이다. 상상은 실측보다 빠르고, 상상은 기억보다 먼저 행동을 움직인다. 결국 미완성은 정보 부족이 아니라 의미 생성의 여지로 기능한다.

자이가르닉 효과가 리테일에서 특히 강하게 작동하는 이유는 매장이 원래 연속 경험이기 때문이다. 온라인은 클릭으로 페이지가 닫힌다. 반면 오프라인은 걸음으로 장면이 이어진다. 그래서 한

번 열린 질문이 쉽게 닫히지 않는다. 반쯤 가려진 진열, 조금만 더 가면 보일 것 같은 시그니처 코너, 소리나 향이 먼저 새어 나오는 체험 존은 모두 완결되지 않은 채로 다음을 예고하는 장치다. 소비자는 대개 그 예고에 반응한다. 이 반응은 의지의 문제가 아니라 주의의 물리학에 가깝다.

다만 미완성은 양날이다. 설계가 거칠면 소비자는 기대가 아니라 피로를 느낀다. 다음이 궁금해야 하는데, 다음도 비슷할 것 같으면 발이 멈춘다. 그래서 미완성의 설계에는 두 가지 조건이 붙는다. 첫째, 다음 장면이 현재 장면과 충분히 달라야 한다. 둘째, 다음 장면이 현재 장면의 의미를 확장해야 한다. 이케아가 방을 바꿔 가며 생활 장면을 전환시키는 이유가 여기에 있다. 또 다른 가구가 아니라 또 다른 삶으로 넘어가야 호기심이 유지된다.

이 원리를 리테일 언어로 바꾸면 결국 체류 시간dwell time의 설계로 이어진다. 카페에서 테이블 간격이 좁으면 회전율은 높아질 수 있지만 체류는 짧아지고 기억도 얕아진다. 반대로 간격이 넓고 시선이 분산되지 않는 구조에서는 소비자가 노트북을 열고 통화를 하고 한 잔을 더 주문하며 시간을 보낸다. 매출은 커피 한 잔이 아니라 머무름 단위로 발생한다.

이 논리는 전자, 뷰티, 패션, 라이프스타일 전반에 그대로 적용

된다. 소비자가 '조금만 더' 머무는 순간, 그 브랜드는 단지 물건이 아니라 시간을 함께 보낸 대상으로 인식된다.

최근 체험형 매장, 플래그십 스토어, 팝업 스토어가 공통적으로 체류 시간을 강조하는 것도 같은 이유다. 사진을 찍는 공간, 앉아서 쉬는 구역, 일부러 비워 둔 통로와 중정, 전시형 구조물들은 직접적인 판매와 무관해 보이지만 실제로는 시간을 늘리는 장치다. 그리고 그 시간이 길어질수록 소비자는 해당 브랜드와 함께 시간을 보냈다는 기억을 갖게 된다.

미완성은 구조로도, 콘텐츠로도 만들 수 있다. 구조의 미완성은 시야를 반만 열어 두는 동선에서 나오고, 콘텐츠의 미완성은 설명을 100% 끝내지 않는 메시지에서 나온다. 어느 쪽이든 소비자가 스스로 의미를 완성하도록 여지를 남길 때 기억은 길어진다.

리테일에서 자이가르닉 효과는 네 가지 장치로 구현된다. 첫째, 부분 노출partial reveal이다. 입구에서 핵심 제품을 전부 보여 주지 말고 대표 장면만 먼저 제시한다. 둘째, 단계적 해석progressive disclosure이다. 사용 장면, 차별 포인트, 비교 기준 순으로 정보를 나눈다. 셋째, 다음 행동의 약속promise of next step이다. 다음 공간, 다음 체험, 다음 선택지를 자연스럽게 예고한다. 넷째, 완결의 보상closure reward이다. 끝까지 본 사람만 얻게 되는 정리와 수긍의 감각을 제공한다. 미완성은 붙잡아 두는 기술이 아니라 끝까지 가게 만드는 구조다.

결국 사람은 물건을 산 곳보다 시간을 보낸 곳을 더 오래 기억한다. 브랜드는 제품보다 공간을 설계하고, 공간보다 시간을 설계한다. 자이가르닉 효과는 그 시간 설계의 핵심 엔진이다. 미완성은 결핍이 아니라, 소비자의 뇌가 자발적으로 이야기를 이어 붙이게 만드는 구조다. 그 구조 속에서 소비자는 구매 이전에 이미 브랜드와 관계를 맺고, 그 관계는 기억으로 굳어 다음 선택의 출발점이 된다.

줄 선 매장을 따라가는 심리

퇴근길에 우연히 한 골목에서 긴 줄을 본 적이 있다. 비 오는 평일 저녁이었고, 근처에는 식당도 많았다. 처음에는 무슨 행사인가 싶었다. 가까이 가 보니 작은 디저트 가게 앞이었다. 메뉴도 단순했고, 가격도 저렴하지 않았다. 딱히 배가 고프지도 않았다. 그런데 발걸음이 느려졌다. 줄 맨 끝에 서 있는 사람들의 표정이 유난히 느긋해 보였기 때문이다. 휴대폰으로 사진을 찍는 사람, 누군가에게 "여기야"라고 메시지를 보내는 사람, 쇼핑백을 들고 나오는 사람들까지. 그 장면을 몇 초 보는 사이, 머릿속에서 생각이 바뀌었다. '이 정도면 이유가 있겠지.'

나는 결국 줄에 섰다. 메뉴를 고르면서도 계속 스스로를 설득했다. '한 번쯤은 먹어볼 만하지, 어차피 다들 오는 곳이잖아.'

맛은 나쁘지 않았지만, 인생 디저트라고 할 정도는 아니었다. 그런데도 이상하게 그 가게 이름은 기억에 오래 남았다. 그리고 나중에 누군가 근처 맛집을 묻자, 나는 별 고민 없이 그 가게를 먼저 떠올렸다. 맛 때문이 아니라, 그때의 줄과 사람들의 얼굴과 나도 그 무리에 섞였다는 감각 때문이었다.

―

유행의 첫 문장은 대개 질문으로 시작된다. "거기 가 봤어?", "그거 먹어 봤어?" 이 질문은 맛을 묻는 것 같지만, 실제로는 소속을 묻는다. 흐름을 탔는지, 그 대화에 낄 자격이 생겼는지, 지금의 분위기에 뒤처지지 않았는지를 확인하는 질문이다.

사람은 스스로 판단해 선택한다고 믿지만, 많은 선택이 타인의 선택을 근거로 해 안전성을 확보하는 방식으로 이루어진다. 심리학과 행동 경제학이 밴드왜건 효과bandwagon effect라고 부르는 현상이다. 이미 많은 사람이 탔다면, 내가 타도 괜찮다는 결론에 더 빨리 도달한다. 그래서 밴드왜건은 품질보다 '확신의 분위기'를 먼저 판매한다.

오프라인 매장에서는 이 확신이 특히 강하게 작동한다. 온라인은 숫자를 본다. '후기 1만 개, 누적 구매 30만, 지금 많이 보는 상품' 같은 지표를 담은 문구가 다수가 선택했다는 신호가 된다. 반면 오프라인은 눈앞에서 사람을 본다. 줄, 혼잡, 웅성거림, 사진 찍는 손, 쇼핑백의 로고, 직원의 분주함 같은 것들이 숫자보다 빠르게 '여기는 검증된 곳'이라는 결론을 만든다. 문제는 그 결론이 매우 짧은 시간에 만들어진다는 점이다. 매장 앞에서 3초만 서 있어도 사람은 판단을 끝낸다. 들어갈지 말지는 그 뒤에 붙는 합리화다.

밴드왜건이 강력한 이유는 소비자에게 평가 비용을 절약해 주기 때문이다. 사람은 선택을 할 때 늘 두 가지 비용을 치른다. 하나는 정보 비용이다. 비교하고, 검색하고, 검증하는 데 드는 시간과 집중력을 말한다. 다른 하나는 심리 비용이다. '혹시 실패하면 어쩌지, 괜히 샀나, 나만 몰랐나' 같은 불안이다. 밴드왜건은 이 두 비용을 한꺼번에 줄인다. 다수가 이미 움직였다는 사실이 정보 비용을 대체하고, 대세에 올라탔다는 감각이 심리 비용을 눌러 버린다. 그래서 유행 상품은 기능이 아니라 사회적 패스포트로 소비되기도 한다. 다들 먹어 봤다는데 나만 안 먹으면 이상해 보일까, 같은 불안이 결제를 밀어붙이는 순간이다.

여기서 리테일이 이해해야 할 핵심이 하나 있다. 밴드왜건은 소비자의 호기심을 자극하는 장치가 아니라, 소비자의 망설임을 끝내는 장치라는 점이다. 브루잉 효과가 생각을 멈추게 하고, 정보 격차 이론이 빈칸을 채우게 만들며, 자이가르닉 효과가 미완성을 붙잡아 두었다면, 밴드왜건은 마지막에 남아 있는 불안을 정리해 준다. 결국 여러 심리 장치는 한 사람의 머릿속에서 순서대로 작동하는 선택의 프로세스를 이룬다. 밴드왜건은 그 프로세스의 후반부, 즉 '살까 말까'를 '사자'로 밀어붙이는 지점에 놓인다.

최근 사례를 들어 보자. 넷플릭스 프로그램 〈흑백요리사〉가 화제를 모은 뒤, 셰프 안성재가 운영하는 모수 서울이 재오픈했다. 디너 단일 코스 가격은 42만 원이다. 이 가격은 분명 진입 장벽을 만든다. 그런데도 오픈 전부터 온·오프라인의 관심이 폭발한 이유는 비싸도 좋은 곳이라는 논리만으로 설명되지 않는다. 미디어가 만들고 SNS가 증폭한 대세의 삼각이 먼서 작동했기 때문이다..

소비자는 가격을 비교하기 전에 분위기를 먼저 산다. 그리고 분위기가 확신을 제공하면, 가격은 비용이 아니라 의미로 바뀐다. 비싸서 망설이는 돈이 아니라, 비싸서 오히려 설명 가능한 돈이 된다.

이 지점에서 많은 브랜드가 착각한다. 밴드왜건은 사람을 모으면 끝이라고 생각한다. 하지만 밴드왜건이 만든 것은 트래픽이 아니라 기대치다. 기대치는 자산이기도 하지만 부채이기도 하다. 기대를 만족시키면 브랜드는 단숨에 계단을 오른다. 반대로 기대를 못 따라가면 실망도 같은 속도로 확산된다. 그래서 밴드왜건을 쓰는 브랜드는 반드시 두 가지를 함께 설계해야 한다. 기대를 키우는 장치와, 기대를 지키는 경험. 둘 중 하나라도 무너지면 유행으로 소비자를 기만했다는 프레임이 붙는다.

리테일에서 밴드왜건을 가장 노골적으로 활용하는 채널이 홈쇼핑인 것도 같은 이유다. '주문 폭주, 현재 300명 동시 주문, 수량 얼마 남지 않음' 같은 문구는 제품 설명이 아니다. 군중의 증거를 전시하는 방식이다. 온라인 쇼핑에서 '후기 1만 개'가 하는 일을, 홈쇼핑은 실시간 자막으로 한다. 이때 브랜드가 파는 것은 정보가 아니라 분위기이며, 그 분위기는 구매의 마지막 망설임을 눌러 버린다.

오프라인 매장도 동일하다. 줄을 세우는 기술보다는 줄을 납득시키는 경험이 있어야 한다. 줄이 길면 소비자는 두 부류로 나뉜다. 더 확신하는 사람과 더 반감하는 사람. 밴드왜건이 진짜 실력인 매장은 반감 쪽을 확신 쪽으로 옮겨 구매하게 한다.

이 옮김은 디테일에서 나온다. 대기 공간의 안내가 명확한가, 기다리는 동안 브랜드의 이유를 이해할 단서가 있는가, 들어갔을 때 동선이 혼잡을 품질로 착각하게 만들지는 않는가, 직원의 응대가 대세에 탔다는 소비자의 자존감을 건드리지는 않는가, 구매 후 경험이 '나도 해 봤다'에서 '다시 오고 싶다'로 넘어가게 만드는가. 밴드왜건은 소비자를 데려오는 힘이지만, 기억을 만드는 힘은 매장 안의 경험 설계가 담당한다.

그래서 결론은 명확하다. 밴드왜건 효과는 트렌드를 만드는 강력한 레버리지leverage이지만, 본질적으로 흐르는 것이다. 유행은 흘러가고, 줄은 사라지고, 사람들은 다른 곳으로 이동한다. 그때 남는 것은 분위기가 아니라 기억이다. 밴드왜건으로 사람을 불러올 수는 있지만, 다시 돌아오게 만드는 것은 매장에서 보낸 시간과 그 시간의 질이다. 다수가 갔다는 이유로 시작된 방문이, 좋았다는 이유로 반복될 때 비로소 밴드왜건은 소음이 아니라 브랜드의 자산이 된다.

들어온 소비자를 붙잡는 장치

비가 갑자기 쏟아지던 어느 오후, 나는 약속 시간까지 20분이 비었다. 우산도 없었다. 근처 카페를 찾기보다 그냥 처마 밑에 서 있을까 잠깐 고민했지만, 비는 생각보다 거칠었다. 결국 눈앞에 보이는 카페 문을 밀었다. 주문할 마음은 없었다. "잠깐만 비 피하고 나가면 되지"라고 스스로에게 말하며 들어갔다.

문을 열자 직원이 바로 시선을 주었다. 그 시선이 불편하지는 않았다. 그런데 그 순간, 내가 묘하게 민망해졌다. 손님인 척도 아니고, 그렇다고 당당히 비만 피하러 온 사람처럼 보이기도 싫었다. 그래서 나는 나도 모르게 "따뜻한 아메리카노 하나 주세요"라고 말했다. 원래 계획에 없던 주문이었다. 선택이 아니라, 상황을 수습하려는 반응에 가까웠다.

커피를 받자 더 이상 '잠깐 피하는 사람'이 아니었다. 나는 이미 한 번 돈을 썼고, 컵을 손에 들고 있었다. 그리고 내 행동을 정당화할 이유가 생겼다. "어차피 들어왔으니까 앉았다 가자." 자리로 가는 길에 베이커리 진열이 보였고, 직원이 "갓 나왔어요"라고 말했다. 배가 고팠던 건 아니지만, 이미 커피를 샀다는 사실이 나를 한 번 더 움직였다. 커피만 사면 어정쩡해 보일 것 같았고, 빵 하나쯤은 '나답게' 자연스러운 선택처럼 느껴졌다.

이때부터는 속도가 붙는다. 빵을 고르고 나니, 테이블에 앉아 노트북을 열고 싶어졌다. 노트북을 열자 충전이 필요했고, 콘센트가 있는 자리를 찾다 보니 더 안쪽으로 옮겼다. 안쪽은 조명이 더 편했고, 음악도 덜 시끄러웠다. 결국 나는 20분을 버티려던 카페에서 한 시간을 보냈다.

나가려다가 처음 생각과 다르게 자리에 앉은 이유는 단순했다. '여기까지 한 행동'을 부정하기 싫었기 때문이다. 커피를 샀고, 빵을 샀고, 자리를 옮겼고, 노트북까지 펼쳤다. 이제 갑자기 일어나면 내가 과하게 들어왔다가 민망해져서 나가는 사람처럼 느껴졌다. 그래서 나는 남았다.

이처럼 아주 작은 행동을 먼저 시작하게 한 뒤, 점차 더 깊은 행동으로 이어지게 만드는 현상을 사회 심리학에서는 풋 인 더 도어 효과foot in the door effect라고 부른다. 말 그대로 문틈에 발을 살짝 걸쳐 놓은 뒤, 문이 완전히 열리도록 만드는 방식이다. 중요한 점은 이 효과가 누군가의 말솜씨로만 작동하지 않는다는 것이다. 핵심은 인간이 자기 자신을 해석하는 방식에 있다. 사람은 태도나 신념을 먼저 정하고 행동하는 것 같지만, 실제로는 반대로 움직일 때가 많다. 내가 이미 한 행동을 근거로 '나는 이런 사람이다'라는 결론을 만들고, 그 결론에 맞춰 다음 행동을 이어 간다.

이 지점에서 일관성consistency이 함께 작동한다. 사람은 스스로를 일관된 존재로 유지하고 싶어 한다. 방금 전의 선택과 지금의 선택이 충돌하면 마음에 불편함이 생긴다. 그래서 두 번째 요청이 객관적으로 더 부담스러운 행동이어도, 첫 번째 행동이 만들어 놓은 자기 이미지가 그 부담을 덜어 준다. 한 번 들어간 사람은 자기 선택을 보호하려는 방향으로 행동한다. 설득은 상대를 움직인 게 아니라, 상대가 자기 이미지에 맞춰 움직이게 된 상태에 가깝다.

그래서 풋 인 더 도어는 요청의 크기보다 요청의 성격이 더 중요하다. 첫 단계는 작아야 한다. 동시에 상대가 쉽게 '나답다'고 느낄 수 있어야 한다. 내가 비를 피하려고 들어왔지만 결국 커피를 산 것도, 커피를 마시는 사람이 되는 쪽이 내 이미지를 더 덜 불편하게 만들었기 때문이다. 그다음 행동들도 같은 흐름을 탄다. 한 번이라도 관여가 시작되면, 사람은 그 관여를 정당화하는 방향으로 자신을 설명한다. '그냥 잠깐 피한 거야'가 '그래도 여기 분위기 괜찮네'로, '커피만 산 거야'가 '빵도 하나쯤은 먹을 만하지'로 바뀐다. 이런 문장이 머릿속에 생기는 순간, 공간은 낯선 곳에서 내가 이미 들어가 본 곳으로 지위가 바뀐다.

리테일에서 '들어간다'는 개념은 물리적인 행동만 뜻하지 않는다. 실제로는 네 단계로 진행된다. 시선의 입장, 발걸음의 입장, 손의 입장, 그리고 결제의 입장이다. 잘 설계된 매장은 이 네 단계를 한 번에 요구하지 않는다. 대신 가장 작은 문부터 연다. 먼저 보게 하고, 다음에 한 걸음 들어오게 하고, 그다음에 한 번 만지게 하고, 마지막에 결제하게 한다. 각 단계는 단독으로 보면 사소하지만, 연속으로 이어지면 '나가기 어려운 상태'를 만든다. 소비자가 물리적으로 갇혀서가 아니다. 이미 여기까지 온 내 행동을 부정하고 싶지 않아서다.

다만 이 효과는 무조건 통하지 않는다. 첫 행동이 너무 작거나 의미가 없으면 정체성이 만들어지지 않는다. 절차가 통제로 느껴지면 문틈에 발을 거는 게 아니라 문턱을 높이는 일이 된다. 두 번째 행동이 첫 번째와 결이 다르면 연결이 끊긴다. 체험은 즐거웠는데 결제 과정이 불친절하면, 앞에서 만들어진 '여긴 괜찮다'는 판단이 '역시 상술이네'로 뒤집힌다. 또한 소비자가 이미 강한 목적을 갖고 들어온 경우에는 작은 유도 자체가 방해로 인식될 수 있다. 급한 사람에게는 작은 문들이 계단이 아니라 장애물이 된다.

결국 리테일에서 풋 인 더 도어를 쓰는 목적은 소비자를 붙잡는 것이 아니다. 소비자를 한 걸음씩 더 깊이 관여시키는 과정에서, 소비자 스스로 '나는 이 브랜드와 맞는 사람이다'라는 문장을 만들게 하는 것이다. 이 문장이 만들어지면 그 이후의 선택은 설득이 아니라 자기 일관성의 유지가 된다.

매장 운영의 언어로 바꾸면 이렇게 정리할 수 있다. 소비자에게 가장 먼저 요구해야 할 것은 돈이 아니라 작은 동의다. 이 동의는 소비자의 정체성을 긍정하는 방향이어야 한다. 그리고 작은 동의가 다음 행동으로 자연스럽게 이어지도록 경험의 리듬을 끊지 말아야 한다.

한 번 들어오면 나가기 어려운 매장은 강요를 잘하는 매장이 아니다. 소비자가 이미 한 행동들이 서로를 설명해 주도록, 작고 자연스러운 문을 연속으로 배치한 매장이다. 그런 매장은 소비자를 밀어붙이지 않는다. 소비자가 스스로 "여기까지 왔으니"라고 말하게 만든다.

반복이 만드는 확신의 회로

나는 집 근처에 있는 작은 서점을 자주 간다. 대형 서점도 아니고, 특별한 이벤트가 있는 곳도 아니다. 처음 들어갔을 때도 인테리어가 인상적이거나 직원이 유난히 친절했던 기억은 없다. 약속 시간보다 조금 일찍 도착해 시간을 때우려고 우연히 들어갔을 뿐이다. 조용했고, 책은 적당히 정리돼 있었고, 계산대 옆에 엽서 몇 장이 놓여 있었다. 그게 전부였다.

그런데 어느 순간부터 책이 필요하지 않아도 그 앞을 지나면 문을 열고 들어가게 됐다. 특별히 살 게 없어도 서가 사이를 한 바퀴 돌고, 늘 같은 자리에 놓인 신간 코너를 보고, 같은 위치의 의자에

잠깐 앉았다가 나온다. 직원의 인사 톤도 늘 같고, 책을 봉투에 넣는 방식도 변하지 않는다. 어느 날 문득 나는 그 서점을 "좋은 서점"이라고 말하고 있었다.

왜 좋은지 물으면 정확한 이유는 잘 떠오르지 않는다. 책이 싸지도 않고, 규모가 큰 것도 아니다. 그런데도 나는 그곳을 먼저 떠올리고, 친구에게도 추천한다. 생각해 보면 그 서점이 특별해진 계기는 단 한 번의 강렬한 경험이 아니라, 여러 번의 비슷한 경험이었다. 매번 거의 같았고, 그래서 편해졌고, 그래서 믿게 됐다. 리테일에서 반복이 작동하는 방식은 대개 이런 식이다.

———

사람은 어떤 매장을 "좋다"라고 말할 때 그 이유를 늘 논리적으로 설명하지는 못한다. 그런데도 다시 간다. 다시 찾고, 다시 권하고, 다시 떠올린다. 이때 작동하는 핵심 메커니즘은 정보의 설득이 아니라 친숙함의 설득이다. 같은 메시지를 여러 번 접하면 내용이 더 타당해 보이고, 같은 장면을 여러 번 경험하면 그 장소가 더 안전해 보인다. 리테일에서 반복은 단순한 노출이 아니라 확신의 재료다.

리테일 현장에서 흔한 오해가 있다. 소비자가 충분히 비교하고, 충분히 이해한 뒤에 구매한다고 믿는 것이다. 물론 고관여 제품일수록 비교는 늘어난다. 그러나 비교가 늘어난다고 해서 이해가 깊어지는 것은 아니다. 실제로는 '이 브랜드는 익숙하다', '이 매장은 편안하다', '여긴 왠지 믿을 수 있다' 같은 감각적 결론이 먼저 자리 잡고, 그다음에 논리가 그 결론을 따라가며 이유를 만들어 낸다. 반복이 강한 매장은 소비자의 머릿속에서 검증된 곳이라는 지위를 먼저 얻는다. 그 지위가 생기면 소비자는 정보를 더 관대하게 해석한다.

심리학에서 이 현상을 설명하는 대표 개념이 있다. 바로 단순 노출 효과mere exposure effect다. 심리학자 로버트 자이언스Robert Zajonc는 인간이 어떤 대상에 반복적으로 노출될수록, 그 대상을 더 호의적으로 평가하는 경향을 보인다는 사실을 실험으로 보여 줬다. 중요한 점은 이 호의가 이해해서가 아니라 익숙해서 생긴다는 것이다. 이해는 노력을 필요로 하지만, 익숙함은 노력을 절약하게 한다. 뇌는 에너지를 아끼는 기관이고, 아끼는 방식으로 판단한다. 그래서 반복은 선호를 만들고, 선호는 신뢰처럼 보인다.

여기서 한 단계 더 들어가면 반복은 사실 여부의 판단에도 영향을 준다. 심리학에서는 환상적 진실 효과illusory truth effect라고 부른다. 같은 문장을 여러 번 들으면, 그 문장이 사실인지 아닌지와 무관하게 더 그럴듯하게 느껴지는 현상이다. 정보가 검증돼서가 아니라 처리 유창성processing fluency이 높아지기 때문이다. 한 번 본 문장보다 두 번 본 문장이 더 쉽게 읽히고, 더 쉽게 읽히는 문장은 맞는 말처럼 느껴진다. 매장 경험도 같다. 동선이 늘 비슷하고, 가격표를 읽는 방식이 익숙하고, 직원의 응대가 예측 가능한 패턴을 가지면, 소비자는 그 매장을 '설명할 수는 없지만 믿을 수 있다'고 판단한다.

그래서 리테일에서 반복이란 같은 걸 여러 번 보여 주는 기술이 아니라 '같은 방식으로 느끼게 하는 기술'이다. 반복의 단위는 광고 문구가 아니라 경험의 구조다.

예를 들어 어떤 브랜드가 매년 시즌 프로모션을 한다고 하자. 그때마다 디자인을 완전히 바꾸고, 매장 레이아웃을 뒤집고, 메시지를 새로 쓰면 신선해 보일 수는 있다. 하지만 소비자의 뇌는 매번 다시 학습해야 한다. 어디로 가야 하는지, 무엇이 핵심인지, 이떻게 비교해야 하는지를 다시 익혀야 한다. 이 학습 비용이 커질수록 소비자는 피로해지고, 피로는 회피로 이어진다.

반대로 핵심 구조는 유지한 채 변화를 최소한의 포인트로 제한하면 소비자는 거의 생각하지 않고 움직일 수 있다. 생각하지 않아도 된다는 감각이 곧 편안함이고, 편안함이 쌓이면 신뢰가 된다. 리테일에서 'Small Change, Big Impact'가 성립하는 이유가 여기에 있다. 반복은 지루함이 아니라 소비자의 인지 비용을 줄이는 전략이다.

반복 설계에서 흔히 빠지는 함정은 복제와 과잉이다. 복제는 모든 지점을 똑같이 만드는 것이다. 그 결과 소비자는 기억할 단서를 잃는다. 어느 지점을 가도 똑같으면 떠올릴 장면이 없다. 과잉은 같은 단서를 너무 많이 쌓는 것이다. 로고, 슬로건, 배너, 사운드, 컬러를 전부 반복하면 안정감이 아니라 피로가 먼저 온다. 반복이 확신으로 전환되려면 반복돼야 할 것과 반복되면 안 되는 것이 분리돼야 한다. 반복돼야 할 것은 소비자가 안전하다고 느끼게 하는 기본 구조다. 입구에서의 첫 시야, 핵심 제품군 배치, 가격 정보 형식, 직원의 말투와 거리, 체험을 허용하는 규칙 같은 것들이다. 반복되면 안 되는 것은 감정을 둔화시키는 장식적 자극이다. 과도한 조명 효과, 끊임없이 바뀌는 사운드, 메시지의 남발, 이벤트성 배너 과잉이 여기에 속한다.

리테일에서 가장 강력한 반복은 눈에 띄는 반복이 아니라 눈에 띄지 않는 반복이다. 소비자는 "이 매장은 늘 이런 구조야"라고 말하지 않는다. 대신 "여긴 안정적이야"라고 말한다. 그 안정감이 곧 확신이다. 그리고 확신은 구매를 결단이 아니라 자연스러운 흐름으로 만든다. 결정을 요구받는 순간 사람은 방어적으로 변하지만,

흐름에 올라탄 사람은 스스로 선택했다고 느낀다. 반복이 만든 확신의 가장 큰 힘은 바로 이것이다. 소비자는 설득당했다고 느끼지 않는다. 그저 '원래 그랬던 것 같다'고 느낀다.

반복을 구현하는 방법은 세 가지로 정리할 수 있다. 핵심은 언어 반복이 아니라 단서가 반복되는 것이다. 매장마다 메시지가 바뀌어도 좋다. 그러나 소비자가 항상 같은 방식으로 길을 찾고, 같은 방식으로 제품을 만지고, 같은 방식으로 비교할 수 있어야 한다. 이벤트 반복이 아니라 리듬을 반복하는 게 중요하다. '오늘만'은 기억을 만들 수 있지만, '언제나'는 신뢰를 만든다. 이것은 콘텐츠 반복이 아니라 기준 반복이다. 무엇을 강조하고 무엇을 덜어 내는지, 어떤 톤으로 안내하고 어떤 거리에서 응대하는지, 그 기준이 흔들리지 않을수록 매장은 브랜드의 성격을 축적한다.

결국 반복은 기억을 강화하는 장치가 아니라 기억의 성격을 결정하는 장치다. 한 번의 강렬한 경험은 매장을 특별한 곳으로 만들 수는 있다. 하지만 반복되는 경험만이 매장을 믿을 수 있는 곳으로 만든다. 리테일이 장기적으로 원하는 것은 단발성 화제가 아니라 재방문과 재구매다. 그리고 그 엔진은 화려함이 아니라 일관성이다. 반복은 느리게 쌓이지만, 쌓인 뒤에는 가장 강한 확신으로 작동한다. 소비자의 머릿속에 '여긴 검증된 장소'라는 문장이 생기는 순간, 매장은 더 이상 가격으로만 비교되지 않는다. 그때부터 경쟁의 기준은 상품이 아니라 기억이 된다. 그리고 그 기억은 대부분 조용하고 비슷한 장면들의 반복 속에서 만들어진다.

선택 피로를 없애는 매장의 조건

집에서 쓰던 전기밥솥이 갑자기 고장 나서 퇴근길에 대형 가전 매장에 들렀다. 원래는 제일 무난한 걸로 하나 사서 나오려고 했는데, 입구를 지나자마자 계획이 무너졌다. 밥솥 코너는 생각보다 길었고, 브랜드별로 모델이 끝이 없었고, 뚜껑에 붙은 기능 이름은 서로 비슷한데 미묘하게 달랐다. IH, 압력, 트윈, 무압, 취사 알고리즘 같은 단어가 쏟아지니, 시험지를 보는 기분이 됐다.

처음에는 성실하게 비교했다. 가격표를 읽고, 용량을 확인하고, 내솥 재질을 찾아보고, 옆 모델과 버튼을 번갈아 눌러 봤다. 그러다 어느 순간부터 머리가 멈췄다. 어떤 게 좋은지 아는 것 같다가

도, 한 줄 아래 옵션을 보면 다시 불안해졌다. 선택지가 많아질수록 자유가 늘어나는 게 아니라, '틀릴 수 있다'는 가능성이 늘어나는 느낌이었다. 결국 나는 가장 안전해 보이는 쪽으로 도망치듯 손을 뻗었다. "그냥 이걸로 할게요." 이 말이 만족의 선언이라기보다 피로의 종료였다는 걸, 내가 제일 잘 알고 있었다.

재미있는 건 며칠 뒤였다. 같은 매장에 다시 갈 일이 생겨 우연히 밥솥 코너를 지나가는데, 이번에는 이상하게 마음이 덜 흔들렸다. 그날 나는 그 이유를 금방 알아챘다. 멈추는 지점이 달랐다. 복잡한 모델 사이가 아니라, 매장이 만들어 놓은 '결론 자리'에서 멈췄다. 누군가 대신 선택해 준 흔적이 보였기 때문이다. '가족용 베스트, 1인 가구 추천, 압력밥 취향, 간단한 사용' 같은 묶음이 눈에 먼저 들어왔고, 그 아래에는 각 묶음에서 대표 모델이 딱 두세 개만 앞으로 나와 있었다. 스펙 표는 뒤로 밀리고, 체감 차이를 보여 주는 짧은 비교판이 앞에 서 있었다. 그 순간 나는 제품을 이해한 게 아니라, 선택을 끝낼 수 있다는 안도감을 먼저 얻었다.

———

사람들은 매장에서 최선을 고르지 않는다. 대부분은 괜찮은 선택을 고른다. 더 정확히 말하면, 괜찮아 보이는 선택에 도달했을 때 그 자리에서 멈춘다. 이 사실을 리테일에서 오해하면 매장은 방문자에게 더 많은 옵션과 더 많은 설명을 제공하려고 애쓴다. 그러나 선택지는 늘어날수록 피로를 키운다. 매장이 소비자의 결정을 돕는다는 말은 결정을 더 쉽게 만드는 일에 가깝다.

리테일이 다루는 '선택'은 특수하다. 온라인에서의 선택은 비교와 필터링으로 처리되지만, 오프라인의 선택은 몸과 감각을 통과한다. 조명의 밝기, 진열대의 간격, 직원의 말투, 사운드의 크기, 주변 사람의 움직임까지가 동시에 작동한다. 소비자는 생각보다 먼저 상태를 갖게 된다. 불안하면 빨리 끝내고 싶어지고, 혼란스러우면 안전한 쪽으로 도망가며, 편안하면 탐색이 길어진다. 결국 소비자가 매장에서 내리는 결정은 제품 스펙 비교의 결과라기보다, 그 공간이 만들어 낸 심리적 비용을 어떻게 처리할지에 대한 반응이다.

여기서 핵심 개념이 선택 피로다. 선택은 공짜가 아니다. 사람은 결정을 내릴 때마다 주의를 소모하고, 그 소모가 누적될수록 판단의 질이 떨어진다. 이때 소비자는 더 좋은 선택을 향해 나아가지 않고 덜 힘든 선택으로 이동한다. 현장에서는 이런 형태로 나타난다. 매장 직원의 설명이 길어질수록 소비자는 고개를 더 끄덕이지만 손은 더 움직이지 않는다. 옵션이 많아질수록 질문은 늘어나지만 결론은 늦어진다. 비교가 길어질수록 확신이 쌓이기보다 의심이 커진다. 그러다 어느 순간 소비자는 결정을 멈추고 다음 행동으로 빠져나간다. "오늘은 그냥 구경만"이라는 말은 관심이 없다는 뜻이 아니라 선택 비용이 한계를 넘었다는 신호인 경우가 많다.

심리학자 배리 슈워츠가 말한 선택의 역설은 리테일 현장에 특히 가혹하게 적용된다. 선택지가 많아질수록 만족이 커질 것 같지만, 실제로는 후회 가능성이 커지고 결정이 어려워지며 만족이 감소할 수 있다. 오프라인 매장은 이 문제를 더 크게 겪는다. 온라인은 비교를 외주화할 수 있지만, 오프라인은 소비자가 자기 몸으로 비교를 수행해야 한다. 걷고, 들고, 만지고, 직원의 설명을 듣고, 시선을 옮기고, 다시 돌아오며 비교 노동을 한다. 이 노동이 길어지면, 소비자에게 매장은 구매를 돕는 곳이 아니라 피로를 생산하는 곳이 된다.

따라서 매장이 제공해야 하는 힘은 선택의 자유가 아니라 선택의 부담을 덜어 주는 구조다. 리처드 탈러^{Richard Thaler}와 캐스 선스타인^{Cass Sunstein}이 《넛지^{nudge}》에서 강조한 선택 설계^{choice archi-tecture}의 관점으로 보면, 매장은 단순한 진열 공간이 아니라 결정의 경로를 디자인하는 장치다. 소비자가 매장에 들어와 어느 지점에서 멈추고, 무엇을 먼저 보고, 어떤 순서로 확신을 쌓고, 어떤 순간에 결론을 내리게 될지를 구조로 안내해야 한다. 이 구조가 정교할수록 소비자는 스스로 선택했다고 느끼지만, 실제 경험은 선택을 쉽게 끝낼 수 있게 도움받았다고 저장된다.

여기서 중요한 전제는 하나다. 대신 선택해 주는 방식이 강요로 보이지 않아야 한다. 선택을 대신해 주는 매장은 사람의 자율성을 빼앗는 곳이 아니라, 자율성을 유지한 채 결론에 도달하도록 부담을 줄여 주는 곳이다. 리테일적으로는 다음 방식으로 구현할 수 있다.

첫째, 옵션의 숫자를 줄이는 것이 아니라 의미 있는 묶음으로 바꾼다. 소비자가 힘들어 하는 것은 선택지의 총량이 아니라 비교 기준의 부재다. TV를 예로 들면 소비자는 55인치와 65인치 중 하나를 고르기 전에 우리 집 거실에서 무엇이 달라지는지를 먼저 알고 싶어 한다. 그래서 매장은 제품을 나열하기보다 사용 시나리오 중심으로 묶어야 한다. 영화 감상, 스포츠, 게임, 밝은 거실, 작은 방 같은 생활 언어로 섹션을 구성하면 비교 기준이 생긴다. 기준이 생기면 옵션이 많아도 선택은 빨라진다.

둘째, 비교의 단위를 스펙이 아니라 체감 차이로 전환한다. 많은 매장이 스펙을 설명하면 소비자가 납득할 것이라 믿지만, 납득은 구매의 전 단계가 아니다. 오히려 의심을 키우는 경우가 많다. 소비자가 원하는 것은 이게 왜 내게 유리한가의 체감이다. 같은 화면이라도 어떤 콘텐츠를 틀고, 어떤 조명 환경에서 보여 주며, 주변 배경을 어떻게 낮추는지가 체감 차이를 만든다. 소비자가 스스로 "차이가 보인다"고 말하는 순간, 그 선택은 설명이 아니라 경험으로 고정된다.

셋째, 결정을 한번에 끝내려 하지 말고 단계로 쪼갠다. 매장에서 소비자가 무너지는 지점은 최종 결정을 내려야 한다는 압박이 생길 때다. 그래서 매장은 첫 단계에서 큰 갈래만 정하게 해야 한다. 크기, 사용 목적, 가격대 중 하나만 먼저 선택하게 하고 나머지는 다음으로 넘긴다. 첫 단계가 끝나면 소비자는 이미 한 번 선택을 했기 때문에 이후 단계는 부담이 아니라 정리로 느껴진다. 선택의 피로를 관리하는 가장 현실적인 방식은 선택을 줄이는 것이 아니라 선택을 작게 만드는 것이다.

넷째, 추천을 사람의 말이 아니라 공간의 언어로 제시한다. 직원이 "이게 제일 잘 나가요"라고 말하면 소비자는 설득으로 인식한다. 그러나 진열의 위치, 동선의 끝에 놓인 제품, 비교 테이블의 기준 제품, 체험 존의 기본 세팅이 추천을 수행하면 소비자는 그것을 안내로 인식한다. 안내는 거부감이 적고, 설득은 방어를 부른다. 선택을 대신해 주는 매장의 힘은 설득의 언어가 아니라 안내의 구조에서 나온다.

다섯째, 선택 이후의 불안을 미리 처리한다. 오프라인에서 구매를 망설이게 하는 가장 큰 이유 중 하나는 내가 틀릴 수도 있다는 불안이다. 특히 고관여 제품일수록 그렇다. 따라서 매장은 선택 이후를 설계해야 한다. 간단한 비교 요약, 선택 이유를 소비자가 스스로 말로 정리할 수 있는 문장, 사후 지원의 명확성, 교환·설치·사용 안내의 가시화 같은 장치가 필요하다. 소비자가 마지막에 하는 질문은 '이걸 사도 괜찮을까?'가 아니라 '이걸 사고 후회하지 않을까?'다. 후회 가능성을 낮춰 주는 매장은 소비자에게 결정의 책임을 혼자 지게 하지 않는다.

여기까지의 논리는 하나의 결론으로 모인다. 선택을 대신해 주는 매장은 소비자의 결정을 빼앗는 것이 아니라 소비자가 결정을 끝낼 수 있게 돕는다. 그리고 이 경험은 기억으로 남는다. 제품을 기억하는 것이 아니라 결정이 쉬웠던 순간을 기억한다. 비교하다가 지친 마음이 정리되는 순간, 불안이 확신으로 비꺼는 순간, 나에게 맞는 답을 찾았다고 느낀 순간이 저장된다. 소비자는 그 매장을 설명 잘해 준 곳으로 기억하지 않는다. 내가 뭘 사야 하는지 알게 해 준 곳으로 기억한다. 이 기억이 재방문과 추천을 만들고, 브랜드 신뢰를 강화한다.

리테일의 경쟁력은 결국 선택의 비용을 누가 더 잘 줄여 주느냐에 달려 있다. 좋은 매장은 제품을 과시하지 않는다. 소비자의 머

릿속 혼란을 정리한다. 그 정리의 경험이 곧 기억이 되고, 기억이
다시 선택을 부른다. 매장이 가진 가장 강한 힘은 더 많은 것을 보
여 주는 능력이 아니라, 소비자가 덜 흔들리게 만드는 능력이다.

기억 설계의 출발점

리테일 업계에서 기억에 남는 매장을 만들자는 말은 흔하다. 문제는 그 문장이 실행 단계로 내려오는 순간, 너무 쉽게 캠페인, 비주얼, 콘텐츠, 이벤트 같은 마케팅 언어로 번역된다는 데 있나. 물론 그것들도 필요하다. 하지만 기억은 '무엇을 알렸는가' 보다 '어떤 방식으로 경험했는가'에 의해 더 강하게 남는다. 오프라인 매장은 특히 그렇다. 매장은 물건을 쌓아 두는 장소가 아니라, 브랜드를 체험하고 해석하고 기억하는 공간이 되었고, 그래서 인식의 설계가 필요해졌다.

결국 질문은 하나로 수렴한다. '기억을 남긴다는 목표를 매장이라는 시스템 구조에 적용할 수 있는가.' 기억 설계를 마케팅으로만 다루면, 대개 성과가 들쭉날쭉해진다. 이유는 단순하다. 마케팅은 사람의 주의attention를 얻는 기술에 가깝고, 매장 구조는 사람의 행동behavior이 흘러가게 만드는 장치에 가깝다. 주의는 순간적이지만, 행동은 경로를 만든다. 경로는 반복을 만들고, 반복은 기억을 굳힌다. 그래서 기억 설계의 본질은 관심을 끌어오는 장면을 추가하는 게 아니라, 소비자가 특정한 방식으로 머물고, 이동하고, 비교하고, 결론을 내리게 되는 확률을 높이는 구조를 짜는 데 있다.

매장 구조를 만드는 데 있어 소비자의 기억 설계는, 먼저 리테일 현장의 변수를 다루는 관점에서부터 차이가 난다. 리테일에는 정답이 없고 상황에 맞는 해답만 존재한다는 말은 멋이 든 선언이 아니다. 고정된 형식을 벗어나 매 순간 상황에 맞춰 유연하게 반응하는 시스템을 구축해야 한다는 설계 방식의 출발점이다.

브랜드의 위치, 시장의 분위기, 소비자의 감정, 공간의 제약이 매번 바뀌면 해답도 바뀐다. 그러면 좋아 보이는 아이디어를 끼워 넣는 방식으로는 모든 소비자에게 일관된 기억을 만들기 어렵다. 그렇기 때문에 매장은 '어떤 상태를 만들 것인가'를 먼저 정의해야 한다. 소비자가 입장 후 30초 동안 안정감을 얻는지, 혼란을 느끼는지, 내가 이곳에서 무엇을 해야 하는지 즉시 이해하는지, 혹은 불필요하게 긴장하는지가 전부 구조의 문제다. 이 상태가 무너지면 이후의 설명, 이벤트, 프로모션은 대부분 소음으로 전락한다.

여기서 세련된 디자인이 왜 '장식'이 아니라 '전달 체계'인지가 다시 연결된다. 세련된 디자인은 보기 좋음이 아니라, 브랜드의 기준을 소비자가 직관적으로 이해하게 만드는 구조다.

그리고 그 구조는 심미성만으로 완성되지 않는다. 무엇을 먼저 보게 할 것인가, 어디에서 멈추게 할 것인가, 어떤 감정 상태에서 다음 행동을 선택하게 할 것인가를 결정하는 도구다. 즉 기억 설계는 포스터 한 장, 영상 한 편을 만드는 일이 아니라, 시선 이동과 정서 상태의 변화를 포함한 인식 경로를 설계하는 일이다.

'성과를 무엇으로 정의하느냐'라는 물음은, 리테일의 구조적 접근이 맞이하는 가장 결정적인 전환점이다. 마케팅 사고는 종종 노출, 주목, 호감 같은 상단 지표로 출발한다. 반면 구조 사고는 '의도한 경험이 실제로 발생했는가'에서 출발한다. 매장은 결국 현장이다. 입지, 구조, 동선, 콘텐츠, 운영 방식, 투자 대비 효과까지 계산되지 않으면 대부분 잊힌다. 이 말은, 기억을 운이 아니라 관리의 대상으로 보라는 뜻이다.

그렇다면 구조적 설계가 구체적으로 무엇을 바꾸는지 살펴보자. 핵심은 다섯 가지다.

첫째, 동선은 미학이 아니라 판단의 순서다. 소비자가 어떤 순서로 정보를 접하느냐는 결론의 품질을 바꾼다. 매장을 설계하는 첫 단계에서 '입구에서 대표 제품으로 기대치를 올리고, 주요 동선에서 비교를 돕고, 조용한 구역에서 체험과 상상을 유도한다'는 식의 배치를 구상했다면, 이는 단순한 진열이 아니라 의사 결정을 돕는 구조를 만든 것이다. 기억은 이 순서 위에 쌓인다. 사람은 많이 본 것을 기억하는 게 아니라 결정적 순서로 경험한 것을 기억한다.

둘째, 정보는 양이 아니라 형태로 설계해야 한다. 같은 정보라도 스펙 표로 제시하면 비교 피로를 키우고, 상황 언어로 제시하면 기준을 준다. 구조는 정보를 줄이는 게 아니라, 정보가 결정으로 변환되는 형식을 바꾼다. 이때 매장이 해야 할 일은 소비자를 설득하는 게 아니라, 소비자가 스스로 결론을 낼 수 있는 기준을 공간 안에 깔아 두는 것이다.

셋째, 운영은 구조의 일부다. 매장은 설계 도면으로 완성되지 않는다. 운영 언어, 직원의 안내 방식, 체험 존의 유지 상태, 가격표의 표현, 재고가 빠졌을 때의 대체 동선까지가 전부 구조다. 이런 요소가 흔들리면 소비자는 브랜드의 철학이 아니라 '여긴 매번 다르다'는 불안정함을 기억하게 된다. 리테일 업계에서 "딴딴한 브랜딩은 일관된 실행에서 완성된다"는 말이 생겨난 맥락은 여기에 있다.

구조는 '항상 같은 경험이 재현되는 확률'을 높이는 기술임을 기억하자.

넷째, 구조는 마찰friction을 관리한다. 리테일에서 소비자가 이탈하는 이유는 심리적 비용이 누적되기 때문이다. 그래서 어디에서 멈칫하는지, 어떤 지점에서 질문이 폭발하는지, 어느 순간 "그냥 구경만"으로 빠지는지를 알아내야 한다. 이런 현상은 대개 마찰이 터지는 지점이기 때문이다. 기억 설계는 그 마찰을 제거하거나, 마찰에 의미를 부여해 의도된 경험으로 전환하는 역할을 한다. 반전의 컨셉이 작은 자원으로도 강력한 기억을 만드는 이유는, 구조가 결핍을 결함이 아니라 장치로 재해석하기 때문이다.

다섯째, 구조는 소비자의 다음 행동까지를 포함한다. 좋은 매장은 방문 순간만 예쁘게 만들지 않는다. 떠난 뒤 소비자의 머릿속에서 무엇이 정리되어 있는지, 어떤 문장이 남아 있는지, 그래서 집에 가서 무엇을 검색하게 되는지까지 설계한다. 매장에서의 몇 분이 광고보다 오래 남는다는 말은, 구조가 기억을 휴대 가능한 형태로 바꾼다는 뜻이다.

정리하면, 기억 설계는 마케팅의 하위 영역이 아니다. 오히려 마케팅이 얹히는 바닥 자체다. 매장은 주의를 얻는 공간이 아니라 의사 결정이 흐르는 구조이고, 그 구조가 소비자의 감정 상태를 만들고 행동의 순서를 만들며, 반복을 통해 기억을 만든다.

그래서 기억되는 매장을 만들고 기억을 판다는 건, 더 큰 예산으로 더 화려한 캠페인을 하는 게 아니다. 입지와 동선, 정보의 형태, 운영의 일관성, 마찰의 관리, 다음 행동까지 연결되는 시스템을 짜는 일이다. 한마디로 기억을 감각적 수사에서 리테일적 설계 대상으로 바꾸는 일이다.

3장

기억을 고정시키는 감각의 법칙

2장에서는 매장의 기억이 우연과 감성의 문제가 아니라, 동선·정보·운영·결정 구조처럼 설계 가능한 시스템의 결과라는 점을 살펴봤다. 소비자는 자유롭게 판단하는 것처럼 보이지만, 실제로는 매장이 만들어 둔 경로 위에서 생각하고 멈추고 선택한다. 기억은 그 구조를 따라 반복되며 만들어진다.

그렇다면 다음 질문은 자연스럽다. 같은 구조를 가진 매장이라면, 왜 어떤 곳은 유난히 또렷하게 남고 어떤 곳은 흐릿하게 사라질까.

여기에 대한 답은 구조의 표면이 아니라 구조를 통과하는 감각에 있다. 사람은 논리로 공간을 경험하지 않는다. 몸으로 먼저 겪는다. 밝기, 온도, 소리의 밀도, 냄새의 방향, 바닥의 탄성, 진열대와 몸 사이의 거리 같은 것들이 동시에 작동하며 하나의 상태를 만든다. 그 상태가 감정이 되고, 감정이 기억의 접착제가 된다. 같은 동선, 같은 상품, 같은 가격이라도 어떤 매장은 오래 남고 어떤 매장은 쉽게 잊히는 이유가 여기에 있다.

리테일에서 감각은 종종 연출이나 분위기 정도로 취급된다. 음악을 바꾸고, 조명을 조정하고, 향을 추가하는 식이다. 그러나 감각은 장식이 아니라 구조의 작동 방식이다. 감각은 소비자의 주의를 어디에 묶어 두는지, 긴장을 풀어 주는지, 탐색을 길게 만드는지, 결정을 서두르게 하는지를 직접 조절한다. 다시 말해 감각은 기억을 강화하는 마지막 단계이자, 동시에 가장 강력한 고정 장치다.

이 장에서는 매장이 어떻게 시각, 청각, 후각, 촉각, 그리고 공간 감각을 이용해 경험을 하나의 장면으로 압축하는지를 다룬다. 사람의 뇌가 정보를 저장하기 전에 먼저 감각을 저장한다는 사실과 그 감각이 어떻게 "좋았다", "불편했다", "이상하게 끌렸다" 같은 문장으로 번역되는지를 추적한다.

구조가 기억의 뼈대라면, 감각은 그 위에 붙는 살과 피부다. 뼈대만으로는 오래 남지 않는다. 감각이 붙는 순간, 경험은 비로소 개인의 기억이 된다.

이제 매장을 다시 보게 될 것이다. 브랜드와 재화를 파는 공간이 아니라, 어떤 감각을 남기는 장치로.

냄새와 짝이 되는 기억

비 오는 날이었다. 약속 시간보다 한참 일찍 도착해 근처 쇼핑몰을 걷다가, 처음 맡는 향이 문밖으로 흘러나오는 매장 앞에서 발이 멈췄다. 화장품 가게도 아니고 카페도 아니었는데, 따뜻하면서도 종이 냄새 같은 건조한 향이 섞여 있었다. 무슨 브랜드인지도 모르면서 문을 열고 들어갔다. 안쪽은 조용했고, 직원은 말을 걸지 않았다. 몇 분 둘러보다가 아무것도 사지 않고 나왔는데, 그날 밤 집에서 옷을 벗는 순간 다시 그 냄새가 떠올랐다. 정확한 향은 아니었지만, 공기의 질감 같은 것이 통째로 재생됐다. 매장의 로고도, 제품도 기억나지 않았는데 '아까 그곳'이라는 감각만 또렷했다. 며칠 뒤 우연히 다시 그 향을 맡았을 때, 나는 의식적으로 떠올리기도 전에 이미 그 매장의 내부를 걷고 있었다.

—

매장의 기억을 논할 때 대부분은 시각부터 꺼낸다. 로고, 컬러, 집기, 조명, 동선. 하지만 기억이라는 결과만 놓고 보면 시각은 설명 가능한 기억을 만들고, 후각은 설명 이전의 기억을 만든다. 매장에서 나와 시간이 한참 흐른 뒤 로고는 흐릿해져도 어떤 순간의 공기와 냄새는 갑자기 현재를 덮친다. 그때 떠오르는 것은 제품 정보가 아니라 그 매장에서의 기분이다. 그리고 그 기분은 종종 선택보다 먼저 작동한다.

후각이 기억에 강하게 영향을 주는 이유는 경로 때문이다. 후각 정보는 감정 처리와 기억 형성에 관여하는 영역과 밀접하게 맞물리는 것으로 알려져 있다. 그래서 같은 사건이라도 문장이나 이미지보다 냄새가 감정에 더 직접적인 영향을 준다. 감정이 흔들리면 기억의 세부가 따라 올라오는 현상이 생긴다. 그 결과 향은 이해를 거치지 않고 회상을 만든다. 시각 중심의 커뮤니케이션이 이해를 목표로 한다면, 향을 포함한 감각 설계는 회상을 목표로 한다는 말이 여기서 성립한다.

리테일에서 회상은 단순 인지보다 강하다. 이해는 시간이 지나면 수정되거나 잊히지만, 특정 향과 결합된 기억은 생활 속에서 반복 재생될 수 있기 때문이다. 여기서 프루스트 효과proustian effect가 등장한다. 사람은 과거를 의지로 떠올린다고 믿지만, 실제로는 과거가 현재를 침투하는 순간을 더 자주 겪는다. 어떤 향을 맡는 즉시 잊고 지냈던 장면이 설명 없이 되살아나는 순간이다. 이 비자발적 회상은 매장을 떠난 뒤에도 특정 향이 트리거trigger가 되어 브랜드가 의지와 무관하게 떠오를 수 있다는 뜻이 된다.

프루스트 효과를 리테일에 적용한다는 것은 감성 마케팅을 한다는 말이 아니다. 브랜드 회상의 스위치를 설계한다는 뜻이다. 매장을 나간 후에도, 도시의 다른 장소에서, 다른 날의 다른 시간에, 소비자의 삶 속에서 매장이 다시 기억나도록 만드는 장치다.

문제는 향을 쓴다고 해서 곧바로 기억이 생기지는 않는나는 점이다. 후각은 강력하지만 동시에 위험하다. 잘못 설계되면 기억이 아니라 거부가 남는다. 향은 공간의 정체성을 문장으로 설득하지 않고 감각으로 고정하기 때문에 그 고정이 긍정이냐 부정이냐는 매장 전체 운영을 따라다닌다. 같은 향이라도 매장이 붐비고 직원 응대가 불편했던 날에 맡으면 그 향은 불편함의 태그tag가 된다. 반대로 조용했고 안내가 명료했으며 체험이 부드럽게 이어졌던 날에 맡으면 그 향은 안심의 태그가 된다. 즉 향은 단독 자산이 아니라 경험의 레이블label이다. 그래서 향 설계는 향 자체보다 그 향이 붙을 경험을 무엇으로 만들 것인가에서 시작해야 한다.

리테일을 고민하는 사람은 이 단계에서 세 가지 질문을 먼저 고정해야 한다.

첫째, 이 매장의 핵심 감정은 무엇인가. 따뜻함처럼 넓은 단어를 쓰는 순간 설계가 흐려진다. 리테일에서 감정은 행동과 연결되어야 한다. 예를 들어 편안함이 목표라면 체류 시간이 늘어야 하고, 흥분이 목표라면 탐색 속도가 빨라져야 하며, 신뢰가 목표라면 질문이 줄어들거나 결정을 마무리하는 비율이 올라가야 한다.

둘째, 그 감정이 발생하는 정확한 지점은 어디인가. 향은 매장을 전체로 덮는 방식이 아니라, 감정이 변하는 지점을 찍는 방식으로 써야 한다. 입구 3미터, 체험 존, 결제 대기 구간, 상담 테이블처럼 전환이 일어나는 순간이 핵심이다.

셋째, 그 감정을 깨지게 만드는 요소는 무엇인가. 향은 미세한 불쾌도 증폭시킨다. 공조가 나쁘거나, 사람이 몰려 체취가 섞이거나, 포장재 냄새가 튀거나, 청소 약품 향이 남아 있으면 의도한 향은 순식간에 관리되지 않는 공간의 신호로 변한다. 향을 쓰겠다면 운영 설계가 완성되어 있어야 한다.

향이 브랜드보다 오래 남는다는 말이 진짜가 되려면, 향이 브랜드를 대표해야 한다. 여기서 흔히 하는 착각은 좋은 향을 고르면 된다고 믿는 것이다. 하지만 기억은 향의 고급스러움이 아니라 향과 경험의 결합이 얼마나 일관되게 반복되느냐로 만들어진다. 그래서 시그니처 향signature scent은 향수 선택이 아니라 번역 작업에 가깝다. 브랜드가 제공하려는 정서, 제품군의 물성, 공간의 재료감, 조도의 톤, 직원의 말투, 서비스 리듬을 하나의 후각 언어로 바꾸는 일이다.

교보문고가 자주 언급되는 이유도 여기에 있다. 종이책, 목재, 잔잔한 건조감 같은 정서를 향으로 번역해 공간에 적용했고, 반응이 커지며 디퓨저와 룸 스프레이로 상품화까지 이어졌다. 중요한 것은 향 자체의 판매가 아니라, 책을 떠올리는 정서를 교보문고라는 장소에 귀속시켰다는 점이다.

이 구조를 이해하면 향은 장식이 아니라 자산이 된다. 다만 자산이 되기 위해서는 재현성이 필요하다. 후각 기억은 반복 가능한 노출에서 증폭된다. 매장마다 향이 흔들리면 기억도 흔들린다. 지역별 공조, 층고, 유동 인구, 계절, 주변 상권의 냄새, 인접 매장의 향까지 변수가 많기 때문이다. 그래서 후각 설계에는 일반적인 브랜딩과 다른 관리 체계가 필요하다. 농도intensity를 고정하기보다 체감 범위를 고정해야 한다. 소비자가 향이 난다고 인지하는 순간이 아니라 공기가 다르다고 느끼는 순간을 목표로 해야 한다. 향이 존재를 과시하는 순간, 향은 기억이 아니라 이벤트가 된다. 이벤트는 일회성이며, 일회성은 브랜드를 남기지 못한다.

정리하면 프루스트 효과는 리테일에서 감각을 쓰자는 주장으로 끝나지 않는다. 오히려 더 엄격한 요구를 만든다. 향을 쓸수록 매장은 운영을 더 정교하게 해야 하고, 동선의 전환을 더 정확히 설계해야 하며, 경험의 일관성을 더 집요하게 유지해야 한다. 그 대가로 얻는 것은 강력하다. 소비자가 매장을 떠난 뒤에도 우연히 비슷한 향을 맡는 순간, 브랜드가 자동으로 재생되는 비자발적 회상 효과를 얻기 때문이다.

기억되는 매장은 보이는 것으로만 싸우지 않는다. 보이지 않는 감각으로, 그리고 그 감각이 붙을 경험의 구조로 싸운다. 향은 그 구조가 제대로 작동할 때, 브랜드보다 오래 남는다.

기억을 각인시키는 색의 언어

점심시간이 끝나기 직전, 나는 노트북 충전기를 사려고 전자 상가로 들어갔다. 목적은 단순했다. USB-C 100W, 길이 2미터, 가격은 적당한 걸로. 그런데 통로에 들어서자마자 시선이 엉뚱한 쪽으로 끌렸다. 충전기 코너가 아니라 휴대용 스피커 진열대였다. 스피커는 다 비슷비슷하게 생겼는데, 딱 하나만 색이 튀었다. 매트한 형광 연두색. 옆 제품들이 검정과 회색으로 줄지어 있어서 그 연두가 더 크게 보였다. 나는 "아, 저건 뭐지" 하고 발걸음을 멈췄고, 손이 먼저 올라갔다.

잡는 순간 느껴진 건 소리나 스펙이 아니라 '이 제품이 여기서 제일 중요한 것처럼 보인다'는 이상한 확신이었다. 직원이 설명을 시작하기도 전에 내 머릿속은 이미 결론이 나 있었다. 나중에 집에 돌아와서야 깨달았다. 나는 충전기를 사러 갔는데, 그 연두색을 만졌던 장면만 또렷하게 기억하고 있었다. 가격도, 브랜드도 헷갈리는데 색만 남았다. 그날 저녁, 온라인에서 연두색 스피커를 검색했다. 색이 내 기억을 붙잡아, 다시 행동을 만들었다.

매장에서 색은 꾸밈이 아니라 우선순위의 언어다. 가격표를 읽기 전에, 스펙을 비교하기 전에, 소비자는 이미 그 물건이 커 보이는지, 비싸 보이는지, 가까워 보이는지, 중요한지 아닌지를 직관적으로 분류한다. 그 분류의 출발점에 거의 예외 없이 색이 놓인다. 색은 리테일 공간에서 제품의 물리적 성능보다 먼저 가치를 판단하게 만드는 비언어 신호로 작동한다.

이 지점에서 많은 리테일 담당자가 범하는 오류가 있다. 색을 브랜드 아이덴티티의 장식 요소로만 다루는 것이다. 로고 컬러를 매장 곳곳에 반복하고, 벽면에 그 색을 채우고, 집기에도 같은 색을 입히면 브랜드가 각인될 것이라고 믿는다. 그러나 기억은 반복만으로 강화되지 않는다. 기억은 반드시 주목을 선행 조건으로 요구한다. 색이 기억을 만든다는 말은 색이 예쁘다는 뜻이 아니라 색이 시선을 먼저 장악한다는 뜻이다. 결국 질문은 디자인의 완성도가 아니다. 무엇을 먼저 보게 만들 것인가, 어디에서 멈추게 할 것인가, 어떤 순간을 저장하게 할 것인가의 문제다.

시각 인지 관점에서 색은 전주의적 처리pre-attentive processing의 대표 변수다. 사람은 의식적으로 생각하기 전에 시야 전체에서 눈에 띄는 신호를 자동으로 추출한다. 강한 대비, 높은 채도, 선명한 명도 차이는 그 자동 추출의 우선순위를 높인다. 그래서 같은 크기와 무게의 물체라도 채도가 높고 명도가 선명하면 더 크고, 더 가깝고, 더 중요하며, 더 고급스러운 대상으로 인식되기 쉽다. 반대로 회색에 가까운 낮은 채도의 색상은 경계를 흐리게 만들고 존재감을 축소시키며 부차적인 정보로 분류되기 쉽다.

이 차이는 취향이 아니라 시스템이다. 인간의 시각 체계가 위험하거나 가치가 높은 대상을 빠르게 구분해야 했던 진화적 환경에서, 강한 색 대비를 중요한 신호로 삼아 왔기 때문이다. 이 원리는 교과서보다 콘서트장에서 더 또렷하게 확인된다. 서태지를 떠올리면 음악보다 먼저 노란 풍선이 떠오른다. 멜로디나 가사보다 공연장에서 흔들리던 그 색의 장면이 더 또렷하게 남아 있다. BTS를 떠올리면 보라색이 먼저 겹쳐진다. 노래보다 이미지가 먼저 저장된 기억이다. 누구도 색을 외우라고 말하지 않았지만, 같은 색이 같은 감정과 같은 장면에서 반복되면서 색은 곧 의미가 됐다.

매장도 다르지 않다. 브랜드에는 저마다의 색이 있다. 에르메스의 주황색, 고야드의 청록색처럼 매장에 들어서는 순간 "아, 내가 지금 어디에 있구나" 하고 알게 만드는 색이 있다. 어떤 브랜드는 로고보다 색으로 먼저 인식된다. 패스트푸드점도 마찬가지다. 롯데리아는 식욕을 자극하는 빨간색을 로고뿐 아니라 집기와 포인트 컬러로 반복 사용한다. 소비자는 메뉴를 보기 전에 이미 빠른 선택, 자극적인 맛이라는 인상을 색으로 먼저 받아들인다.

기업의 레터 마크 사용 방식 역시 같은 원리다. 어떤 색을 쓰느냐만큼, 어떤 색을 비워 두느냐도 브랜드의 기억을 만드는 데 영향을 준다. 삼성전자 매장에서 기업 로고는 대개 검은 배경 위에 흰 조명으로 떠 있다. 색을 거의 쓰지 않지만 검정과 흰색의 대비로 프리미엄과 단순함을 동시에 만든다. 리테일 실무에서 매장을 설계할 때 가장 먼저 색깔이 논의되는 이유다. 사람의 오감 중 가장 큰 비중을 차지하는 감각이 시각이기 때문이다.

신규 브랜드라면 '이 브랜드를 한 가지 색으로 요약하면 무엇인가'라는 질문이 출발점이 되고, 리뉴얼 매장이라면 이 질문은 더 세세한 것들을 묻는다. '기존의 색을 과감하게 바꿀 것인가, 아니면 기존 색을 유지하되 톤과 비율을 조정해 서서히 다른 브랜드처럼 느끼게 할 것인가.' 색의 급격한 변화는 새로운 출발이 될 수도 있지만, 기존 소비자에게는 단절로 인식되기도 한다. 그래서 많은 리뉴얼 프로젝트에서 색은 단순한 디자인 문제가 아니라 경영 판단의 대상이 된다.

리테일에서 이 원리는 특히 화면이 핵심 가치인 제품군에서 노골적으로 드러난다. TV, 노트북, 태블릿처럼 디스플레이가 상품성의 중심일 때, 매장의 역할은 진열이 아니라 비교 기준을 재설정하는 데 있다. 그래서 매장 내 시연 영상은 대개 채도 높은 색감, 강한 명암 대비, 빠른 움직임이 있는 장면으로 구성된다. 소비자에게 선명하다는 정보를 전달하려는 것이 아니라 현실보다 더 현실 같다는 체감적 착각을 먼저 발생시키려는 의도다. 이 착각이 생기면 소비자는 스펙을 읽기 전에 이미 결론 쪽으로 기울기 시작한다. 색은 설명 이전의 판결이다.

색은 사람들의 시선을 끄는 것에서 끝나지 않는다. 우리는 이 점을 중요하게 기억해야 한다. 시선은 기억의 관문이다. 주의가 머무는 대상만이 작업 기억으로 들어오고, 이 중 일부만이 장기 기억으로 넘어간다. 따라서 색을 다루는 작업은 어떤 물건을 예쁘게 보이게 할까가 아니라 어떤 정보에 주의의 예산을 배정할지를 정하는 일이다. 조명, 배경, 집기, 그래픽, 영상, 직원 유니폼까지가 색과 함께 하나의 시각적 구조를 만들고, 그 구조는 소비자의 시선을 특정 지점으로 몰아준다.

이때 기억을 각인시키는 방식은 단순한 강조가 아니라 대조다. 전체가 화려하면 아무것도 눈에 띄지 않는다. 반대로 대부분이 절제되어 있으면 작은 색 신호 하나가 매장의 리듬을 만든다. 소비자가 매장을 기억할 때 떠올리는 것은 전체 색감의 평균이 아니라, 딱 한 지점의 색 경험인 경우가 많다. 입구에서 마주친 한 줄의 강한 컬러, 체험 존에서 켜진 한 화면의 톤, 픽업 데스크 위의 한문장 같은 것들이다. 결국 색의 목표는 통일이 아니라 장면화다. 기억될 장면에 색을 꽂아 넣어야 한다.

그래서 색을 전략적으로 쓰려면 먼저 매장의 의사 결정 구조를 색으로 번역해야 한다. 소비자의 행동은 단계형이다. 들어와서 방향을 잡고, 관심군을 정하고, 비교 기준을 만들고, 마지막으로 확신을 얻는다. 이 단계에 맞춰 색도 계층을 가져야 한다. 첫 단계의 색은 길을 안내해야 하고, 둘째 단계의 색은 범주를 구분해야 하며, 셋째 단계의 색은 비교 기준을 고정해야 하고, 넷째 단계의 색은 확신을 마무리해야 한다. 이 계층이 없으면 색은 브랜드 톤이 아니라 시각 잡음으로 전락한다.

현장에서 바로 적용되는 원칙은 단순하지만 까다롭다. 브랜드 컬러는 면적이 아니라 결정 지점에 배치해야 한다. 색은 익숙해지는 순간 배경이 된다. 브랜드 컬러는 로고의 반복이 아니라 결론을 표시하는 표식이어야 한다. 보조색은 정보의 종류를 구분하는 문법으로 써야 한다. 같은 규칙으로 반복되면 소비자는 읽지 않고도 구조를 이해한다. 또한, 색을 조명과 분리해서 생각하지 않아야 한다. 같은 색도 빛이 달라지면 전혀 다른 감정으로 읽힌다. 과포화는 기억이 아니라 피로를 만든다. 강한 색은 순간을 만들고, 중립 톤은 체류를 만든다. 접근성은 색의 윤리다. 색각 이상을 고려하지 않은 안내 체계는 누군가에게 정보가 아니라 장벽이 된다.

정리하면 색은 시선을 붙잡고, 시선은 기억을 선택한다. 그래서 색은 감각 장식이 아니라 기억을 편집하는 장치다. 이 장치가 정교하면 소비자는 "예뻤다"가 아니라 "이상하게 머리에 남는다"라고 말한다. 그리고 그 한 문장이 재방문과 추천, 비교 단계에서의 우선 고려, 브랜드 신뢰의 축적으로 번역된다. 색은 결국 매장의 미래 매출을 현재의 시선으로 당겨 오는 기술이다.

공간에 감정을 만드는 조명

퇴근길에 동네에 새로 생긴 베이커리에 들렀다. 간판은 예뻤지만, 들어가자마자 첫 느낌이 이상했다. 빵 냄새가 나는데도 따뜻한 느낌이 들지 않았고, 빵이 맛있어 보이는데도 손이 가지 않았다. 이유는 곧 드러났다. 천장 매립 등이 전부 하얗고 강했다. 덕분에 매장이 빵집이 아니라 진열된 물건을 빨리 고르는 곳처럼 느껴졌다. 크루아상 표면의 결이 살아야 할 자리에서 반짝임만 튀었고, 크림이 들어간 빵은 색이 창백해 보였다. 무엇보다 유리 쇼 케이스 앞에서 얼굴이 거울처럼 비쳐, 나는 자꾸 내 표정부터 신경 쓰였다. 결국 마음은 '한 개만 사자'가 아니라 '빨리 고르고 나가자'로 바뀌었고, 나는 제일 무난한 식빵만 집었다. 집에 와서 먹어 보니 빵은 괜찮았다. 그런데 기억에 남은 건 맛이 아니라 그 차갑게 밝은 느낌이었다. 이후 몇 번 더 지나치면서도 발이 안 꺾였다. 빵을 싫어해서가 아니라, 그 조명이 만든 감정이 제 행동을 먼저 막았기 때문이다.

며칠 뒤, 같은 동네의 오래된 빵집에 들렀다. 구조도 비슷했고 빵 종류도 비슷했다. 그런데 들어서는 순간 몸이 느슨해졌다. 천장은 어둡고, 쇼케이스 위쪽만 부드럽게 밝았다. 빵은 같은 가격대인데 더 진하고, 더 두툼하고, 더 '제값'처럼 보였다. 나는 괜히 천천히 걸었고, "이건 무슨 빵이에요?"라는 질문이 자연스럽게 나왔다. 계산대 앞에서도 서두르지 않았다. 그날은 빵을 세 개나 샀고, 다음 주에 또 갔다. 나중에 생각해 보니 빵의 차이가 전부가 아니었다. 그 매장은 조명으로 '여기는 머물어도 된다'는 규칙을 민저 깔아 둔 곳이었다.

오프라인 매장에서 조명은 보이게 하는 기술이 아니라 느끼게 하는 규칙이다. 같은 상품, 같은 동선, 같은 집기라도 조명이 바뀌면 공간의 정서가 달라지고, 정서가 달라지면 행동의 속도와 방향이

달라진다. 사람은 매장을 이미지로 저장하지 않는다. 시각 정보와 함께 형성된 감정 상태로 저장한다. 조명은 그 감정 상태를 가장 빠르게, 거의 반사적으로 결정하는 환경 단서다. 그래서 조명은 인테리어의 마무리 공정이 아니라 기억 설계의 출발점에 놓여야 한다.

빛은 단순한 밝기 luminance가 아니다. 빛은 대비 contrast를 만들고 대비는 주의를 만든다. 주의는 해석 interpretation을 만들고, 해석은 감정 affect을 만든다. 그리고 그 감정이 경험의 태그가 되어 기억에 함께 저장된다. 이 연결이 설계되지 않으면 매장은 예뻤다는 무색무취한 인상으로 끝난다. 반대로 연결이 설계되면 조명은 재방문 이유가 된다. 매장을 떠난 뒤에도 남는 것은 제품 정보가 아니라 공간의 정서 온도다.

감정의 구조를 설명할 때 제임스 A. 러셀 James A. Russell의 원형 모형 circumplex model은 유용하다. 감정은 대체로 쾌-불쾌 valence와 각성-이완 arousal이라는 두 축 위에 놓인다. 조명은 이 두 축을 동시에 조절한다. 밝고 차가운 색온도는 각성을 높이고, 어둡고 따뜻한 색온도는 이완을 만든다.

문제는 '밝게, 따뜻하게'가 취향의 영역으로 소비되면서 매장의 목적과 분리된다는 점이다. 조명은 취향이 아니라 기능이다. 기능은 다음과 같은 목적에서 역산된다. 이 매장은 소비자를 빨리 움직이게 해야 하는가, 오래 머물게 해야 하는가. 탐색을 유도해야 하는가, 결정을 재촉해야 하는가. 프리미엄의 거리를 유지해야 하는가, 친밀감으로 끌어당겨야 하는가. 이 질문에 답하지 못하면 조명은 장식이 되고, 장식은 기억을 만들지 못한다.

조명이 만드는 감정은 전체 밝기보다 밝기의 분포에서 더 크게 결정된다. 사람은 절대 조도를 기억하지 못하고 상대 대비를 기억한다. 천장을 균일하게 밝히면 공간은 안전해지지만 이야기는 사라진다. 반대로 명암이 설계되면 시선이 안내되고, 그 순서가 곧 기억의 순서가 된다. 그래서 리테일 조명은 얼마나 밝힐 것인가가 아니라 어디를 밝히고 어디를 남길 것인가라는 물음을 중점에 두고 설계해야 한다. 어둠은 결함이 아니라 프레임이다. 사진의 여백이 피사체를 떠받치듯, 매장에서도 어둠이 상품을 떠받친다.

색온도는 감정의 문장 부호다. 2,700K는 체류와 친밀을, 4,000K 이상은 명료함과 탐색을 강화한다. 그러나 색온도는 독립 변수처럼 존재하지 않는다. 벽과 바닥의 반사율, 소재의 질감, 유리와 메탈의 하이라이트가 색온도를 증폭하거나 왜곡한다. 같은 3,000K라도 우드 톤에서는 따뜻해 보이고 콘크리트에서는 탁해 보인다. 색온도에 대한 고민을 따뜻하게 갈까 차갑게 갈까로 결정하는 순간 설계는 실패한다. 색온도는 브랜드의 정서 목표를 기준으로 결정되고, 소재는 그 목표에 방해되지 않게 선택돼야 한다.

기업 사례를 보면 이 원리는 더 노골적이다. 애플스토어는 밝고 균일한 빛으로 깨끗한 통제감을 만든다. 제품의 표면 결함이나 색 차이를 숨기지 않고, 오히려 여긴 투명하다는 신호로 바꾼다. 반대로 명품 매장들은 천장을 밝히기보다 진열된 제품에만 조도를 몰아주며 그림자를 남긴다. 이 그림자는 결함이 아니라 거리감을 만드는 장치다. 쉽게 만질 수 없는 물건이라는 감정이 생기면, 제품은 기능이 아니라 등급으로 읽힌다. 같은 가죽이라도 어떤 조명 아래에 있느냐에 따라 소재가 되기도 하고 격이 되기도 한다.

개인의 경험에서도 조명의 힘은 즉시 확인된다. 나는 예전에 화장품을 사러 갔다가 테스트를 포기한 적이 있다. 매장이 너무 밝고 흰 빛이 강해서, 파운데이션을 손등에 올리는 순간 색이 전부 떠보였다. 직원은 "조명 때문에 그래 보일 수 있어요"라고 말했지만, 그 말은 오히려 불안을 키웠다. 여기서는 제대로 판단할 수 없다는 신호가 되었기 때문이다. 반대로 다른 매장에서 연색성이 좋은 조명 아래, 얼굴 톤이 자연스럽게 보이는 거울 앞에서 테스트했을 때는 결정이 빨랐다. 믿은 건 제품 설명이 아니라 '이 빛에서 내 피부가 이렇게 보인다'는 체감이었다. 조명은 소비자의 판단 기준 자체를 바꾼다.

메흐라비안과 러셀이 정리한 환경-정서-행동PAD 구조처럼, 환경 단서는 정서 상태를 만들고 그 정서가 접근 또는 회피 행동을 결정한다. 조명은 이때 지배감dominance을 조절하는 강력한 도구다. 눈부심과 과도한 균일 조명은 사람을 수동적으로 만들고 피로를 높인다. 반대로 필요한 곳만 정확히 밝히면 공간이 정리돼 있다는 통제감을 준다. 통제감은 탐색을 늘리고, 탐색은 우연한 발견을 만든다. 우연한 발견은 기억에 가장 오래 남는 구매 장면 중 하나다.

조명은 생리적 각성도 조절한다. 청색광 성분이 많은 빛은 각성과 주의를 높이고, 시간대와 결합하면 피로와 집중도에 영향을 준다. 빛이 생체 시계에 미치는 영향을 연구해 온 스위스 연대 생물학자 크리스티안 카요헨Christian Cajochen에 따르면, 빛의 스펙트럼은 일주기 리듬 조절에 중요한 변수다. 리테일에서는 이를 단순하게 적용하면 된다. 오전과 점심에는 명료한 대비로 탐색 효율을 높이고, 오후에는 눈부심과 과도한 대비를 줄여 체류 피로를 낮춘다. 매출 곡선과 정서 곡선을 맞추는 것이다. 같은 공간이 시간대마다 다른 감정을 만들면 기억은 분산된다. 기억은 일관성을 통해 축적된다.

구매 장면의 기억을 만들려면 결정 지점의 조명부터 다시 봐야 한다. 결제대, 피팅룸, 체험 테이블, 시그니처 상품 앞은 브랜드가 기억에 남기고 싶은 장면이 발생하는 곳이다. 이 지점의 조명은 평균값이 아니라 연출값이어야 한다. 체험 테이블은 피부 톤이 자연스럽게 보이도록 연색성을 확보하고, 피팅룸은 체형 왜곡을 줄이기 위해 수직면 조도를 확보한다. 결제대는 조도를 과도하게 높이지 않으면서 공간의 시각적 중심을 형성해 구매의 마무리 지점을 분명히 해야 한다. 많은 매장이 결제대를 가장 밝게 만든다. 밝음은 효율을 높이지만 동시에 끝났다는 감정을 강화한다. 객단가를 높이고 싶다면 강한 스포트라이트보다 정리된 안정감이 더 효과적인 경우가 많다.

상품 진열에서 조명은 설명서를 대신한다. 하이라이트는 재질을, 그림자는 형태감을, 반사는 가격대를 암시한다. 과도한 스팟 하이라이트는 고급스러움이 아니라 플라스틱 소재 특유의 가벼움이 강조될 수 있다. 특히 코스메틱, 주얼리, 가죽처럼 표면 반사가 중요한 카테고리에서는 조명의 각도와 확산각이 품질 인식에 직결된다. 빛의 목적을 매장 전체를 반짝이게 하는 데 두는 순간 위험해진다. 목적은 '재질이 스스로 말하게 하기'여야 한다. 상품이 스스로 말하면 소비자는 '내가 발견했다'는 감각을 갖게 되고, 이 감각은 기억을 강하게 고정시킨다.

조명과 동선은 분리할 수 없다. 동선은 몸의 문법이고, 조명은 시선의 문법이다. 입구는 외부에서 내부로 넘어가는 감정 전환의 문턱이다. 조명이 너무 낮으면 불안이 되고, 너무 높으면 피로가 된다. 이 지점의 조명은 환대가 아니라 적응을 돕는 값이어야 한다. 첫 장면이 거칠면 이후 장면이 좋아도 회상은 깎이고, 첫 장면이 매끄러우면 이후 결함은 관대하게 처리된다. 조명이 만드는 첫 장면은 매장의 기억 가중치를 바꾼다.

리테일에서 조명을 구조로 다룬다는 건 결국 한 가지로 귀결된다. 소비자가 그 공간에서 어떤 감정 상태로 시작해, 어떤 속도로 움직이고, 어디에서 멈추고, 어떤 확신으로 마무리하게 될지를 빛으로 정하는 일이다. 조명은 미관이 아니라 재방문의 원인이고, 재방문을 만드는 것은 기억이다. 매장은 빛으로 분위기를 만드는 곳이 아니라, 빛으로 판단의 규칙을 만드는 곳이다. 조명이 제대로 설계된 매장에서 소비자는 조명이 좋다고 말하지 않는다. 대신 "여긴 왠지 편하다", "여긴 믿을 만하다", "여긴 물건이 좋아 보인다"라고 말한다. 그 한 문장이 남는 순간, 조명은 공간의 감정을 넘어 매장의 이름을 기억 속에 고정시키는 장치가 된다.

공간의 성격을 결정하는 소리

매장에서 소리는 배경이 아니다. 소리는 공간의 성격을 규정하는 전면 요소다. 시각은 무엇이 있는지 알려 주고, 소리는 그곳에서 어떤 태도로 행동해야 하는지를 결정한다. 조명이 감정의 온도를 만든다면, 소리는 사회적 규칙을 만든다. 조용한 공간에서는 말투가 낮아지고 걸음이 정리된다. 소리가 두꺼운 공간에서는 말이 빨라지고 몸이 성급해진다. 같은 인테리어라도 소리의 밀도와 질감이 바뀌면 소비자는 전혀 다른 장소에 들어온 것처럼 행동한다.

오프라인 리테일이 기억을 남기는 방식은 결국 무엇을 봤는가보다 어떤 상태로 있었는가에 가깝다. 소리는 그 상태를 지속시키는 가장 집요한 매체다. 눈은 다른 곳으로 돌릴 수 있지만 귀는 꺼지지 않는다. 그래서 소리는 공간 경험의 바닥값을 결정한다. 이 값이 낮으면 어떤 연출도 회복시키기 어렵고, 높으면 작은 결함은 자연스럽게 흡수된다.

사람은 소리를 단일한 흐름으로만 인식하지 않는다. 앨버트 브레그먼Albert Bregman의 청각 장면 분석 이론auditory scene analysis에 따르면, 뇌는 주변의 소리를 개별 음원 단위로 분리하고 다시 통합해, 자신이 놓인 환경을 신속하게 구성하고 해석한다. 냉장고의 저주파 험, 에어컨의 풍절음, 신발과 바닥의 마찰음, 다른 사람의 대화 조각, 계산대 비프음, 음악의 리듬이 동시에 들어오면 뇌는 이 신호들을 하나의 청각 장면으로 통합해 해석한다. 이 장면이 정돈되어 있으면 공간은 관리되는 장소로 느껴지고, 흐트러져 있으면 통제되지 않는 장소로 느껴진다.

통제가 안 되는 장소에서는 사람의 전략이 바뀐다. 탐색 대신 탈출을 택하고, 비교 대신 대충 고르며, 체류 대신 빠른 처리를 선택한다. 리테일이 원하는 행동, 즉 머무름과 비교, 체험과 대화는 소리 장면이 정돈되어야만 가능하다. 이 정돈은 매장 음악을 바꾼다고 생기지 않는다. 음향은 시스템이고, 시스템은 물리 환경과 사람의 행동, 콘텐츠가 동시에 맞물릴 때 작동하기 때문이다.

소리의 첫 번째 변수는 크기보다 가시성이다. 데시벨이 낮아도 특정 주파수 대역이 튀면 소리는 눈에 띄는 것처럼 느껴진다. 특히 2~4kHz 부근은 인간의 음성 명료도와 겹치기 때문에, 이 대역이 거칠면 공간은 쉽게 피곤해진다. 리테일 마케팅에서 소비자가 느끼는 피곤함은 기분이 아니라 비용이다. 이 비용이 느껴지는 순간 사람은 위험 회피 쪽으로 기울고, 결과적으로 '그냥 나가자'라는 판단에 도달한다. 반대로 소리가 부드럽게 마스킹되면 공간은 안정된다. 안정은 체류를 만들고, 체류는 발견을 늘린다. 발견은 기억을 만든다. 매장 소리 설계의 핵심은 음악을 틀어 두는 것이 아니라, 불필요한 소리가 도드라지지 않도록 장면을 평탄화하는 일이다. 냉장과 환기, 각종 기계음이 튀는 매장에서 아무리 좋은 플레이 리스트를 틀어도, 뇌는 먼저 거슬리는 신호를 처리하느라 여유를 잃는다.

이 원리를 나는 최근에 아주 구체적으로 경험했다. 강남역 근처 2층의 한 음식점에 들어갔을 때였다. 대형 스피커가 여러 대 서 있었고, 한눈에 봐도 비싸 보이는 장비들이 공간을 차지하고 있었다. 사람이 이렇게 많은데 스피커를 사람 키만 한 걸 세 대나 두면 대화는 어떻게 하라는 걸까, 솔직히 그런 생각이 먼저 들었다. 그런데 막상 후배와 맥주를 마시며 이야기를 시작하자 신기한 일이 벌어졌다. 음악은 분명 컸는데 대화에는 전혀 방해되지 않았다. 더 정확히 말하면 음악이 바닥에 안개처럼 깔리는 느낌이었다. 내 목소리는 또렷했고, 옆 테이블의 대화는 음악에 가려져 우리 대화에 섞이지 않았다. 마치 영화의 배경음 위에서 대화하는 것처럼 음악도 들리고 말도 들렸다. 그때 나는 큰소리와 거슬리는 소리가 전혀 다르다는 걸 실감했다. 소리의 문제는 크기가 아니라 구조였다.

두 번째 변수는 잔향이다. 소리가 울리다가 멈춘 후에도 공간에 들리는 소리인 잔향은, 공간의 크기를 과장하거나 축소한다. 무엇보다 사회적 거리를 조절한다. 잔향이 길면 대화 내용이 퍼지고, 퍼진 소리는 누군가 나를 듣고 있다는 감각을 만든다. 이 감각은 가격 상담, 피부 고민, 사이즈 문의처럼 개인 정보 보호가 필요한 상황에서 강한 회피 반응을 낳는다.

매장은 종종 조명을 개선하고 향을 추가하면서도, 벽과 천장을 유리, 타일, 노출 콘크리트로 마감한 채 잔향을 방치한다. 그 결과 공간은 멋있지만 소비자가 자신의 이야기를 말하기 어려운 장소가 된다. 말하기 어려운 장소에서는 상담이 줄고, 상담이 줄면 고관여 카테고리의 전환율이 꺾인다. 흡음은 인테리어의 옵션이 아니라 매출 장치다. 잔향 시간을 카테고리별로 관리하면 행동이 달라진다. 체험과 상담 중심 구역은 짧게, 이벤트나 퍼포먼스 구역은 의도적으로 길게, 대기 구역은 중간값으로 잡아야 한다. 소리의 물리는 결국 사회적 규칙의 물리적 형태다.

세 번째 변수는 리듬과 템포가 만드는 시간 감각이다. 영국의 음악 심리학 연구자인 에이드리언 노스^{Adrian C. North}와 데이비드 하그리브스^{David J. Hargreaves}의 연구들이 보여 주듯, 음악의 스타일과 속도는 체류 시간, 지출, 제품 선택에 영향을 준다. 매장에 틀어 둔 템포가 빠른 음악은 회전율을 높이지만 탐색의 깊이를 깎는다. 반대로 템포가 느리면 머무르는 시간을 늘리지만 혼잡을 키울 수 있다. 중요한 것은 템포 자체가 아니다. 매장이 팔고자 하는 시간의 성격이다. 빠른 구매가 핵심인 편의점과 드럭 스토어형 매장은 템포를 높여도 좋다. 그러나 프리미엄 매장, 큐레이션형 매장은 템포가 아니라 호흡을 설계해야 한다. 호흡을 느리게 하라는 뜻이 아니다. 고주파가 날카롭지 않고, 반복이 과하지 않으며, 곡 사이 전환이 급하지 않고, 특정 시그니처 사운드가 과잉 노출되지 않는 상태를 만들어야 한다. 사람은 음악을 기억하기보다 음악이 만든 시간 감각을 기억한다. "거기서는 시간이 천천히 갔다" 혹은 "거기서는 빨리 처리됐다"라는 회상은 결국 소리가 몸의 템포를 동기화한 결과다.

네 번째 변수는 소리가 만드는 경계다. 시각적 구획보다 음향적 구획이 더 강하게 작동하는 경우가 많다. 비슷한 조도와 비슷한 집기라도 소리 성분이 달라지면 사람은 구역이 바뀌었다고 느낀다. 레이먼드 머리 셰이퍼Raymond Murray Schafer가 말한 사운드스케이프soundscape는 단순한 배경음이 아니라 장소의 정체성을 구성하는 음향 환경이다. 리테일에서 사운드스케이프는 브랜드의 문법이 된다. 입구의 소리는 외부 소음을 끊고 내부의 리듬으로 동기화시키는 역할을 해야 하고, 핵심 구역의 소리는 체류를 유지시키는 역할을 해야 하며, 결제 구역의 소리는 긴장과 해소의 균형을 맞춰야 한다. 그런데 많은 매장은 전 구역에 동일한 볼륨과 동일한 음악을 뿌린다. 그 순간 공간은 하나의 평면이 되고, 평면은 서사를 만들지 못한다. 서사가 없으면 기억도 없다. 기억은 구역 간 대비에서 생긴다. 조명이 대비로 시선을 움직이게 하듯, 소리는 대비로 발걸음을 움직이게 해야 한다.

프리미엄 공간에서 이 소리의 경계는 더욱 분명하다. 서울옥션 5층의 VVIP 룸에 들어갔을 때, 나는 디자인보다 먼저 소리에서 계급을 느꼈다. 스피커와 초대형 TV는 과시하지 않았다. 대신 잔잔하게 깔렸다. 그런데 그 잔잔함의 질감이 달랐다. 해상도가 높고, 소리의 바닥이 두꺼웠다. 그 순간 공간은 말없이 선언했다. 여기는 아무나 들어오는 곳이 아니라는 것을. 프리미엄이란 결국 소리를 포함한 환경 단서가 '당신은 여기서 이런 사람이다'라고 규정할 때 완성된다는 사실을 그 공간에서 실감했다. 인테리어가 아니라 사운드의 품질이 경계를 만들고 있었다.

리테일에서 소리 설계를 전략으로 바꾸려면 음악 선정이 아니라 소리 정책부터 세워야 한다. 첫째, 매장이 허용할 소리의 종류를 정의한다. 직원 안내 방송, 제품 알림음, 결제 비프음, 냉장과 환기 소음, 소비자 대화, 음악을 각각 분리해 관리 대상으로 둔다. 둘째, 소리의 우선순위를 정한다. 어떤 소리는 사라져야 하고, 어떤 소리는 살아야 하며, 어떤 소리는 필요한 만큼만 들려야 한다. 셋째, 구역별 목표를 수치로 바꾼다. 음압 목표 범위, 잔향 목표, 음성 명료도 같은 지표를 최소 기준으로 잡아야 감이 아니라 운영이 된다. 넷째, 시간대 시나리오를 만든다. 오픈 직후, 피크, 비피크, 마감 전의 소리 정책이 같을 이유는 없다. 조명이 시간대에 따라 감정 곡선을 맞추듯, 소리도 인파 밀도와 소비자 목적이 달라지는 시간대에 맞춰 상태를 바꿔야 한다. 다섯째, 침묵을 설계한다. 침묵이란 무음이 아니라 불필요한 신호가 제거된 상태다. 이 상태가 확보되면 소비자는 제품을 듣고, 손의 마찰을 듣고, 자신의 생각을 듣는다. 고관여 구매는 결국 자기 목소리를 듣는 순간에 일어난다. 그 순간을 방해하는 소리가 많으면 매장은 늘 붐비지만 전환은 약해진다.

소리는 매장의 성격을 결정하고, 성격은 곧 기억의 프레임이 된다. 사람은 매장을 떠난 뒤 무슨 음악이었는지는 잘 떠올리지 못한다. 대신 "거긴 시끄러워서 오래 못 있겠더라", "거긴 조용해서 괜히 더 만져 보게 되더라" 같은 방식으로 회상한다. 이 한 문장이 매장의 정체성을 압축한다. 이 문장이 강할수록 매장은 다시 떠올려지고 다시 선택된다. 오프라인 리테일에서 소리는 장식이 아니라 규칙이고, 규칙은 행동을 만들며, 행동은 기억으로 굳는다. 결국 소리는 공간의 성격을 결정하는 방식으로, 그 매장이 어떤 경험으로 남을지를 미리 확정한다.

신뢰를 만드는 촉각

오프라인 매장에서 소비자의 손은 마지막 감각이 아니라 첫 번째 판사다. 시각은 기대를 만들고, 청각은 태도를 만들고, 촉각은 판결을 내린다. 소비자가 어떤 상품을 "괜찮다"라고 인정하는 순간은 대개 손끝에서 발생한다.

온라인에서 신뢰는 리뷰와 배송으로 구축되지만, 오프라인에서 신뢰는 물성materiality으로 구축된다. 물성은 단지 고급 소재를 뜻하지 않는다. 손에 닿는 순간 예측 가능하고, 일관되고, 거짓말을 하지 않는 느낌이다. 매장의 신뢰는 직원의 말투보다 소비자의 손이 닿은 표면에서 결정된다. 그래서 촉각은 인테리어의 디테일이 아니라 브랜드의 약속을 증명하는 시스템이다.

촉각이 신뢰를 만드는 이유는 단순하다. 손은 시각보다 더 강하게 현실성을 판단한다. 보이는 것에는 속을 수 있지만, 만지는 것에는 속기 어렵다는 직감이 인간에게 있다. 이 직감이 오프라인의 무기다. 사람은 상품을 만지며 품질을 추정하고, 공간을 만지며 운영 수준을 추정한다. 손잡이가 헐겁고, 테이블 모서리가 거칠고, 피팅룸 커튼이 끈적이면 소비자는 브랜드의 품질 관리 전체를 의심한다. 반대로 손에 닿는 모든 표면이 같은 기준으로 정리되어 있으면, 상품을 아직 충분히 보지 않았어도 믿을만하다는 판단이 먼저 생긴다. 신뢰는 논리적 설득의 결과가 아니라 위험 평가의 단축키다. 촉각은 그 단축키를 가장 빠르게 누른다.

여기서 중요한 개념이 햅틱 지각^{haptic perception}이다. 제임스 깁슨^{James J. Gibson}이 강조한 직접 지각^{direct perception}의 관점에서 보면, 촉각은 대상의 성질을 추론하는 것이 아니라 즉시 읽는다. 미끄러움은 조심하라는 신호고, 거칠음은 저항의 신호며, 탄성은 내구의 신호다. 손은 표면의 마찰, 온도, 미세한 진동을 통해 '이 물건이 어떤 세계에 속하는가'를 빠르게 알아낸다. 매장이 의도하는 세계관과 손이 읽어 낸 세계관이 불일치하면 불신이 생긴다. 불신은 구매를 막기보다 먼저 체류를 줄인다. 손을 더 대지 않게 만들고,

덜 대면 덜 확신한다. 오프라인에서 소비자에게 확신을 얻지 못하면 남는 선택 기준은 가격뿐이다. 촉각 설계 실패는 결국 가격 경쟁으로 자진해서 이동하는 결과를 만든다.

촉각의 신뢰는 상품만으로 만들어지지 않는다. 공간의 접점 표면이 먼저 만든다. 문손잡이, 쇼핑 바스켓 손잡이, 진열대 가장자리, 테스트 제품 트레이, 계산대 상판, 피팅룸 고리, 포장 테이프, 쇼핑백 끈. 소비자는 이 표면들을 의식하지 않지만, 손은 매번 평가한다. 이 접점들이 서로 다른 질감과 온도를 무작위로 내면, 브랜드는 하나의 목소리를 내지 못한다. 반대로 접점 표면의 질감 규격이 통일되면, 소비자는 이유를 설명하지 못해도 정돈된 브랜드라고 느낀다. 정돈은 곧 신뢰다. 신뢰는 좋아 보임이 아니라 실수하지 않을 것 같다는 느낌에서 온다. 접점 표면의 촉감은 이 실수 가능성을 낮춘다.

촉각이 신뢰로 이어지는 메커니즘에는 체화된 인지embodied cognition가 깊게 관여한다. 미국의 저명한 신경 과학자 라마찬드란V. S. Ramachandran의 신경 심리학 연구에 따르면, 감각은 단순히 들어오는 정보가 아니라 즉각적인 판단과 연결된 신체 기반의 의미 체계를 활성화한다. 따뜻한 촉감은 사회적 따뜻함과 연동되고, 단단한 촉감은 확고함과 연동된다. 조시 애커만Joshua Ackerman, 크리

스토퍼 노세라Christopher Nocera, 존 바그John Bargh가 함께한 촉각과 판단에 관한 고전적 연구에서도 무게, 거칠기, 단단함 같은 촉각 단서가 판단을 바꾸는 효과로 관찰됐다. 중요한 것은 '그런 효과가 있다'가 아니라, 매장이 그 효과를 방치하느냐 설계하느냐다.

예를 들어 프리미엄을 말하는 매장이 지나치게 가벼운 플라스틱 트레이를 쓰면, 손이 먼저 '가볍다 = 가치 낮다'의 연상을 만든다. 친밀을 말하는 매장이 차갑고 매끈한 메탈 손잡이를 쓰면, 손이 먼저 '차갑다 = 거리감'을 만든다. 말과 손이 다르게 말하면 손이 이긴다.

촉각은 오염 회피disgust/contamination avoidance를 통해 신뢰를 무너뜨리기도 한다. 폴 로진Paul Rozin이 정리한 오염의 법칙law of contagion은 이성적 근거와 무관하게 강하게 작동한다. 끈적한 표면, 미세한 이물감, 알 수 없는 습기, 손때가 남은 코팅은 곧바로 위생 불안을 만든다. 위생 불안은 제품 품질과 직접 관련이 없어도 매장 전체의 신뢰를 붕괴시킨다. 특히 식음료, 코스메틱, 키즈, 헬스 카테고리는 오염 직관의 민감도가 높다. 이때 촉각은 느낌이 아니라 리스크 신호가 된다. 리스크 신호가 뜨면 소비자는 그 매장 전체를 회피한다. 아무리 조명이 좋고 음악이 좋아도, 손이 찝찝하면 기억은 부정적으로 봉인된다.

촉각 설계는 소재 선택보다 운영 설계에 가깝기 때문에 다음과 같은 사항들을 고려해야 한다.

첫째, 접점 표면을 지도화해야 한다. 소비자 손이 닿는 모든 표면을 목록으로 만들고, 접촉 빈도와 체류 시간을 기준으로 우선순위를 매긴다.

둘째, 질감의 언어를 정해야 한다. 이 브랜드는 '부드럽고 따뜻함'인가, '단단하고 명료함'인가, '자연스럽고 거침'인가. 이 언어는 카테고리와 가격대, 타깃의 심리적 욕구와 연결되어야 한다.

셋째, 질감의 규격을 만든다. 같은 나무 소재(우드)라도 오일 마감인지 우레탄인지에 따라 촉감과 위생 신호가 달라진다. 같은 금속이라도 브러시드(무광택 질감)인지 폴리시드(유광 질감)인지에 따라 미끄러움과 지문 스트레스가 달라진다.

넷째, 촉각은 손끝뿐 아니라 저항감까지 포함한다. 서랍이 열릴 때 드는 힘과 부드러움, 문이 닫힐 때 무게와 속도, 바스켓이 손에 파고드는 정도 같은 미세한 저항은 운영 수준의 인상을 만든다. 고급 브랜드가 소프트 클로징을 쓰는 이유는 소음 때문만이 아니라, 손이 느끼는 통제감을 설계하기 위해서다. 통제감은 신뢰의 물리적 형태다.

다섯째, 테스트 경험을 설계해야 한다. 많은 매장이 "만져 보세요”라는 문구를 붙이고 끝낸다. 촉각은 허용만으로 발생하지 않는다. 무엇을 어떻게 만지게 할지 동작이 제안되어야 한다. 섬유 매장은 원단 스와치의 크기와 배치를 통해 손의 움직임을 통제해야 한다. 코스메틱은 펌프 압력, 뚜껑의 열림 저항, 용기의 무게로 제품의 성격을 손에 먼저 말하게 해야 한다. 전자 제품은 버튼 클릭감과 다이얼 토크가 품질 인식에 직접 영향을 준다. 이 요소들은 광고로 대체되지 않는다. 촉각의 설득은 경험의 순간에만 작동한다. 그 순간이 설계되지 않으면 오프라인의 장점이 사라진다.

여섯째, 위생과 촉감을 한쌍의 개념으로 인식해야 한다. 알코올로 닦아도 끈적임이 남는 코팅은 위생이 아니라 불쾌를 만든다. 이 경우에는 매장이 위생을 강조할수록 촉각 단서의 작은 불일치가 더 크게 느껴진다. 따라서 소재는 ‘청소 후 촉감’까지 고려해 선택해야 한다. 청소 빈도, 세정제 종류, 마모 후 표면 변화까지 포함해서 표준을 잡아야 한다. 이것은 매장의 표면을 만드는 운영의 핵심이다. 표면이 무너지면 신뢰가 무너진다.

촉각은 기억의 구조에서도 중요한 위치를 차지한다. 사람은 어떤 매장을 떠올릴 때 색과 형태만 떠올리는 것이 아니라, 특정 순간의 감각 조합을 떠올린다. 특히 손이 참여한 순간은 사건성이 높아져 기억에 남는다. 포장을 뜯을 때의 저항, 샘플을 눌렀을 때의 탄성, 쇼핑백 끈의 촉감, 계산대 상판의 차가움 같은 감각은 "그 매장은 이랬다"라는 결론 문장을 만든다. 이 결론 문장은 브랜드가 통제하기 어려운 것처럼 보이지만, 실제로는 접점 설계로 통제된다. 조명이 감정의 온도를 고정하고, 소리가 공간의 성격을 고정하듯, 촉각은 신뢰의 기준선을 고정한다.

결국 손에 닿는 감촉은 단순한 감각이 아니라 약속의 증거다. 오프라인 리테일에서 신뢰는 말로 설명되는 것이 아니라 손으로 확인된다. 그 확인이 매번 일관되면 매장은 실수하지 않는 곳으로 기억되고, 그 기억이 재방문을 만든다. 리테일은 공간의 예술이 아니라 기억의 공학이다. 촉각은 그 공학에서 가장 현실적인 재료다. 손끝이 납득한 브랜드는 이성적으로 설득되지 않아도 기억에 남는다. 신뢰는 그렇게 만들어진다.

체류 시간을 바꾸는 온도와 밀도

오프라인 매장에서 소비자의 체류 시간은 리테일 마케터의 의지로 늘어나지 않는다. 체류는 설득의 결과가 아니라 생리적 허용치의 결과다. 조명이 감정을 조절하고, 소리가 공간의 규칙을 만들고, 촉감이 신뢰를 고정한다면, 온도와 밀도는 그 모든 설계가 작동할 수 있는 시간을 확보한다. 소비자는 불편하면 떠난다.

불편은 대부분 말로 표현되지 않는다. "뭔가 답답하네", "좀 덥다", "공기가 무겁다" 같은 애매한 언어로만 남는다. 그 애매함 때문에 매장은 문제를 발견하지 못한다. 하지만 불편하다는 기억은 브랜드의 인상으로 굳는다. 체류 시간이 짧아지는 매장은 경험의 깊이가 얕아지고, 깊이가 얕아지면 기억이 얇아진다. 얇은 기억은 가격과 위치에 쉽게 대체된다.

온도는 단순히 더위와 추위를 조절하는 물리값이 아니다. 온도는 각성 수준과 사회적 행동을 동시에 건드린다. 사람의 몸은 열적 쾌적thermal comfort을 유지하기 위해 지속적으로 에너지를 쓴다. 이 에너지 소모가 커지면 인지 여유가 줄고, 인지 여유가 줄면 탐색과 비교가 줄어든다. 탐색이 줄면 매장 경험은 구매가 아니라 처리가 된다. 매장이 소비자를 오래 붙잡기 어려운 이유가 여기에 있다.

평균 온도를 맞췄다고 끝이 아니다. 체류는 공간을 구성하는 분산적인 요소에서 무너진다. 입구의 외기 유입, 쇼윈도 빛의 세기, 조명 발열, 냉장 쇼케이스 주변의 냉기, 피팅룸의 환기 부족 같은 국소 환경이 동시에 존재하면 매장은 하나의 공간이 아니라 여러 개의 미세한 기후로 쪼개진다. 사람은 그 미세 기후를 몸으로 감지하고, 불쾌한 구역을 피하면서 동선을 단축한다. 동선이 단축되면 노출이 줄고, 노출이 줄면 매출이 줄기 전에 기억이 먼저 줄어든다.

열적 쾌적의 설계에서 자주 무시되는 변수가 기대 온도다. 리처드 탈러Richard Thaler가 말한 준거점reference point 사고처럼, 사람은 절대값보다 기대와의 차이에 민감하다. 소비자는 한겨울에 들어간 매장이 약간 덜 따뜻해도 춥다고 인식하고, 한여름에 들어간 매장이 약간 덜 시원해도 덥다고 인식한다.

기대 온도는 계절뿐 아니라 브랜드 포지셔닝에도 영향을 받는다. 미니멀한 하이엔드 공간은 차갑고 정돈된 온도를 기대하게 만들고, 라이프스타일·홈 카테고리는 포근한 온도를 기대하게 만든다. 이 기대를 어기면 불편은 곧 불신이 된다. 소비자의 머릿속에는 '관리가 안 되는 공간'이라는 판단이 빠르게 붙는다. 온도는 브랜드의 성격과 어긋나지 않아야 한다. 온도는 기능이면서 동시에 메시지다.

온도는 또 하나의 층위, 피부 접점에서 결정된다. 같은 실내 온도라도 바닥이 차갑고, 손잡이가 차갑고, 공기가 건조하면 사람은 추위를 더 강하게 느낀다. 반대로 바닥이 따뜻하고 공기가 약간 습하면 같은 온도에서도 더 쾌적하게 느낀다. 이는 인체가 열을 주고받는 방식이 공기 온도만으로 결정되지 않기 때문이다.

파거P. O. Fanger의 열쾌적 모델PMV/PPD은 온도뿐 아니라 습도, 기류, 복사열, 의복, 활동량 같은 변수를 통합해 쾌적을 예측한다. 매장에서는 이 변수가 더 복잡해진다. 소비자는 외투를 입은 채로 들어오기도 하고, 쇼핑백을 들고 이동하기도 하며, 피팅룸에서는 활동량이 급증한다. 따라서 '몇 도로 매장 온도를 맞추겠다'는 설정은 절반짜리다. 중요한 것은 구역별 활동량과 의복 상태를 기준으로 체감 온도를 설계하는 일이다. 피팅룸 앞은 더 시원해야 하고, 대기 공간은 더 따뜻해야 하며, 계산대는 장시간 서 있는 직원 기준으로 과열되지 않아야 한다. 온도는 소비자만의 문제가 아니다. 직원이 덥거나 추우면 표정과 말투가 바뀌고, 이 변화는 서비스 품질로 전이된다. 서비스 품질은 결국 기억의 품질이다.

밀도는 공간당 사람의 압력이다. 똑같이 서른 명이 있어도 공간이 넓고 시야가 열려 있으면 느슨하게 느껴지고, 공간이 좁고 시야가 막혀 있으면 공격적으로 느껴진다. 환경 심리학에서 혼잡^{crowding}은 물리적 밀도와 다르다. 혼잡은 지각된 통제감의 상실이다. 로버트 소머^{Robert Sommer}의 개인 공간^{personal space}과 영역성^{territoriality} 논의가 보여 주듯, 사람은 자신의 움직임과 선택이 타인에 의해 제약받는 순간 불쾌를 느낀다. 이 불쾌는 구매로 표출되지 않는다. 빨리 나가거나, 적게 고르거나, 온라인으로 미루는 방식으로 표출된다. 때문에 매장이 사람이 많아 보여서 인기 있어 보이는 상태를 기대하며 밀도를 방치하면, 체류는 늘지 않고 회전만 늘어나는 역설이 생긴다. 특히 큐레이션형 매장, 프리미엄 카테고리, 체험 중심 매장은 밀도가 곧 품질 인식이다. 밀도가 높으면 품질은 낮게 읽힌다. 고급의 핵심은 희소성인데, 혼잡은 희소성을 파괴한다.

온도와 밀도는 서로를 증폭한다. 밀도가 높아지면 체감 온도가 올라가고, 체감 온도가 올라가면 불쾌가 커지고, 불쾌가 커지면 소비자는 동선을 줄이며 빠르게 탈출한다. 이때 매장은 체류 시간을 늘리기 위해 더 큰 소리로 음악을 틀거나 더 강한 향을 쓰는 실수를 한다. 이때의 결과는 구매로 이어지지 못한다. 소리와 향이 불쾌를 덮지 못하고 자극만 추가했기 때문이다. 체류 시간은 감각 연출로 늘어나는 것이 아니라 불편의 하한선을 제거할 때 늘어난다. 온도와 밀도는 그 하한선의 핵심이다. 이 두 요소는 '잘하면 티가 안 나고 못하면 전부 망친다'는 성격을 가진다. 따라서 전략의 우선순위는 연출보다 쾌적 유지다.

리테일에서 온도와 밀도를 체류 설계로 바꾸는 방법은 다음과 같이 구체적이어야 한다. 첫째, 체류를 늘리고 싶은 핵심 구역을 지정하고, 그 구역의 열·공기·혼잡을 별도로 관리한다. 전 구역 평균이 아니라 핵심 구역 최적화가 우선이다. 둘째, 미세 기후를 측정한다. 온도 센서를 천장에 하나 달아 두고 '관리하고 있다'고 착각하는 매장이 많다. 소비자는 천장에서 걷지 않는다. 센서는 사람의 호흡 높이, 체험 테이블 높이, 피팅룸 내부, 쇼윈도 인접 구역처럼 실제 체감 지점에 있어야 한다. 셋째, 기류를 설계한다. 강한 냉풍이 직접 닿으면 시원한 것이 아니라 공격적으로 느껴진다. 기류는 온도보다 불쾌를 더 빠르게 만든다. 넷째, 습도를 관리한다. 건조한 공기는 따뜻함을 빼앗고, 과습한 공기는 답답함을 만든다. 특히 향을 사용하는 매장은 습도에 따라 소비자가 느끼는 향의 강도가 달라지기 때문에 습도는 향 설계의 기반값이 된다.

밀도 관리도 운영 규칙이 되어야 한다. 규칙은 이렇다. 첫째, 병목 지점을 없앤다. 입구, 인기 상품 존, 계산대, 피팅룸 앞은 자연스럽게 밀도가 쌓인다. 병목은 동선 설계의 문제이면서 집기 배치의 문제다. "여기가 핫 존이라 사람이 몰려요"라는 안내는 핑계다. 핫 존이 병목이 되지 않게 공간을 풀어 주는 것이 설계다. 둘째, 대기 경험을 설계한다. 줄이 생기는 것을 피할 수 없을 때가 많다. 문제는 줄이 시간의 손실로 느껴지는지 여부다. 대기 중 시야에 들어오는 콘텐츠, 손이 닿는 체험 요소, 직원의 짧은 상호 작용이 있으면 대기는 체류로 전환된다. 셋째, 시야를 연다. 같은 면적이라도 시야가 트이면 혼잡이 완화된다. 낮은 집기, 투명 소재, 거울의 활용은 단순한 연출이 아니라 밀도 지각을 조절하는 도구다. 넷째, 직원의 위치를 밀도 조절 장치로 쓴다. 직원이 특정 구역에 계속 서 있으면 그 구역은 심리적으로 좁아진다. 반대로 직원이 흐르듯 이동하면 공간은 열려 있는 것처럼 느껴진다. 서비스는 말로만 하는 것이 아니라, 밀도감을 조절하는 동선으로도 구현된다.

온도와 밀도는 결국 머무를 권리를 제공한다. 사람은 편안할 때만 탐색하고, 탐색할 때만 우연히 발견하며, 발견할 때만 기억한다. 매장이 소비자에게 주는 가장 큰 선물은 특별한 이벤트가 아니라 '여기서 조금 더 있어도 괜찮다'라는 신체적 허락이다. 그 허락을 만드는 핵심 요소가 온도와 밀도다. 조명, 소리, 촉감이 아무리 정교해도, 공기가 무겁고 사람이 답답하면 그 정교함은 소비되지 못한다.

체류 시간이 늘어나는 매장은 결국 기억이 쌓이는 매장이다. 온도와 밀도는 그 기억이 쌓일 시간을 벌어 주는 가장 현실적인 설계 변수다.

감각이 겹칠수록 강해지는 기억

많은 매장이 감각을 추가 장식처럼 쌓는다. 향을 넣고, 음악을 틀고, 조명을 바꾸고, 소재를 고급으로 바꾼다. 오프라인 매장의 경쟁력은 감각의 정합성에 있다. 조명, 소리, 촉감, 온도, 밀도는 따로 존재하지 않는다. 소비자에게는 늘 한번에 들어온다. 감각 요소를 더할수록 경험과 기억이 풍부해질 것 같지만, 실제로는 반대인 결과가 자주 일어난다. 감각이 늘어날수록 인지는 과부하되고, 과부하는 회피를 만든다. 감각의 겹침이 기억을 강화하는 것은 단순한 합이 아니라 같은 방향으로 정렬될 때다. 감각이 하나의 메시지를 반복해서 말하면 기억은 단단해지고, 서로 다른 메시지를 동시에 말하면 기억은 흐려진다. 그렇기 때문에 리테일에서 중요한 것은 감각의 수가 아니라 감각의 합의된 성격이다.

기억이 강해지는 핵심 조건은 단서의 중복redundancy이다. 뇌는 단서를 하나만 받으면 우연으로 처리할 여지가 크지만, 서로 다른 감각 채널에서 같은 의미가 반복되면 그 의미를 환경 규칙으로 인지한다. 찰스 스펜스Charles Spence가 연구한 크로스모달crossmodal 상호 작용이 보여 주듯, 사람은 맛을 볼 때도 소리와 색의 영향을 받고, 촉감을 느낄 때도 시각적 기대의 영향을 받는다.

매장에서도 마찬가지다. 따뜻한 조명, 부드러운 음악, 부드러운 촉감, 약간 높은 습도, 낮은 혼잡도가 한 방향으로 정렬되면 소비자는 '여기는 느리게 머무는 곳'이라는 규칙을 학습한다. 그 규칙이 학습되면 이후 행동은 설명 없이 자동화된다. 반대로 조명은 따뜻한데 음악은 날카롭고, 촉감은 차가운데 공기는 건조하고, 사람이 붐비면 그 규칙은 깨진다. 규칙이 깨진 환경에서는 뇌가 다시 경계 모드로 돌아가고, 경계 모드에서는 기억이 서사로 저장되지 않는다. 감각이 많아도 기억이 남지 않는 이유가 여기에 있다.

감각을 겹쳐 놓았을 때 소비자의 기억이 강해지는 또 다른 이유는 예측 오차prediction error의 관리 때문이다. 앤디 클락Andy Clark이 설명한 예측 처리predictive processing의 관점에서, 뇌는 감각 입력을 그대로 받아들이지 않고 끊임없이 예측하고 갱신한다. 매장이 제공하는 감각이 일관되면 예측이 잘 맞고 인지 비용이 줄어든다. 인지 비용이 줄면 소비자는 상품과 경험에 더 많은 자원을 배분한다. 반대로 감각이 서로 충돌하면 예측 오차가 커지고, 뇌는 '왜 이렇게 느껴지지?'를 처리하느라 에너지를 쓴다. 이때 경험은 풍부해지는 것이 아니라 소모된다. 브랜드가 의도한 메시지는 뇌의 오류 수정 과정에서 지워지고, 남는 것은 피로감이다. 피로감은 기억의 질을 떨어뜨린다. 사람은 피곤했던 공간을 다시 찾지 않는다. 그 공간이 예뻤는지는 중요하지 않다.

감각 겹침의 효과는 특히 결정 순간에서 폭발한다. 구매는 논리의 합이 아니라 확신의 점화다. 확신은 하나의 강한 단서로 생기기보다 여러 단서가 같은 방향을 가리킬 때 생긴다. 예를 들어 프리미엄 스킨케어 매장이라면, 조명은 피부 톤을 왜곡하지 않는 명료함을 주고, 음악은 낮은 자극으로 호흡을 느리게 만들고, 테스트 공간의 촉감은 매끈하지만 미끄럽지 않게 통제감을 주고, 공기는 약간 촉촉하게 유지해 긴장을 낮추고, 혼잡은 관리되어 사적인 체험이 가능해야 한다. 이 다섯 가지가 동시에 정렬되면 소비자는 '여기는 제대로 관리한다'라는 결론을 낸다. 이 결론은 신뢰로 전환되고, 신뢰가 가격 저항을 낮춘다.

반대로 그중 하나라도 어긋나면 확신은 흔들린다. 흔들린 확신은 미룸으로 바뀐다. 오프라인에서 가장 큰 경쟁 상대는 옆 매장이 아니라 "나중에"다. 감각의 정렬은 그 나중에를 지금으로 당기는 장치다.

감각을 무조건 겹친다고 해서 좋은 매장이 만들어지지는 않는다. 겹침에는 임계점이 있다. 감각이 같은 메시지를 반복하되, 서로의 존재를 과시하지 않아야 한다. 이는 지배적 감각 채널의 설정 문제다. 카테고리마다 지배 채널이 다르다. 패션은 시각과 촉각이 지배하고, 식음은 후각과 미각이 지배하며, 가전은 시각과 촉각 그리고 소리(클릭감)가 지배한다. 지배 채널이 정해지면 나머지 감각은 보조 역할로 조정되어야 한다. 보조 감각이 전면으로 튀어나오면 과부하가 생긴다. 과부하가 생기면 소비자는 감각을 즐기지 않고 차단한다. 차단은 기억 얕아짐이라는 결과에 다다른다. 따라서 감각 설계는 한 가지를 세우고 나머지를 맞추는 일이다. 브랜드 경험의 선명함은 조화에서 나온다는 사실을 기억하자.

리테일에서 감각의 정렬을 만드는 방법은 감각을 목록화해서 요소를 많이 많드는 게 아니다. '의미 문장'을 만들어야 한다. 이 의미 문장은 이런 식으로 만들어진다. 첫째, 매장의 정서 목표를 한 문장으로 고정한다. 예를 들자면 "차분하지만 단단한 전문성", "가

볍지만 세련된 즐거움", "따뜻하지만 정돈된 환대" 같은 문장이다. 이 문장은 취향 표현이 아니라 행동 목표를 내포해야 한다. 차분함은 체류를, 단단함은 신뢰를, 즐거움은 탐색을, 세련됨은 가격 수용을 의미한다. 둘째, 각 감각을 그 문장에 매핑한다. 조명은 밝기와 대비로, 소리는 템포와 잔향으로, 촉감은 마찰과 온도로, 공기는 온도·습도·기류로, 밀도는 시야와 병목으로 번역된다. 셋째, 충돌 테스트를 한다. 조명이 따뜻한데 금속 표면이 차갑게 느껴지는지, 음악이 빠른데 동선이 좁아 서두르게 되는지, 향이 강한데 공기가 건조해 목이 따가워지는지 같은 충돌을 찾아야 한다. 감각 충돌은 대개 '좋은 것들의 조합'에서 생긴다. 좋은 조명과 좋은 음악이 만났는데 나쁘게 느껴지는 이유는 둘이 말하는 성격이 다르기 때문이다. 넷째, 기억 지점을 선정해 감각 겹침을 집중한다. 매장 전체를 같은 강도로 설계하면 평균화된다. 평균화된 경험은 사람들의 기억에 남지 않는다. 입구 전환, 핵심 체험, 결제 마무리 같은 몇 개의 장면에서 감각을 의도적으로 겹쳐서 '사건'을 만들어야 한다. 기억은 사건의 형태로 저장된다.

감각 겹침은 또한 브랜드의 일관성을 보호한다. 오프라인 매장은 점포별로 시공 품질, 운영 숙련, 주변 소음, 유동 인구가 달라 변수가 많다. 이때 하나의 감각만으로 정체성을 지키기 어렵다. 조명만으로는 낮 시간 자연광에 흔들리고, 음악만으로는 주변 소음에 묻히고, 촉감만으로는 상품 구성에 따라 인상이 바뀐다. 여러 감각이 같은 방향으로 정렬되어 있으면 하나가 흔들려도 나머지가 보정한다. 이것이 겹침의 진짜 가치다. 겹침의 핵심은 견고함이다. 견고한 경험은 재현 가능하고, 재현 가능한 경험은 브랜드가 된다.

마지막으로 감각 겹침은 기억의 회상 단서를 늘린다. 사람은 특정 냄새, 특정 조도, 특정 음악의 리듬, 특정 촉감 중 하나만 떠올라도 그때의 경험 전체를 기억할 수 있다. 여러 감각이 같은 의미로 연결되어 있으면 회상의 트리거가 많아진다. 트리거가 많아질수록 그 매장은 더 자주 떠오른다. 더 자주 떠오르면 선택될 확률이 올라간다. 오프라인 리테일에서 인지도는 광고로만 만들어지지 않는다. 떠오름의 빈도로 만들어진다. 감각의 정렬과 겹침은 그 떠오름을 만드는 가장 물리적인 장치다.

감각이 겹칠수록 기억이 강해진다는 말은 같은 의미를 다른 채널로 반복해 뇌의 해석을 고정하라는 뜻이다. 조명, 소리, 촉감, 온도, 밀도가 한 문장을 말할 때 매장은 비로소 한 성격을 갖는다. 성격을 가진 매장은 설명 없이 기억된다. 그 기억이 다시 발걸음을 만든다. 리테일은 감각을 정렬해 기억을 굳히는 일이다.

오프라인 매장을 "경험"이라고 부르는 순간 많은 것이 흐려진다. 경험은 감상으로 끝나기 쉽고, 감상은 운영으로 이어지기 어렵다. 매장은 경험이 아니라 장치다. 입력을 받아 처리하고, 특정한 출력이 반복되도록 설계된 시스템이다. 그 출력이 곧 기억이다.

방문이 끝났는데도 특정 장면이 계속 떠오르고, 브랜드 이름이 특정 감정과 함께 붙어 나오며, 다시 그 장소로 가고 싶어지는 상태. 이 상태를 만드는 것이 매장의 목적이라면, 매장은 단순한 판매 공간이 아니라 기억을 저장하고 호출하는 장치로 정의되어야 한다. 조명은 감정의 전압을 조절했고, 소리는 공간의 규칙을 만들었고, 촉감은 신뢰의 기초를 고정했고, 온도와 밀도는 체류 시간을 확보했고, 감각의 정렬은 회상 단서를 늘렸다. 이 모든 요소가 결국 같은 결론을 가리킨다. 매장은 하나의 기억 장치다.

기억 장치라는 정의는 비유가 아니다. 기억의 메커니즘을 실제로 닮았다. 인간의 기억은 정보 저장이 아니라 인출을 위한 구조다. 사람은 매장 전체를 통째로 저장하지 않는다. 단서에 의해 장면이 재구성되고, 재구성 과정에서 감정이 덧칠된다. 엔델 털빙^{Endel Tulving}이 구분한 일화 기억^{episodic memory}과 의미 기억^{semantic memory}을 기준으로 보면, 오프라인 매장은 두 기억을 동시에 다룬다. 일화 기억은 그날 그 매장에서 내가 뭘 했는지에 대한 사건의 기억이고, 의미 기억은 그 브랜드는 어떤 브랜드인지와 같은 개념의 기억이다.

수많은 브랜드가 의미 기억만을 목표로 한다. 로고, 슬로건, 브랜드 스토리를 말한다. 하지만 오프라인에서 상한 의미 기억은 강한 일화 기억 위에서만 굳어진다. 사건이 없으면 개념은 떠오르지 않는다. 매장의 역할은 사건을 만들고, 그 사건이 반복될수록 브랜드 개념이 자동으로 호출되는 것이다. 기억 장치로서 매장은 사건을 생산하는 공장에 가깝다.

기억이 장치처럼 작동하는 이유는 연합 때문이다. 도널드 헵^{Donald O. Hebb}이 말한, '함께 활성화되는 것은 함께 연결된다'는 신경 가소성의 원리는 단순하지만 강력하다. 매장에서 특정 감정이 특정 로고와 함께 반복되면, 그 로고는 감정의 스위치가 된다. 특정 촉감이 특정 가격대와 함께 반복되면 그 촉감은 품질의 증거가 된다. 특정 소리 장면이 특정 동선과 함께 반복되면, 그 소리는 공간의 규칙이 된다. 결국 브랜드는 머리로 이해되는 것이 아니라 리테일이 설계한 기억 요소들의 연합으로 굳어진다. 이 연합은 반복과 일관성이 있어야 생긴다. 그래서 매장은 새로운 것을 보여 주기보다 같은 경험을 같은 방식으로 반복해서 보여 주는 능력이 더 중요해진다.

기억 장치는 쓰일수록 정교해진다. 반대로 매장이 자주 바뀌고, 점포마다 다르고, 방문마다 다르면 연합이 끊긴다. 끊어진 연합은 기억을 만들지 못한다.

기억 장치 관점에서 가장 중요한 개념은 인코딩encoding 조건을 설계하는 일이다. 기억은 저장 이전에 이미 절반이 결정된다. 무엇이 주목받았는가, 어떤 감정 상태였는가, 얼마나 오래 머물렀는가, 어떤 행동을 했는가. 이 네 가지가 인코딩의 질을 결정한다. 조명은 주목의 방향을 만들고, 소리는 행동의 리듬을 만들며, 촉감은 판단을 확정하고, 온도와 밀도는 머무름의 길이를 결정한다. 이 요소들은 따로 존재하지 않는다. 인코딩의 네 조건을 동시에 밀어 준다. 매장이 기억 장치라면, 인코딩 조건은 장치의 전원과 회로다. 회로가 어긋나면 좋은 콘텐츠도 저장되지 않는다. 반대로 회로가 맞으면 평범한 콘텐츠도 저장된다. 많은 매장이 콘텐츠에 집착한다. 신상품, 콜라보, 이벤트, 전시, 팝업. 하지만 인코딩 조건이 낮은 매장에서는 그 콘텐츠가 저장되지 않고 소모된다. 기억 장치 관점은 콘텐츠의 우선순위를 뒤집는다. 먼저 회로를 맞추고 콘텐츠를 얹는다.

장치의 핵심 기능은 저장이 아니라 호출이다. 오프라인 리테일의 성과는 방문자 수보다 재방문으로 드러난다. 재방문은 기억이 호출되었음을 뜻한다. 호출은 단서를 설계하는 일이다. 기억은 단서에 의해 열리기 때문이다. 마르셀 프루스트가 묘사한 마들렌 같은 후각 단서만을 떠올릴 필요가 없다. 조도의 질감, 특정 소재의 촉감, 특정 사운드의 리듬, 입구의 공기 온도 변화, 바닥의 발걸음 소리 같은 미세 단서가 모두 호출 스위치가 된다. 오프라인 매장은 이 스위치를 의도적으로 심어야 한다. 단서는 많을수록 좋지만, 서로 다른 의미를 가지면 안 된다.

앞서 말한 감각의 정렬은 단서를 단일 의미로 묶어 준다. 단일 의미로 묶인 단서는 분산된 접점에서도 같은 기억을 호출한다. 소비자가 쇼핑백 끈을 만질 때, 패키지를 열 때, 온라인에서 제품 사진을 볼 때도 매장에서의 감정이 따라붙는다. 매장 밖에서 호출되는 기억이 진짜 브랜드 자산이다. 매장은 그 자산을 생성하는 장치다.

장치라는 관점은 '고장'도 정의할 수 있게 만든다. 기억 장치의 고장은 보통 매출 하락으로만 드러나지 않는다. 더 빠르고 더 위험한 형태로 드러난다. 소비자들이 브랜드와 제품을 떠올리지 않는 상황으로 이어진다는 뜻이다. 소비자가 브랜드를 선택해야 할 순간에 생각하지 못하는 상태가 되면 비교 대상에서 탈락한다. 이 고장은 흔히 감각의 불일치에서 시작된다. 한 점포는 조명이 따뜻하고, 다른 점포는 차갑다. 한 점포는 음악이 절제되어 있고, 다른 점포는 과하다. 한 점포는 촉감이 정돈돼 있고, 다른 점포는 끈적거린다. 이 차이는 단지 운영 편차가 아니라 기억 장치의 포맷이 매번 바뀌는 것과 같다. 같은 파일을 매번 다른 형식으로 저장하면, 나중에 열리지 않는다. 브랜드의 기억도 마찬가지다. 점포 간 일관성은 미학이 아니라 인출 호환성이다. 기억 장치로서 매장은 호환성을 유지해야 한다.

그렇다고 모든 것을 표준화해서도 안 된다. 기억 장치는 표준과 사건의 균형으로 작동한다. 표준은 호출을 보장하고, 사건은 저장을 강화한다. 사건이 없으면 기억은 약해지고, 표준이 없으면 기억은 흩어진다. 여기서 사건은 거대한 이벤트가 아니다. 매장 안에서 소비자가 행동으로 참여한 순간이다. 손으로 눌러 본 테스트, 직원과 나눈 짧은 진단, 피팅룸에서의 확신, 결제 순간의 정돈된 마무리, 쇼핑백을 받는 손의 감각. 이런 사건이 반복될수록 기억은 강해진다. 이 사건들을 어디에 배치하고 어떤 감각으로 묶을지 설계하는 것이 장치 설계다. 장치는 스토리를 말하지 않는다. 장치는 스토리가 생기게 만든다.

이 책을 통해 전하고자 하는, "매장은 기억 장치다"라는 개념을 리테일의 실행 문장으로 바꾸려면, 첫째로 운영 프레임이 바뀌어야 한다. 첫째, KPI를 방문 중심에서 인출 중심으로 재구성한다. 재방문, 추천, 검색량 같은 지표가 단서지만, 매장 안에서는 더 직접적인 신호를 잡을 수 있다. 사진 촬영 빈도, 체험 존 체류 시간, 직원과의 대화 시작률, 테스트 제품 사용률, 특정 구역 재방문률 같은 행동 지표가 인코딩 강도를 보여 준다. 둘째, 장치의 핵심 회로를 정의한다. 감정(조명), 규칙(소리), 증거(촉감), 허용치(온도·밀도), 정렬(감각 겹침) 중 브랜드가 반드시 지켜야 할 최소 규격을 정하고, 점포별로 흔들리지 않게 만든다. 셋째, 장치의 스위치를 심는다. 특정 색온도, 특정 재질, 특정 사운드 모티프, 특정 냄새, 특정 패키징 촉감 같은 브랜드 고유 단서를 몇 개로 압축해 반복한다. 넷째, 사건을 설계한다. 소비자가 참여하지 않으면 기억은 얕다. 참여는 어렵게 만들수록 좋지 않다. 쉽게 시작되고, 손에 잡히고, 짧게 완료되며, 결과가 명확한 참여가 강하다. 그 참여가 브랜드 의미와 연결될 때 기억은 의미 기억으로 굳어진다.

마지막으로, 기억 장치로서의 매장은 시간이 지날수록 가치가 커지는 자산이어야 한다. 콘텐츠 중심 매장은 이벤트가 끝나면 기억도 끝난다. 장치 중심 매장은 방문이 반복될수록 기억의 회로가 강화된다. 같은 장소를 여러 번 경험하면 사람은 점점 더 빠르게 그 장소의 규칙을 학습하고, 더 쉽게 그 장소를 떠올린다. 이것이 오프라인 매장의 강점이자 큰 장점이다. 광고는 노출을 사지만, 매장은 장기적인 관점에서 연합을 만든다. 연합은 자산이고, 자산은 시간이 필요하다. 그래서 매장은 단기 매출의 도구로만 쓰일 때 가장 손해가 커진다. 장치로 설계된 매장은 시간이 지나면서 브랜드의 기억 저장소가 되고, 그 저장소가 소비자의 선택을 만든다.

매장은 소비자에게도 브랜드에게도 하나의 기억 장치다. 감각은 그 장치의 회로이고, 운영은 그 장치의 전원이며, 소비자의 행동은 그 장치에 저장되는 데이터다. 이 관점이 정립되는 순간, 공간은 예쁜가 아닌가의 논쟁에서 벗어난다. 무엇이 저장되고 무엇이 호출되는가로 이동한다. 리테일은 공간의 예술이 아니라 기억의 공학이다. 매장은 그 공학이 구현되는 가장 물리적인 장치다.

4장

기억이
구매로 연결되는
방식

사람들은 매장에서 자신이 스스로 선택했다고 믿는다. 무엇을 살지, 얼마를 쓸지, 이 브랜드가 나에게 맞는지 판단했다고 말한다. 그러나 오프라인 리테일에서 실제로 일어나는 일은 다르다. 선택은 매장 안에서 만들어지지 않는다. 소비자가 매장에 들어왔을 때 선택은 이미 만들어진 상태다. 매장은 그 선택을 확인하거나 거부하는 장소에 가깝다.

이 장은 그 불편한 사실에서 출발한다. 구매는 매장에서 일어나지만, 구매를 가능하게 만든 결정은 그 이전의 기억에서 작동한다. 소비자는 매장에 들어오는 순간 과거에 저장해 둔 경험, 감정, 분위기, 실패와 만족의 흔적을 불러온다. 그리고 그 기억 위에 현재의 자극을 겹쳐 본다. 이 겹침이 자연스럽게 이어지면 구매는 빠르게 진행되고, 어긋나면 아무 일도 일어나지 않은 채 발길이 돌아선다.

리테일 현장에서 흔히 보이는 오해는 '설명을 잘하면 팔린다'는 믿음이다. 더 많은 정보, 더 친절한 비교, 더 정교한 설득이 필요하다고 생각한다. 하지만 설명은 이미 결론이 기울어진 뒤에만 의미를 갖는다. 기억이 먼저 긍정의 방향으로 작동하지 않으면, 설명은 방어의 재료로 소비된다. 소비자는 필요해서 듣는 것이 아니라, 사지 않기 위해 듣는다. 이 장이 다루는 핵심은 바로 이 지점이다. 기억은 어떤 방식으로 구매를 앞당기거나 지연시키는가.

4장은 기억이 어떻게 구매보다 먼저 움직이는지를 해부한다. 기억이 판단을 단축하는 메커니즘, 감정이 논리보다 앞서는 이유, 그리고 그 흐름을 리테일 공간에서 어떻게 설계해야 하는지를 단계적으로 다룬다. 목표는 명확하다. 매장을 설득의 공간이 아니라 '선택이 이미 정리되는 공간'으로 재정의하는 것. 기억이 먼저 작동하는 구조를 이해하는 순간, 매장은 더 이상 운에 기대지 않는다. 경험은 우연이 아니라 설계가 되고, 구매는 설득이 아니라 귀결이 된다.

이 장을 통해 드러나는 하나의 결론은 단순하지만 무겁다. 사람들은 매장에서 새롭게 결정하지 않는다. 다만, 이미 결정해 둔 기억을 다시 한 번 확인할 뿐이다. 그리고 그 확인을 가장 잘 도와주는 매장만이 반복해서 선택된다.

리테일의 경쟁은 이 확인의 순간을 누가 더 정확하게 설계하느냐의 싸움이다. 기억을 다루는 자가, 결국 구매를 다룬다.

구매보다 먼저 작동하는 기억

왜 어떤 사람은 같은 동네에서 늘 같은 카페로 들어가고, 왜 어떤 브랜드는 신제품을 내놓기만 해도 비교의 출발선이 유리해질까. 이 차이는 정보량이나 설득 문구에 있지 않다. 구매는 눈앞에서 일어나지만, 그 전제는 이미 과거의 기억 속에서 준비된다. 기억은 구매보다 먼저 작동한다.

사람은 매장에서 처음 판단한다고 느끼지만, 실제로는 재인식과 회상 위에서 판단한다. 소비자가 매장에 들어온 순간, 손에 든 장바구니보다 먼저 채워진 것은 머릿속의 장바구니다. 익숙한 로고, 반복된 색감, 특정한 동선, 이전에 들었던 직원의 말투, 손에 남아 있던 촉감 같은 파편들이 먼저 떠오른다. 그리고 그 파편들이 '이곳은 안전하다', '여기는 비쌀 것 같다' 같은 빠른 결론을 만든다. 이 결론은 언어가 되기 전에 감정 상태로 먼저 형성된다. 구매는 논리적 판단처럼 보이지만, 뇌의 입장에서는 기억이 만든 감정의 연장선이다. 매장 안에서의 비교는 결정을 만드는 단계라기보다, 이미 정해진 방향을 정당화하는 절차에 가깝다.

이 선행 작동을 설명하는 대표적 이론이 신경 과학자 안토니오 다마지오가 제시한 소마틱 마커 가설somatic marker hypothesis이다. 다마지오는 인간의 의사 결정이 계산의 결과가 아니라, 과거 경험에서 축적된 감정적 표식에 의해 빠르게 필터링된다고 설명했다. 어떤 선택지는 몸에 남은 편안함의 신호로 인해 우선순위가 올라가고, 어떤 선택지는 불쾌함의 신호로 인해 탐색 대상에서 밀려난다. 중요한 점은 이 표식이 의식적 사고보다 먼저 작동한다는 것이다. 소비자는 "이 브랜드가 좋아서 샀다"고 말하지만, 실제로는 좋다는 느낌이 먼저 생기고 그 이유를 나중에 붙인다. 이 구조를 이해하는 순간, 매장은 설득의 공간이 아니라 기억을 호출하는 장치로 바뀐다.

기억의 선행 작동은 오프라인에서 특히 강하다. 온라인에서는 검색어와 가격 정렬이 판단의 틀을 먼저 만든다. 반면 오프라인에서는 공간이 그 틀을 만든다. 입구에서 보이는 첫 장면, 바닥의 흐름, 빛의 온도, 소리의 반사, 직원의 첫 문장이 뇌의 검색창 역할을 한다. 뇌는 그 단서들과 연결된 과거 경험을 불러오고, 그때 붙어 있던 감정 태그를 현재의 판단 위에 덧씌운다. 그래서 같은 제품을 보아도 어떤 매장에서는 합리적으로 느껴지고, 다른 매장에서는 과한 소비처럼 느껴진다. 제품의 속성보다 먼저, 그 제품이 놓인 기억의 맥락이 가치 판단을 바꾼다.

이 구조는 일상에서도 반복된다. 어느 시기부터 성수동의 문구점 포인트오브뷰가 내 유튜브 알고리즘에 자주 등장했다. 성공한 매장의 사례라는 제목으로, 매장의 진열 방식과 공간 분위기를 다룬 영상들이었다. 주변 사람들로부터 이야기를 들은 적도 있고, 개인적으로 필기구에 관심이 많은 편이라 그런 콘텐츠가 더 눈에 잘 들어왔던 것 같다.

그러다 성수동에 있는 협력 업체와 미팅이 있어 근처를 지나게 되었다. 일부러 들를 계획은 아니었다. 노트가 급하게 필요했던 것도 아니고, 펜을 사야 할 이유도 없었다. 그런데 매장 안을 한 바퀴 돌고 나오면서 결국 손에 무언가 하나를 들고 있었다. 아무것도 사지 않으면 아쉬울 것 같은 느낌이 들었기 때문이다. 그리고 더 정확히 말하면, 그 펜과 노트를 회의 자리에서 쓰고 있을 내 모습이 먼저 떠올랐기 때문이다.

그 이후로도 성수동에 갈 일이 있으면 특별한 필요가 없어도 습관처럼 들른다. 노트를 만져 보고 종이 질감을 느끼고, 괜히 펜을 집어 든다. 포인트오브뷰를 누군가에게 추천할 때도 "문구가 예쁘다", "디자인이 좋다"는 말은 맞지만 어딘가 부족하다고 느낀다. 오히려 "거기 가면 이상하게 뭐 하나는 집어 들고 나오게 된다"는 말이 더 정확하다. 이 문장은 제품의 정보가 아니라 경험의 기억을 전달한다. 그리고 그 기억이 다시 방문을 만들고, 추천을 만든다.

이 사례가 보여 주는 것은 단순한 충동구매가 아니다. 그 공간은 나에게 정보를 많이 주지 않았다. 대신 '이 공간에 들어오면 무언가를 고르는 사람'이라는 역할을 먼저 부여했다. 구매는 그 역할을 연기한 결과였다. 기억이 정체성을 만들고, 정체성이 행동을 끌어냈다.

구매를 높이려면 설명을 늘리기 전에 기억이 먼저 작동하도록 단서를 설계해야 한다.

매장 경험의 초반부는 정보 전달 구간이 아니라 기억 호출 구간이다. 이 구간에서 불러와지는 기억이 브랜드에 유리하면 이후의 비교는 자연스럽게 흘러간다. 반대로 초반에 불리한 기억이 호출되면 소비자는 계속 방어적으로 움직인다. 불편하다는 감정이 생기면 뇌는 그 감정을 줄이기 위해 결정을 미루거나, 더 싼 대안을 찾거나, 공간을 떠나는 쪽으로 행동을 정렬한다.

기억을 호출하는 단서는 거창할 필요가 없다. 핵심은 반복과 일관성이다. 첫째, 입구 3초 안에 정체성 단서를 하나로 고정해야 한다. 로고를 크게 거는 것이 아니라, 이 브랜드가 어떤 세계의 규칙으로 운영되는지를 한 장면으로 보여 주는 것이다. 프리미엄을 말하는 매장이라면 제품 수가 적고 간격이 넓으며 소재가 단단하고 문장이 짧다. 가성비를 말하는 매장이라면 가격 구조가 단순하고 카테고리가 직관적이며 손이 닿는 위치에 핵심 상품이 놓인다. 이 조합이 서로 다른 기억을 호출한다.

둘째, 호출된 기억을 배신하지 않아야 한다. 입구는 고급스러운데 안쪽은 어수선하면 소비자는 속았다는 감정을 얻는다. 이 감정은 제품 불만보다 오래 남고, 다음 방문을 차단한다. 기억은 사실보다 감정에 더 오래 남기 때문이다.

셋째, 기억을 행동으로 연결하는 작은 승리를 설계해야 한다. 비교가 쉬워지는 표, 만져 보고 차이를 느끼는 체험, 직원의 한 문장으로 정리되는 순간 같은 작은 확신이 필요하다. 이 확신이 매장에 대한 긍정적 표식을 남기고, 다음 방문에서 다시 작동한다.

넷째, 가격은 너무 빨리 등장하면 기억의 선행 작동을 망친다.

가격은 판단을 즉시 계산 모드로 전환시킨다. 계산이 먼저 시작되면 오프라인이 가진 장점인 체험과 맥락이 사라진다. 동선 초반에는 가격보다 가치의 맥락이 먼저 와야 한다. 그다음 가격이 등장해야 '비싸다'가 아니라 '그럴 만하다'라는 평가로 이동한다. 이 이동이 곧 마진과 재방문의 차이가 된다.

기억이 구매보다 먼저 작동한다는 말은 매장의 역할을 다시 정의한다. 매장은 설득의 무대가 아니라 회상의 버튼이다. 소비자가 문을 여는 순간, 뇌는 과거의 경험을 불러와 현재의 선택을 단축한다. 이 단축이 반복되면 브랜드는 비교 대상이 아니라 기본값이 된다. 그리고 비교가 사라지는 순간, 판매는 경쟁이 아니라 습관이 된다. 오프라인 리테일의 승부는 이 습관을 만드는 기억의 설계에서 결정된다. 기억이 먼저 움직이면, 구매는 그 뒤를 따르는 절차로 정리된다.

익숙한 동선이 만드는 구매의 흐름

어릴 적, 만화 잡지 〈아이큐 점프〉를 꾸준히 사 모았다. 그러다 〈드래곤볼〉에서 손오공이 죽는 장면이 나온 뒤, 한동안 그 잡지를 사지 않았다. 이야기의 전개가 싫어서라기보다, 리듬이 끊어진 느낌이 들었기 때문이다. 나중에 다시 사기는 했지만, 그 공백은 꽤 오래 남았다. 돌이켜 보면 나는 새로운 이야기를 거부했다기보다, 익숙하게 반복되던 흐름이 깨지는 순간 불편함을 느꼈던 것이다.

매장에서 사람들이 같은 동선을 반복하는 이유도 이와 크게 다르지 않다. 인간의 뇌는 최적의 경로보다 익숙한 경로를 선호한다. 낯설지 않았고, 위험하지 않았고, 실패하지 않았던 움직임을 다시 재생한다. 오프라인 리테일에서 동선은 취향의 표현이 아니라 기억이 만든 자동화된 절차다. 구매가 기억보다 뒤에 있듯, 이동 경로역시 의식적인 탐색보다 앞에서 작동한다.

매장에서 소비자가 가장 자주 반복하는 행동은 같은 길로 걷는것이다. 같은 입구로 들어가 같은 쪽으로 몸을 틀고, 비슷한 속도로 동일한 구역을 통과한 뒤 늘 멈추는 지점에서 다시 멈춘다. 본인은 그날그날 다르게 둘러본다고 느끼지만, 발걸음은 이미 저장된 경로를 재생한다. 이 반복은 편해서라기보다, 뇌가 선택 비용을줄이기 위해 공간을 절차의 형태로 저장하기 때문이다.

사람의 뇌는 매장 안에서 매번 새로운 지도를 만들지 않는다. 한번 안전하다고 판정된 경로, 한 번 목적을 달성한 경로를 다음 방문의 기본값으로 설정한다. 이 기본값은 정보가 아니라 행동의 묶음으로 저장된다. 어디에서 속도를 줄였는지, 어디에서 시선을 돌렸는지, 어디에서 손이 움직였는지 같은 동작들이 하나의 루틴으로 묶인다. 다음 방문에서는 이 루틴이 의식보다 먼저 실행된다.

습관 연구자인 웬디 우드 Wendy Wood 는 이를 맥락에 의해 촉발되는 자동 행동 context-triggered automatic behavior 으로 설명한다. 같은 환경 단서가 주어지면, 같은 행동이 자동으로 호출된다. 매장은 이 단서를 가장 촘촘하게 제공하는 공간이다. 조명 밝기, 바닥 재질, 통로 폭, 진열 높이, 특정 구역의 소리와 냄새는 모두 '지금은 이렇게 움직이면 된다'는 신호로 작동한다. 이때 동선은 탐색이 아니라 재생이다.

신경과학자 앤 그레이비엘Ann Graybiel은 반복되는 행동 시퀀스가 뇌에서 하나의 단위, 즉 청크action chunking로 묶인다고 설명했다. 시작 신호만 주어지면 중간 과정은 자동으로 흘러간다. 매장에 들어와 오른쪽으로 꺾고, 특정 코너를 지나 계산대까지 가는 경로가 하나의 덩어리로 저장되면, 소비자는 중간에 무엇을 봤는지보다 별로 힘들지 않았다는 느낌만 기억한다. 이 느낌이 다음 방문의 동선을 다시 부른다. 동선의 반복은 공간이 준 만족이 아니라, 공간이 줄여 준 인지적 부담에 대한 보상이다.

이 원리는 백화점 구조에서 가장 극명하게 드러난다. 대부분의 백화점은 비슷한 층 배치를 가지고 있다. 1층은 화장품과 향수, 2층은 명품이나 여성 패션, 식당가는 위층. 이는 관행이 아니라 인간의 행동 패턴이 고정시킨 결과에 가깝다.

1층은 접근성이 가장 높고, 체류 시간이 가장 짧으며, 첫 판단이 발생하는 층이다. 화장품은 테스트만으로도 방문의 이유가 만들어지고, 구매 결정이 비교적 빠르다. 즉 1층은 머무르는 공간이 아니라 통과하면서 결정을 내리는 공간이다. 마케팅 논리라기보다 인간의 이동 습관이 만든 구조다.

2층과 3층으로 올라가면 분위기가 달라진다. 옷을 입어 보고, 거울을 보고, 비교하고, 망설이는 시간이 길어진다. 그래서 백화점은 층이 올라갈수록 천장이 높아지고 통로가 넓어지며 시선이 느려지도록 설계된다. 이 구조는 수십 년 동안 거의 바뀌지 않았다. 사람들이 실제로 그렇게 움직였기 때문이다.

예전에 현대백화점 관계자와 리뉴얼 미팅을 하며 들은 말이 있다. "디자인보다 동선 때문에 밤새 회의합니다."

이 말은 과장이 아니다. 백화점은 층을 안 바꾸는 것이 아니라, 바꿀 수 없는 구조에 가깝다. 바꾸는 순간 소비자의 몸에 저장된 절차가 무너지고, 무너진 절차는 곧 불편함과 이탈로 이어지기 때문이다.

그래서 동선의 반복을 설계가 잘 됐다고 해석하면 위험하다. 동선이 반복된다는 것은 공간이 학습되었다는 뜻이지만, 동시에 경험이 고정되었다는 뜻이기도 하다. 고정된 경험은 안정적이지만, 일정 시점 이후에는 무감각해진다. 리테일이 원하는 반복은 지루한 반복이 아니라, 안전한 반복 위에 얹히는 작은 변화다.

이를 위해 동선은 '경험의 문장'으로 다뤄져야 한다. 문장에는 시작과 전개, 전환과 마침이 있듯이 동선에도 구조가 있다. 입구 3~5미터 안쪽에 첫 멈춤 지점을 만들고, 그곳에서 브랜드의 핵심 카테고리를 만나게 해야 한다. 동선의 첫 덩어리를 장악하면 이후의 이동도 따라온다.

또한 공간에는 장면으로 기억되는 기준점, 즉 랜드마크가 필요하다. 사람은 좌표보다 장면으로 길을 기억한다. "따뜻한 조명이 있던 테이블", "체험이 가능했던 코너"라고 말할 수 있는 장면이 동선을 고정시킨다. 리뉴얼을 하더라도 이 기준점을 무너뜨리면 기억이 끊긴다.

동선을 구매의 반복으로 연결하려면 보상의 위치도 중요하다. 비교가 쉬워지는 표식, 10초 만에 차이를 느끼게 하는 체험, 직원의 짧은 한 문장 같은 작은 성공이 필요하다. 이 성공이 동선 중간에 심어지면, 다음 방문에서 몸이 같은 경로로 당겨진다. 반대로 혼잡이나 애매한 진열, 불친절한 응대가 있으면 그 구간은 학습적으로 회피하게 된다. 한 번의 불편은 다음 방문의 지도를 다시 그린다.

탐색을 확장하려면 핵심 루틴을 유지한 채 가지를 치는 방식이 필요하다. 길을 막아 유도하면 소비자 기억에는 불쾌함이 남는다.

반복 방문하는 소비자를 염두에 두고 '잠깐 들렀다 와도 안전한 작은 분기점'을 제공하는 편이 낫다. 이 분기가 쌓이면 매장은 익숙하면서도 매번 조금 다른 공간으로 기억된다.

동선의 반복이 브랜드의 반복이 되려면 감각의 일관성도 필요하다. 바닥의 질감, 소리의 반사, 공기의 온도, 제품을 만지는 리듬이 함께 반복될 때 동선은 더 강하게 저장된다. 이 일관성은 신뢰로 전환된다. 신뢰는 광고로 생기지 않는다. 방문할 때마다 느끼는 체감, 편안하고 안전하다는 기억의 강화에서 생긴다. 매장에서 가장 비싼 비용은 임대료가 아니라 소비자의 판단 비용이다.

소비자는 반복해도 괜찮았던 동선만 다시 걷는다. 백화점은 그 사실을 가장 오래, 가장 비싸게 증명해 온 공간이다. 동선이 반복된다는 것은 그 매장이 하나의 기억 절차로 저장되었다는 뜻이다. 그 절차가 브랜드에 유리한 장면과 보상으로 구성되어 있으면 재방문은 습관이 되고, 구매는 관성이 된다.

결국 동선은 단순한 길이 아니다. 기억이 행동으로 변환되는 가장 물리적인 형태다. 리테일은 사람을 움직이는 산업이고, 사람을 움직이는 힘은 설명이 아니라 반복되는 기억이다.

결제를 앞당기는 익숙함의 원리

다이소에 갈 때 나는 가격을 비교하겠다는 마음으로 들어가지 않는다. 이 매장에서는 크게 실패하지 않을 것이라는 전제가 이미 깔려 있기 때문이다. 처음 가는 다이소 지점에서노 동선이 낯설시 않은 이유는 거의 모든 매장이 비슷한 구조를 반복하고 있기 때문이다.

———

경험 반복은 탐색을 시작하기 전에 이미 기억에 '확인' 상태로 전환되어 있다. "이걸 사야 하나?"가 아니라 "그냥 담으면 되겠다"는 말이 먼저 떠오른다. 그 순간 구매는 결단이 아니라 정리 행동처럼 느껴진다. 계산대 앞에서 다시 고민할 이유도 거의 없다. 결제는 설득의 결과가 아니라, 불안을 제거한 흐름의 끝에서 자연스럽게 발생한다.

오프라인에서 결제는 지갑의 문제가 아니라 경계심의 문제다. 사람은 돈이 없어서 망설이기보다 틀릴까 봐 망설인다. 결제 직전의 멈칫함은 대부분 가격 자체가 아니라 '이 선택이 안전한가'라는 질문에서 나온다. 그리고 이 안전성 판단은 스펙을 읽고 계산해서 만들어지지 않는다. 익숙함이 먼저 안전하다는 감정을 만들고, 그 감정이 결제를 앞으로 끌어당긴다. 그래서 같은 가격이라도 어떤 매장은 결제가 쉽고, 어떤 매장은 끝까지 손이 안 간다. 차이는 설명의 양이 아니라 익숙함이 만드는 마음의 마찰이다.

익숙함은 단순한 호감이 아니다. 처리 비용이 낮다는 신호다. 뇌는 자극을 빠르게 처리할수록 그것을 덜 위험하다고 평가하는 경향이 있다. 중요한 것은 실제 위험이 아니라 체감 위험이다. 결제는 체감 위험이 임계점을 넘는 순간 멈춘다. 반대로 그 위험이 일정 수준 아래로 내려가면 결제는 거의 자동 동작에 가까워진다. 매장 경험 전체에서 결제 단계가 가장 민감한 이유도 여기에 있다. 결제는 손실이 가장 구체적으로 발생하는 행동이기 때문에, 아주 작은 불확실성도 크게 증폭된다. 익숙함은 이 불확실성을 압축한다.

심리학자 로버트 자이언스가 말한 단순 노출 효과는 반복 노출이 선호와 판단을 바꾸는 과정이 논리 이전, 감정 단계에서 먼저 일어난다는 점을 보여 준다. 오프라인 매장은 이 원리를 제품이 아니라 절차에 적용할 수 있다. 로고를 여러 번 보여 주는 수준을 넘어서, 매장을 이용하는 방식 자체가 반복되도록 만들면 결제가 쉬워진다. 소비자가 익숙해지는 것은 제품이 아니라 과정이다. 입구에서 무엇을 먼저 보고, 어디에서 멈추고, 어떻게 비교하고, 어디에서 질문하고, 어떤 방식으로 결제하는지. 이 순서가 매번 비슷하게 재생되면 결제는 '결정'이 아니라 '마무리'가 된다.

이를 인지 과학 용어로 부르면 인지적 유창성cognitive fluency이다. '이 정보를 처리하기 쉽다'는 느낌은 곧 '이 선택은 안전하다'는 평가로 이어진다. 오프라인에서 유창성은 가독성 같은 표면 요소만으로 만들어지지 않는다. 공간의 분법이 유창성을 만든다. 통선의 예측 가능성, 진열의 규칙성, 카테고리의 명확성, 가격 체계의 단순성, 직원 응대 톤의 일관성, 결제 단계의 마찰 최소화가 하나의 덩어리로 작동할 때 유창성이 만들어진다. 유창성이 높은 매장은 설명이 적어도 팔린다. 유창성이 낮은 매장은 설명을 늘릴수록 오히려 불안이 커진다. 정보가 부족해서가 아니라, 정보가 흩어져 있기 때문이다.

익숙함이 결제를 쉽게 만드는 이유는 세 가지다. 첫째, 익숙함은 위험 탐지 시스템을 잠재운다. 표기가 일관되지 않고 가격이 여기저기 흩어져 있으며 직원의 말이 매번 다르면 뇌는 '예측이 어렵다'는 결론을 내린다. 예측이 어려운 환경에서 돈을 쓰는 일은 손실 가능성이 높다고 느껴진다. 둘째, 익숙함은 선택 비용을 낮춘다. 비교가 쉬워지고 실수가 줄어들 것 같아지며 결정의 책임이 가벼워진다. 셋째, 익숙함은 구매 후 후회 가능성을 낮춘다. 결제 직전에 떠오르는 질문은 '집에 가서 후회하면 어떡하지'다. 익숙한 과정에서 이루어진 선택은, 만족도가 완벽하지 않아도 '내가 아는 방식대로 했으니 괜찮다'로 정리된다.

다시 다이소로 돌아가 보자. 다이소의 익숙함은 친근한 인테리어 때문이 아니다. 검증이 필요 없는 구조에서 나온다. 매장에 들어서면 동선이 예측 가능하고, 카테고리 배치는 크게 흔들리지 않으며, 가격 체계는 단순하다. 그래서 나는 매장을 읽지 않는다. 이미 알고 있는 문법을 확인할 뿐이다. 그 결과 의사 결정은 가벼워진다. 제품 하나를 고르는 일이 리스크가 아니라 생활의 정리처럼 느껴진다. 계산대 앞에서 다시 판단할 이유가 거의 없다. 다이소가 결제를 쉽게 만드는 방식은 가격을 낮춘 것뿐 아니라, 결정에 필요한 생각 자체를 줄였기 때문이다.

이 관점에서 리테일 전략은 경험을 익숙한 문법으로 고정하는 데서 출발한다. 익숙함은 새로움을 버리라는 말이 아니다. 핵심은 변하는 것과 변하지 않는 것을 분리하는 설계다. 매장이 매번 새로우면 소비자는 매번 다시 배워야 한다. 다시 배우는 비용은 체류를 줄이고 결제를 어렵게 만든다. 반대로 모든 것이 고정되면 지루해진다. 따라서 고정해야 하는 것은 절차이고, 변주해야 하는 것은 콘텐츠다. 절차는 동선의 방향, 카테고리 논리, 가격 표기 형식, 체험 방식, 직원 응대 구조, 결제 루틴이다. 콘텐츠는 시즌 상품, 전시, 프로모션, 메시지다. 절차가 익숙할수록 콘텐츠의 변화는 낯섦이 아니라 업데이트로 받아들여진다.

이를 실행 수준으로 정리하면 다음과 같다. 첫째, 시각 언어를 통일한다. 가격표, 폰트, 색상 규칙이 흔들리면 유창성이 무너진다. 특히 가격 표기는 결제 불안을 가장 빠르게 키우는 요소다. 싸게 보이게 만드는 것보다 쉽게 이해되게 만드는 것이 먼저다. 둘째, 카테고리 명칭과 배열 논리를 고정한다. 오프라인에서 카테고리는 검색창이다. 검색이 실패하면 불안이 생기고, 불안은 결제를 멈춘다. 셋째, 직원 응대는 친절보다 예측 가능성이 중요하다. 말투와 설명 구조가 일정해야 경험이 기억으로 쌓인다. 넷째, 결제 경험은 상품 경험과 같은 언어를 써야 한다. 결제대에서 갑자기 행정 절차로 전환되면 유창성은 끊긴다. 결제 단계에는 비교가 아니라 실행만 남겨야 한다. 다섯째, 익숙함은 실패하지 않을 것 같은 구조와 결합될 때 완성된다. 반품 정책, 안내 정확성, 사후 응대의 일관성은 다음 결제의 마찰을 없애는 장치다.

결국 익숙함은 결제를 쉽게 만드는 감정이 아니라, 리스크를 제거하는 시스템이다. 낯섦은 새로움과 다르다. 새로움은 호기심을 만들지만, 낯섦은 방어를 만든다. 기억되는 매장은 새로움을 주되 낯섦을 주지 않는다. 익숙한 문법 위에 새로운 콘텐츠를 얹는다. 그러면 소비자는 매번 새로운 것을 보면서도, 매번 같은 방식으로 결제한다. 이 반복이 브랜드가 된다. 결제는 매출의 끝이 아니라 기억의 시작이다. '여기서는 내가 실수하지 않는다'는 기억이 남을수록, 다음 결제는 더 쉬워진다. 리테일은 결국 같은 손이 다시 지갑을 여는 산업이고, 그 손을 여는 힘은 할인보다 익숙함이다.

확실해 보이는 매장의 조건

젠틀몬스터 매장에 처음 들어갔을 때, 나는 이곳이 안경을 파는 곳인지, 전시 공간인지, 아니면 어떤 선언문 같은 것인지 잠시 헷갈렸다. 상품 설명도 거의 없고, 가격을 강조하지도 않았으며, 동선은 전통적인 매장 구조와 전혀 달랐다. 매장이라기보다 하나의 장면, 혹은 세계관 안으로 들어간 느낌에 가까웠다. 그런데 이상하게도 불안하지는 않았다. 오히려 내 감각은 '여기서 뭘 사든 크게 틀리지는 않겠구나'라고 예상하는 쪽으로 기울었다.

이제 우리는 젠틀몬스터 매장을 보고 더 이상 "특이하다"라고 말하지 않는다. 대신 "젠몬스럽다"라고 말한다. 비슷하게 강한 공간을 보면 "젠몬 따라 한 거 아니야?"라는 반응이 먼저 나온다. 이 것은 단순한 감탄사가 아니다. 스타일도 아니다. 하나의 언어다. 그리고 언어가 된 브랜드의 매장은 구조적으로 실패하기 어렵다. 이 지점이 중요하다. 사람은 상품을 보고 결제하지 않는다. 실패하지 않을 것 같을 때 결제한다.

———

사람이 매장에서 실제로 사는 것은 상품이 아니라 실패하지 않을 것 이라는 기억과 감각이다. 제품이 좋아 보이는지보다, 이 선택이 틀렸을 때 내가 감당해야 할 비용이 얼마나 되는지가 먼저 계산된다.

오프라인은 특히 더 그렇다. 온라인은 후기와 비교표가 실패 확률을 대신 계산해 주지만, 오프라인은 내 몸이 직접 결정을 떠안는다. 매장 안에서 느끼는 작은 불확실성, 애매한 가격 규칙, 질문하기 민망한 분위기, 직원의 말이 바뀌는 순간들이 하나로 합쳐져 실패 가능성이라는 덩어리를 만든다. 그 덩어리가 커지면 결제는 멈춘다.

행동 경제학과 의사 결정 연구에서 후회는 단순한 감정이 아니라 행동을 바꾸는 예측 변수로 다뤄진다. 그레이엄 루메스Graham Loomes와 로버트 서그든Robert Sugden이 제시한 후회 이론regret theory 에 따르면, 사람은 선택의 결과뿐 아니라 '다른 선택을 했더라면 어땠을까'라는 반사실적 비교 counterfactual comparison에서 생길 감정까지 고려해 선택한다. 손해보다 더 싫은 것은 손해 그 자체가 아니라, 내가 잘못 골랐다는 사실이다. 오프라인 매장에서 결제가 막히는 이유는 비싸서가 아니라, 결제 이후 떠오를 반대 장면이 머릿속에서 너무 또렷하게 재생되기 때문이다.

실패하지 않을 것 같은 매장은 이 시뮬레이션을 구조적으로 차단한다. 핵심은 설득이 아니라 환경이다. 소비자가 실패 가능성을 계산하기 전에, 실패 가능성이 낮게 느껴지도록 설계한다. 이를 위해 매장은 두 가지를 동시에 해결해야 한다. 하나는 불확실성을 줄이는 것이고, 다른 하나는 실패 비용을 낮추는 것이다. 규칙이 명확해도 되돌릴 수 없으면 망설이게 되고, 되돌릴 수 있어도 규칙이 불명확하면 애초에 시도하지 않는다.

첫 번째 조건은 규칙이 보이는 매장이다. 가격 규칙, 구성 규칙, 추천 기준이 한눈에 드러나야 한다. 사람은 많은 정보를 원하지 않는다. 대신 기준을 원한다. 동일 카테고리에서 가격 표시 방식이 다르고, 할인 조건이 길고, 세트 규칙이 매번 바뀌면 뇌는 '여기서는 실수할 수 있다'라고 판단한다. 반대로 가격 구조가 단순하고, 혜택이 고정되어 있고, 제품 차이가 같은 문법으로 설명되면 계산은 멈추고 판단은 쉬워진다. 실패하지 않을 것 같은 매장은 가격을 싸게 보이게 만드는 대신, 가격을 안전하게 보이게 만든다.

두 번째 조건은 실패 비용이 낮아 보이는 매장이다. 체험, 샘플, 비교 테스트, 사용 장면의 구체적 제시는 모두 '이미 검증했다'는 기억을 만든다. 발라 보고, 만져 보고, 써 보고, 앉아 보는 경험은 품질을 증명하기보다 후회를 약화시킨다. 사람은 객관적 데이터보다 자신이 직접 확인했다는 감각을 더 신뢰한다.

세 번째 조건은 선택지를 줄여 주는 매장이다. 선택지가 많을수록 자유도는 오르지만, 동시에 틀릴 가능성도 늘어난다. 실패하지 않을 것 같은 매장은 큐레이션으로 책임을 나눈다. 무엇이 기본인지, 무엇부터 고르면 되는지, 왜 이 조합이 추천되는지가 공간 안에서 드러나면 소비자는 판단의 일부를 매장에 위임한다. 책임이 줄어들수록 후회도 줄어든다.

네 번째 조건은 사회적 검증이 물리적으로 보이는 매장이다. 많이 만져진 샘플, 자주 비는 진열 칸, 자연스러운 대기, 실제 사용 장면은 '나만의 선택이 아니다'라는 신호가 된다. '판매 1위'라는 문구보다 이런 흔적이 훨씬 강하게 위험을 낮춘다.

다섯 번째 조건은 오류 복구가 빠른 구조다. 실패하지 않을 것 같은 매장은 실패가 없는 곳이 아니라, 실패가 관리되는 곳이다. 재고가 없을 때 대안이 바로 나오고, 질문에 대한 답이 짧고 구조적이며, 문제 발생 시 경로가 명확하면 소비자는 완벽을 기대하지 않아도 안전하다고 느낀다. 시스템의 일관성이 중요하다.

여섯 번째 조건은 결제 이후의 장면이 매장 안에서 이미 그려지는 구조다. 사용 방법, 관리 방식, 문제 발생 시 절차가 단순하게 제시되면 '집에 가서 곤란해질 것'이라는 상상이 약해진다. 사람은 제품을 사는 것이 아니라, 제품을 산 뒤의 시간을 산다. 그 시간이 매끄럽게 그려질수록 결제는 쉬워진다.

다시 젠틀몬스터로 돌아가면, 이 매장은 제품을 설명하지 않는다. 대신 세계관을 반복한다. 따라 하면 바로 들킬 정도로 정체성을 밀어붙이고, 매장을 마케팅 채널이 아니라 브랜드의 본체로 만든다. 매출보다 문화적 위치를 먼저 차지한다. 유행은 사라질 수 있지만, 언어가 된 브랜드는 오래 남는다. '젠몬스럽다'라는 말이 계속 쓰이는 한, 이 매장은 구조적으로 실패하기 어렵다.

결국 실패하지 않을 것 같은 매장이란, 좋은 상품이 많은 매장이 아니라 실수할 가능성이 낮게 설계된 공간이다. 규칙이 보이고, 되돌릴 수 있으며, 책임이 나뉘고, 흔적이 남아 있고, 문제가 복구되며, 미래가 미리 그려지는 공간. 이 모든 요소가 하나의 정서로 저장될 때, 소비자는 가격보다 먼저 안전함을 기억한다. 그리고 그 기억이 반복될수록 매장은 기본값이 된다.

비교를 멈추게 만드는 매장의 문법

예전에 아모레퍼시픽 리테일팀 담당자와 미팅이 있어 종로에서 장소를 정하던 적이 있다. 내가 몇 군데 후보를 말하자, 그는 잠깐 고민하더니 이렇게 말했다. "커피한약방이 괜찮을 것 같습니다." 처음 듣는 이름이었다. 골목 안쪽으로 들어가자 갑자기 다른 세계로 넘어간 듯한 느낌이 들었다. 간판, 서체, 조명, 공간의 밀도, 집기, 메뉴판, 심지어 메뉴 이름까지 어느 하나 우연처럼 보이지 않았다. 더 인상적이었던 것은 이 브랜드가 한 번도 말을 바꾸지 않았을 것 같은 확신이었다. 한약방이라는 단어 자체가 그렇다. 익숙하지만, 카페라는 카테고리 안에서는 의도적으로 어긋난 이름이다. 그런데 그 어긋남이 설명 없이도 자연스럽게 받아들여졌다. 다른 카페와 비교해야 할 이유가 떠오르지 않았다. 그냥 여기는 이런 곳이라는 문법이 즉시 머릿속에 고정됐다.

비슷한 감정을 프릳츠 양재점에서도 느꼈다. 이곳이 빵집인지, 카페인지, 브랜드 숍인지 굳이 구분할 필요가 없었다. 로고, 패키지, 굿즈, 인테리어, 직원의 태도까지 하나의 캐릭터처럼 일관되어 있었다. 그래서인지 프릳츠 역시 다른 베이커리 카페와 비교하는 생각이 잘 떠오르지 않는다. 이런 매장들은 경쟁에서 이긴 매장이 아니다. 경쟁 자체를 무의미하게 만든 매장이다.

비교는 소비자의 자유가 아니다. 비용이다. 사람은 비교를 즐기지 않는다. 실패 확률을 낮추기 위해 어쩔 수 없이 비교한다. 비교가 길어질수록 인지 피로는 누적되고, 결정은 지연되거나 축소된다. 오프라인 리테일에서 가장 강한 매장은 더 나음을 증명하는 매장이 아니다. '여기서 구매해도 된다'고 소비자가 판단하게 하는 매장이다. 그 순간 비교는 사라지고, 그 매장은 소비자의 기준점이 된다.

기준점이 된 매장은 가격으로 밀어붙이지 않는다. 선택 비용을 줄여 끌어당긴다.

소비자가 물건을 살 수 있는 매장은 많다. 그러나 비교하지 않아도 되는 매장은 드물다. 이 차이는 설득의 강도에서 나오지 않는다. 소비자의 머릿속에 어떤 규칙이 남았는가에서 갈린다. 비교는 외부로 뻗어 나가는 행동이다. 비교가 사라진다는 것은 기준이 이미 내부에 세워졌다는 뜻이다. 즉, 매장이 소비자의 인지 체계 안으로 들어왔다는 의미다. 이 지점에서 매장은 선택지 중 하나가 아니라 판단의 기준이 된다.

비교를 줄이는 핵심은 정보를 더 주는 데 있지 않다. 정보가 많을수록 비교는 오히려 늘어난다. 소비자가 비교하는 순간은 정보가 부족할 때뿐 아니라, 결정 규칙이 없을 때다. 인간은 모든 정보를 계산할 수 없기 때문에 대부분의 선택을 간단한 규칙으로 단축한다.

게르트 기게렌처Gerd Gigerenzer가 제시한 빠르고 검소한 휴리스틱fast and frugal heuristics은 이러한 의사 결정 메커니즘을 설명한다. 사람은 소수의 신호만으로 충분히 안전한 결론을 만든다. 문제는 그 신호가 매장 안과 밖 중 어디에 있느냐다. 신호가 밖에 있으면 비교는 길어진다. 매장이 그 신호를 독점하면 비교는 짧아진다. 비교하지 않아도 되는 매장은 결국 소비자의 휴리스틱을 대신 설계해 주는 매장이다.

오프라인에서 비교는 보통 세 갈래다. 가격 비교, 대안 비교, 자기 합리화 비교다. 가격 비교는 '더 싸게 살 수 있지 않을까'라는 탐색이고, 대안 비교는 '다른 브랜드가 더 낫지 않을까'라는 탐색이며, 자기 합리화 비교는 '이 선택이 틀리지 않았을까'라는 불안의 탐색이다. 이 세 가지 탐색에서 우리가 알아야 할 공통점은 매장 안에서 해결되지 않은 불확실성이 매장 밖으로 흘러 나간다는 점이다. 소비자가 스마트폰을 꺼내는 순간 비교는 자동화되고, 오프라인의 감각적 우위는 무력해진다. 비교하지 않아도 되는 매장은 스마트폰을 못 꺼내게 만드는 곳이 아니다. 꺼내도 결론이 바뀌지 않게 만드는 곳이다.

첫 번째 조건은 기준을 한 문장으로 고정하는 매장이다. 사람은 제품과 매장이 가진 수십 개의 장점을 기억하지 못한다. 대신 하나의 판단 기준을 기억한다. '여기는 이 카테고리에서 실패 확률이 낮다'라는 문장이 머릿속에 남는 순간 비교는 급격히 줄어든다. 중요한 것은 이 기준이 추상어가 아니라 구체적이어야 한다는 점이다. 품질, 가성비, 프리미엄 같은 단어는 기준이 아니라 수사다. 기준은 공간 구조, 진열 방식, 응대 톤, 체험 순서까지 같은 방향으로 반복될 때 증명된다.

두 번째 조건은 대표 옵션이 존재하는 매장이다. 비교가 길어지는 이유는 선택지가 많아서가 아니라 대표가 없어서다. 좋음-더 좋음-가장 좋음처럼 구조화되면 소비자는 전수 비교를 하지 않는다. 특히 가격대 기준이 아니라 사용 장면 기준으로 묶일수록 후회 가능성은 낮아진다. 출근용, 주말용, 여행용 같은 구분은 스펙 비교를 삶의 장면 비교로 바꾼다. 비교 단위가 제품에서 생활로 이동하는 순간, 비교의 깊이는 얕아진다.

세 번째 조건은 가격이 협상이 아니라 정의처럼 느껴지는 매장이다. 가격 비교가 강해지는 순간은 가격이 높을 때가 아니라 규칙이 흔들릴 때다. 표기 방식이 다르고, 할인 조건이 복잡하고, 설명이 직원마다 달라지면 가격은 위험 신호가 된다. 위험 신호는 반드시 비교를 부른다. 반대로 가격 문법이 단정하면 비싸도 비교는 줄어든다. 사람은 비싸게 사는 것보다 바보처럼 사는 것을 더 싫어한다.

네 번째 조건은 큐레이션이 추천이 아니라 책임 분담으로 작동하는 매장이다. 소비자는 선택을 원하지만, 선택의 책임은 원하지 않는다. 강한 큐레이션은 '이게 좋다'가 아니라 '이렇게 고르면 된다'는 구조를 제공한다. 기준이 공개되고 순서가 생기면, 소비자는 판단의 일부를 매장에 위임한다. 책임이 줄어들수록 비교는 짧아진다.

다섯 번째 조건은 매장이 참조점이 되는 것이다. 사람은 가격과 품질을 절대값으로 판단하지 않는다. 머릿속의 기준점과 비교한다. 만졌을 때의 무게, 앉았을 때의 안정감, 마셨을 때의 잔향 같은 감각이 기준이 되면 외부 비교는 힘을 잃는다. 이 매장에서의 가격이 정상으로 느껴지는 순간, 다른 곳의 싼 가격은 오히려 불안하게 느껴진다.

여섯 번째 조건은 외부 탐색을 유발하지 않는 정보 구조다. 오프라인에서는 정보가 많을수록 비교가 늘어난다. 비교하지 않아도 되는 매장은 모든 정보를 나열하지 않고, 결정을 바꾸는 차이만 남긴다. 진열은 상품의 전시가 아니라 결정 과정의 전시가 된다. 정보가 설득이 아니라 안내가 될 때 비교는 끝난다.

커피한약방이나 프릳츠처럼 브랜딩을 끝까지 밀어붙인 매장들은 디자인이 예쁘기 때문에 비교되지 않는 것이 아니다. 제품력이 좋아서 비교되지 않는 것도 아니다. 하나의 문법을 끝까지 고집했기 때문에 비교의 출발점 자체가 생기지 않는다. 소비자는 그것을 브랜드가 아니라 하나의 감정으로 받아들인다. 마케팅 관점에서 이것은 매우 뾰족한 전략이다. 비교가 사라지면 리뷰 경쟁에 휘말릴 이유도 줄어든다.

비교하지 않아도 되는 매장의 힘은 매장 밖에서 완성된다. 다음 선택에서 그 매장이 먼저 떠오르고, 그 경험이 기준이 된다. 이 순간 매장은 상품을 파는 장소가 아니라 결정 규칙을 파는 장소가 된다. 오프라인 리테일에서 가장 강력한 자산은 상품이 아니라 비교를 끝내는 기억이다. 기억이 비교를 줄이고, 비교가 줄면 후회가 줄고, 후회가 줄면 재방문이 늘어난다. 비교하지 않아도 되는 매장은, 경쟁에서 이긴 매장이 아니라 경쟁이 필요 없는 매장이다.

매출을 만드는 체류 시간

나는 글로벌 기업의 리테일 마케팅 프로젝트를 8년째 하고 있다. 일을 오래 할수록 확신하게 되는 역설이 하나 있다. 매장에서 체류 시간을 늘리기 쉬운 제품은 오히려 드물다는 점이다. 특히 소비자가 신중하게 시간과 노력을 들이고 큰 비용을 지불하는 고관여 제품 중에서도 로고를 가리면 브랜드 차이를 직관적으로 구분이 어려운 제품군은 더 그렇다. 매년 '매장에서 소비자와 무엇으로 커뮤니케이션 할 것인가'를 두고 머리를 싸매는 이유도 여기에 있다.

매장에 오는 사람들은 대개 마음속에 답을 가지고 온다. 검색을 하고, 유튜브 리뷰를 보고, 스펙 비교를 여러 번 하고, 최종 후보를 정한 상태다. 그래서 매장 방문의 목적은 유입이 아니라 '확신의 검증'이다. 내가 정한 브랜드와 모델이 내게 맞는지 실물로 확인하러 가는 것이다. 여기까지는 오래 머물 필요가 없다.

문제는 그다음부터다. 소비자는 확인하러 온 사람에서, 경험하고 판단이 이동하는 사람으로 바뀐다. 그 변화가 일어나는 시간, 그 시간이 바로 매출이 움직이는 시간이다.

오프라인 매장에서 체류 시간은 분위기 지표가 아니라 매출의 구조 변수다. 오래 머무는 사람이 더 많이 산다는 명제는 통속적으로 들리지만, 통속적이라는 이유로 가치가 사라지지 않는다. 다만 핵심은 '오래'가 아니라 '어떤 상태로 오래'다. 체류가 길어도 구매가 없는 매장은 존재한다. 그 매장은 시간을 늘렸지만 진행을 만들지 못한 곳이다. 반대로 체류가 아주 길지 않아도 매출이 잘 나오는 매장도 있다. 그 매장은 시간을 늘린 것이 아니라 선택 과정이 끊기지 않게 만든 곳이다.

체류가 매출로 연결되려면, 체류가 소비자의 작업 기억을 어디에 쓰게 하는지부터 따져 봐야 한다. 길을 찾느라 소진하게 만들면 체류는 피로가 되고, 선택 기준을 정리하는 데 쓰게 만들면 체류는 구매가 된다. 사람은 매장에서 오래 머무는 동안 단지 제품을 보는 것이 아니라, 이해하고 분류하고 후보를 만들고 기준을 세우고 확신을 얻는 일을 한다. 이 과제가 매장에 의해 단계적으로 제공되면 체류는 자연스럽게 길어지고, 소비자는 그 시간을 '투자'로 느낀다. 반대로 그 과제를 소비자가 혼자 떠안으면 체류는 짧아지거나, 오래 머물러도 매출로 이어지지 않는다.

이 차이를 설명하는 데 인지 부하 이론cognitive load theory이 유용하다. 작업 기억은 넓지 않고, 동시에 처리할 수 있는 정보량에는 한계가 있다. 매장에서는 이 부담이 보통 세 층으로 쌓인다. 공간을 해석하는 부담, 제품을 비교하는 부담, 가격과 정책을 이해하는 부담이다. 셋이 동시에 높아지면 소비자는 탐색을 줄이고, '필요한 것만 사고 나가기'로 행동을 축소한다. 반대로 매장이 이 부담을 대신 정리해 주면 소비자는 여유를 얻는다. 이 여유는 단순히 편안함이 아니라 추가 탐색을 가능하게 하는 인지적 자본이다. 오프라인에서의 우연 구매는 충동이 아니라, 인지 여유가 생겼을 때만 가능한 추가 선택이다.

고관여 제품군 매장은 이 메커니즘이 가장 노골적으로 드러나는 현장이다. 소비자는 미리 정해 둔 제품을 확인하러 해당 존으로 곧장 간다. 그 지점까지는 체류 시간을 길게 만들기 어렵다. 그런데 옆으로 한 발만 이동하면 다른 제품, 다른 브랜드가 줄지어 있다. 이때 매장은 소비자를 그대로 두지 않는다. 색상 비교, 콘텐츠 비교, 사운드 비교 같은 '비교 과제'를 체험 형태로 제공한다. 소비자는 확인하러 온 사람에서 경험하고 있는 사람으로 전환된다. 여기서 체류 시간을 늘린다는 것은 단순히 더 오래 있게 만드는 것이 아니다. 더 나은 선택지를 체감하게 만들고, 처음 정해 둔 후보 밖의 선택지가 후보군에 들어오게 만드는 업스케일링의 시간으로 전환하는 것이다.

소비자가 "원래는 이거 보러 왔는데, 막상 보니까 저쪽이 더 편하네"라고 말한다면, 이는 배신도 변심도 아니다. 체류 시간이 만든 정상적인 판단 변화다. 고관여 제품은 교체 주기도 길고 가격도 높기 때문에, 매장에서 머문 시간이 선택을 이동시킬 수 있는 시간으로 작동하는지가 매출을 가른다. 체류 시간은 매출을 보장하지는 않지만, 체류 시간이 없으면 선택은 거의 바뀌지 않는다. 특히 이와 같은 고관여 제품 리테일에서 체류 시간이란 '머무는 시간'이 아니라 '선택이 이동할 수 있는 시간'이다.

그렇다면 체류 시간을 매출로 바꾸는 설계를 위해 무엇을 해야 할까. 답은 머물 공간을 늘리는 것이 아니라 '멈춤과 이동의 리듬을 만드는' 것이다. 리테일의 체류는 자유롭게 늘어나지 않는다. 어떤 지점에서는 시선이 멈추고, 어떤 지점에서는 손이 움직이고, 어떤 지점에서는 판단이 정리된다. 이 분절이 자연스럽게 이어질 때 체류는 늘어난다. 이어지지 않을 때 체류는 끊기고, 끊김이 반복되면 이탈로 연결된다. 그렇기 때문에 매장을 기획하는 사람들은 다음과 같은 사항을 고려해야 한다.

첫째, 시작을 쉽게 만들어야 한다. 체류는 '지도'가 아니라 '문법'에서 시작된다. 입구에서 몇 걸음 안에 이 매장의 규칙이 감각적으로 이해되어야 탐색이 시작된다. 무엇이 대표인지, 비교는 어떤 순서로 하면 되는지, 가격 체계가 단순한지, 질문할 수 있는 접점이 어디인지가 초반에 잡히면 체류는 자연스럽게 발생한다. 반대로 초반에 길 찾기가 어려우면 작업 기억이 길 찾기에 소진되어 제품을 볼 여유가 사라진다. 소비자는 "시간이 없다"고 말하지만 실제로는 인지 여유가 없는 상태에 가깝다. 시간을 늘려도 해결되지 않는다. 문법을 단순화해야 한다.

둘째, 진행을 끊지 않아야 한다. 체류를 만드는 매장은 선택 과제를 잘게 쪼갠다. 첫 단계에서는 방향을 고르게 하고, 다음 단계에서는 후보를 두세 개로 좁히게 하고, 마지막 단계에서는 실패 가능성을 낮추는 확인을 하게 만든다.

이때 핵심은 가능한 행동이 보이는 구조다. 무엇을 비교하면 되는지, 어디를 눌러 보면 되는지, 어떤 순서로 보면 되는지가 보일수록 소비자는 멈추지 않고 전진한다. 체험 존이 있어도 체험 방법이 보이지 않으면 멈춤이 생기고, 그 멈춤은 체류가 아니라 정체가 된다. 정체는 체류 시간을 늘릴 수는 있어도 매출을 늘리지 못한다. 매출을 만드는 체류는 전진하는 체류다.

셋째, 마무리를 명확히 해야 한다. 오래 둘러본 소비자가 결제 직전에서 흔들리는 순간은 결제 단계에서 새 판단이 폭발할 때다. 혜택 규칙이 길어지고 옵션이 늘어나고 정책 안내가 애매해지면, 그동안 쌓인 확신은 빠르게 붕괴한다. 체류는 한 덩어리의 경험으로 닫혀야 기억으로 남는다. 결제 단계에서는 실행만 남아야 한다. 선택은 동선 중간에서 정리되어야 하고, 결제는 결론을 확인하는 절차여야 한다.

체류를 늘리겠다는 목적 자체가 위험해지는 경우도 있다. 체류 장치가 볼거리 과잉으로 변하면 체류는 매출과 분리된다. 볼거리는 늘었지만 선택 기준이 좁혀지지 않으면 인지 부하는 올라가고, 그 부하는 비교를 매장 밖으로 밀어낸다. 외부 비교가 시작되는 순간 결제는 지연된다. 체류를 늘리는 올바른 방향은 콘텐츠를 늘리는 것이 아니라 판단을 줄이는 것이다. 판단이 줄어들수록 체류는 편해지고, 편한 체류는 더 많은 접점을 가능하게 하며, 그 접점은 객단가를 올린다. 결국 체류는 시간 자체가 아니라 '판단 없이 움직일 수 있는 구간'의 총합이다.

체류 시간이 매출을 만든다는 말은 공간의 미학을 말하는 것이 아니다. 기억의 공학을 말한다. 체류는 주의가 매장에 묶여 있다는 신호이고, 주의가 묶이면 경험 단서가 쌓인다. 경험 단서가 쌓이면 절차 기억이 만들어지고, 절차 기억이 만들어지면 다음 방문에서 선택 비용이 급격히 낮아진다. 선택 비용이 낮아진 매장은 비교의 대상이 아니라 기본값이 된다. 오프라인 리테일에서 체류를 설계한다는 것은 사람을 오래 붙잡는 일이 아니라, 사람이 전진할 수 있도록 작업 기억을 절약해 주는 일이다. 절약된 작업 기억이 탐색과 체감에 쓰일 때, 체류는 매출로 전환된다.

최근에 온라인 사업으로 크게 성공한 젊은 사장을 만난 적이 있다. 그는 쿠팡에서 월 수익 1천만 원 이상을 만들고, 유튜브에서 강의까지 하며 사업을 키웠다. 나는 그가 무엇을 어떻게 팔아서 그렇게 성장했는지가 궁금했다. 어떤 마케팅을 쓰는지, 어떤 상품을 고르는지, 어떤 퍼널을 짜는지 같은 답을 예상했는데 돌아온 대답은 의외로 단순했다. "2만 원 이하 상품만 소싱해서 팔아요." 이유를 묻자 그는 이렇게 말했다. 2만 원 이하의 물건은 구매 이후 반품 비율이 현저히 낮다, 반품을 준비하고 포장하고 택배를 보내는 수고를 생각하면, 그냥 써 버리는 경우가 많다.

나는 그 말을 듣는 순간 뒷통수를 맞은 기분이 들었다. 재구매와 재방문을 만드는 힘이 만족보다 되돌리기 귀찮을 만큼의 가벼움에서 시작될 수도 있다는 사실이, 너무 선명하게 이해됐기 때문이다.

—

재방문은 만족의 결과처럼 보이지만, 실제로는 기억이 호출되는 방식이 만든 결과다. 어떤 매장은 '좋았으니 다음에 또 가야지'로 끝나고, 어떤 매장은 별다른 의식 없이도 일정한 간격으로 다시 들르게 된다. 차이는 감정의 강도만으로 설명되지 않는다. 만족이 강해도 재방문이 없는 경우가 많고, 만족이 압도적이지 않아도 재방문이 꾸준한 경우가 많다. 오프라인 리테일에서 다시 올 이유는 결국 다음 방문을 필요로 하는 구조, 다음 방문을 원하게 만드는 구조, 그리고 다음 방문을 떠올리게 하는 구소가 하나로 결합된 상태에서 만들어진다.

사람은 매장을 평가로만 저장하지 않는다. 절차와 단서를 함께 저장한다. 어디로 들어가서 무엇을 먼저 보고, 어떤 방식으로 고르면 실패하지 않았는지, 어떤 순간에 확신이 생겼는지 같은 조각들이 기억의 뼈대를 이룬다. 이 뼈대가 강할수록 다음 행동은 쉬워진다. 반대로 뼈대가 약하면 좋았던 곳은 많아지지만 다시 가는 곳은 늘지 않는다. 다시 가는 곳은 감상이 아니라 자동화된 의사 결정이 있는 곳이다. 자동화는 반복의 결과처럼 보이지만, 반복을 시작시키는 방아쇠가 따로 있다. 그 방아쇠는 대체로 '떠올림'이다. 떠오르지 않으면 행동은 생기지 않는다.

여기서 유용한 개념이 전향 기억이다. 전향 기억은 과거를 떠올리는 기억이 아니라, 미래에 해야 할 일을 적절한 순간에 떠올리는 기억이다. '집에 가는 길에 우유를 사야지' 같은 의도가, 어느 순간 간판이나 동선 같은 단서와 맞물리면서 자동으로 떠오르는 구조다. 재방문도 마찬가지다. "언젠가 또 가야지"라는 다짐이 재방문을 만드는 것이 아니라, 특정 상황에서 그 매장이 먼저 떠오르는 상태가 재방문을 만든다. 그래서 다시 올 이유를 만드는 일은 두 단계로 나뉜다. 미래 의도를 심는 일, 그리고 그 의도를 호출할 단서를 설계하는 일이다. 많은 매장은 첫 단계까지만 한다. 좋은 경험을 만들면 재방문할 거라고 믿는다. 그러나 만족은 의도를 만들 뿐, 호출을 보장하지 않는다. 호출이 보장되지 않으면 의도는 도시의 선택 과잉 속에서 쉽게 묻힌다. 이때 재방문은 가장 좋은 매장이 아니라 가장 먼저 떠오르는 매장이 가져간다.

재방문을 만드는 구조는 세 축으로 정리할 수 있다. 다시 올 필요가 생기는가, 다시 오고 싶어지는가, 그리고 다시 와야 한다는 생각이 적절한 순간에 떠오르는가. 이 세 축 중 하나라도 약하면 재방문은 끊긴다. 필요만 있으면 온라인으로 대체되고, 욕구만 있으면 한 번의 이벤트로 끝나며, 떠오름만 있어도 이유가 약하면 방문은 미뤄진다. 오프라인 매장이 강해지려면 세 축이 동시에 맞물려야 한다.

이 구조를 가장 선명하게 보여 주는 사례가 2010년 중반 이후의 올리브영이다. 한때는 2012년 무렵 미샤를 시작으로 단일 브랜드 숍이 빠르게 확장됐고, 거리의 표정이 그들로 채워지던 시기가 있었다. 그런데 지금은 많은 자리에서 단일 브랜드 숍이 희미해지고, 그 자리를 올리브영이 강하게 점유하고 있다. 이것은 단지 입지가 좋기 때문이라고만 설명하기 어렵다. 그만큼 재방문이 높다는 뜻이고, 재방문을 설계하는 구조가 작동하고 있다는 뜻이다.

올리브영이 만드는 다시 올 이유는 최고의 선택이 아니라 크게 실패하지 않을 선택이라는 감각에 있다. 단일 브랜드 숍에서는 불가능했던 비교가 한 공간에서 가능해지고, 소비자는 같은 시간 대비 얻은 정보와 확신이 많다고 느낀다. 무엇보다 중요한 것은 판단 책임이 분산된다는 점이다. 매장 곳곳의 POP에서 '많이 팔린', '요즘 뜨는' 같은 신호가 반복되면 소비자는 선택을 전부 혼자 떠안지 않아도 된다. 그 결과 구매는 무거운 결단이 아니라 '일단 써 봐도 되겠다'라는 가벼운 실행으로 바뀐다. 이 가벼움은 단순한 저가 전략이 아니라, 반품과 후회의 비용을 체감상 낮추는 구조다.

앞서 온라인 사업가가 말한 2만 원 이하 상품의 논리와 닿아 있는 지점이 바로 여기다. 소비자는 때로 최고의 만족보다, 되돌릴 필요가 없을 만큼의 안전한 선택을 반복한다.

이런 구조에서는 계획 없이 들어가도 계획보다 더 많은 것을 들고 나오는 일이 자주 발생한다. 그러나 그 충동은 위험한 충동이 아니라 '안전한 충동'에 가깝다. 크게 실패하지 않을 것 같다는 전제가 깔려 있기 때문이다. 직원의 적절한 개입 역시 같은 역할을 한다. 과잉 설득이 아니라, 혼자 두지 않는다는 인상을 주는 수준의 개입은 탐색을 계속 진행시키고, 막히는 순간을 줄이며, 결정의 무게를 낮춘다. 올리브영에서 보여 주는 직원의 적절한 개입은, 올리브영이 리테일 마케팅을 잘하는 곳으로 손꼽히는 이유다. 유니폼을 입은 점원들은 너무 가깝지도 멀지도 않은 적당한 거리를 유지하며 "필요한 것 있으면 말씀하세요"라고 말한다. 이들은 적정 거리를 지키며 자기 일을 한다. 고객을 빤히 쳐다보거나 주목하지도 않는다. 이런 방식은 화장품 매장이 낯선 남성이나 정보가 필요한 사람에게 물어볼 용기를 준다. 질문에 대한 거부감도 없앤다. 결과적으로 올리브영은 도파민을 강하게 자극하는 매장이라기보

기억을 팝니다

다, 생각을 덜 쓰게 해 주는 매장에 가깝다. 재방문이 높은 매장의 핵심은 감정의 폭발이 아니라 인지 비용의 절감인 경우가 많다.

결국 다시 올 이유는 '좋았다'라는 감상만으로 만들어지지 않는다. 다음 방문이 필요해지는 사용 구조, 다시 오고 싶어지는 갱신감, 그리고 생활 속에서 자동으로 떠오르게 만드는 단서가 함께 설계될 때 재방문은 습관처럼 발생한다. 오프라인 리테일에서 경쟁 우위는 한 번의 감탄을 얻는 데 있지 않다. 감탄은 종종 한 번으로 끝난다. 다시 올 이유는 반복을 만들고, 반복은 기억을 강화하며, 강화된 기억은 선택 비용을 낮춰 재방문을 더 쉽게 만든다. 매장을 강하게 만드는 것은 화려한 이벤트가 아니라, 소비자가 '덜 고민하고도 다시 가게 되는 구조'다.

중국 출장을 갔을 때, LG생활건강 측 일정에 동행해 한 매장 사이니지 업체를 방문한 적이 있다. 당시 유니클로는 핫한 브랜드의 상징처럼 보였고, 중국에서도 거리에서 자주 마주쳤다.

그 업체는 유니클로 매장의 사이니지를 제작·공급하는 곳이었는데, 인상 깊었던 건 디자인 이야기가 아니라 테스트 이야기였다. 컬러 변색, 컬러감, 조도 같은 조건을 유난히 깐깐하게 검증하고 있었다. 같은 빨강이 매장마다 다르게 보이면 안 되고, 같은 흰색이 환경에 따라 탁해지면 안 된다는 식이었다. 그때는 저 정도까지 하나, 싶었는데, 지금은 오히려 그 장면이 먼저 떠오른다. 유니클로 매장을 지나칠 때, 여러 간판이 섞여 있어도 이상하게 내 시야에 먼저 걸리는 건 대개 유니클로의 정사각형 사이니지다. 크기가 압도적으로 큰 것도 아닌데, 그것만 보인다는 느낌이 들 정도로 고정되어 있다. 기억이 선택 비용을 낮추는 방식은, 생각보다 이렇게 단순한 데서 시작된다.

오프라인 매장에서 가장 비싼 비용은 임대료, 인건비가 아니다. 소비자의 선택 비용이다. 선택 비용은 돈으로 표시되지는 않지만 행동으로는 명확히 드러난다. 오래 서서 망설이는 시간, 스마트폰을 꺼내는 순간, 같은 코너를 두 번 도는 동작, 직원에게 묻고도 결정을 미루는 표정, 결국 아무것도 사지 않고 나가는 이탈. 이 모든 것이 선택 비용이 과도하다는 신호다. 매출이 정체된 매장 대부분은 제품이 부족해서가 아니라 선택 과정이 비싸서 문제가 된다. 반대로 강한 매장은 설명을 줄여도 팔린다. 그 이유는 소비자가 더 똑똑해서가 아니다. 선택 비용이 낮기 때문이다. 그리고 그 비용을 낮추는 가장 강한 장치가 기억이다.

사람은 매장 안에서 매번 처음부터 계산하지 않는다. 이전에 경험한 정보, 동선, 감각, 성공과 실패의 흔적이 선택의 출발점을 바꾼다. 이때 기억은 단순히 좋았다를 저장하는 감상 노트가 아니다. 기억은 선택에 필요한 계산을 압축하는 알고리즘에 가깝다. 어떤 카테고리부터 보면 되는지, 어떤 기준으로 비교하면 되는지, 어느 구역에서 멈추면 되는지, 어느 정도 가격이면 납득 가능한지 같은 규칙이 저장된다. 이 규칙은 다음 방문에서 자동으로 호출되어 선택 비용을 줄인다. 기억이 쌓일수록 사람은 매장을 덜 읽고 더 빨리 움직인다. 덜 읽는다고 만족이 줄어들지 않는다. 정말로 줄어드는 것은 불안과 피로다. 선택 비용이 줄어드는 방향으로 기억이 작동하기 때문이다.

이 작동은 경제적 인간의 모델로는 설명하기 어렵다. 사람은 항상 최적을 찾지 않는다. 무엇이 최적인지 계산할 능력도 시간도 충분하지 않다. 허버트 사이먼 Herbert A. Simon 이 제시한 제한 합리성 bounded rationality 은 바로 그 현실을 전제로 한다. 인간은 최적화 optimization 보다 만족화 satisficing 에 가깝게 행동한다. 가능한 범위 안에서 충분히 괜찮은 선택을 빠르게 확정하는 쪽으로 움직인다.

오프라인 매장에서 이 경향은 더 강해진다. 환경이 복잡하고 자극이 많고 비교 변수가 늘어나기 때문이다. 그래서 매장은 소비자가 최적을 찾게 만드는 곳이 아니라, 충분히 괜찮은 선택을 빠르게 확정하게 만드는 곳이어야 한다. 기억은 제한 합리성을 강점으로 바꾼다. 한 번 충분히 괜찮은 선택을 경험하면, 다음부터는 그 선택을 반복하는 규칙이 생기고, 그 규칙이 선택 비용을 깎아 준다.

선택 비용이 낮아진다는 말은 무엇이 줄어드는가를 따져보면 더 명확해진다. 첫째, 탐색 비용이 줄어든다. 어디에 무엇이 있는지, 무엇부터 보면 되는지, 어떤 순서로 움직여야 하는지의 지도 제작 비용이 줄어든다. 둘째, 비교 비용이 줄어든다. 후보군을 넓게 펼쳐 놓고 전수 비교하는 대신, 기억이 후보군을 미리 축소한다. 셋째, 정당화 비용이 줄어든다. 결정을 내린 뒤 '내가 잘 선택했나'를 스스로 설득하는 비용이 줄어든다. 넷째, 후회 비용이 줄어든다. 실패 가능성을 시뮬레이션하는 시간이 짧아지고 강도도 약해진다. 이 네 가지가 동시에 줄어들면 선택은 빨라지고, 체류는 불안이 아니라 진행이 되며, 결제는 이벤트가 아니라 절차가 된다.

기억이 선택 비용을 낮추는 방식은 두 층으로 나뉜다. 하나는 의미 기억이다. 이 매장은 어떤 곳인지, 무엇을 잘하는지, 가격대와 품질 감각이 어떤지에 대한 프레임이 저장된다. 다른 하나는 절차 기억이다. 입구에서 어디로 꺾는지, 어떤 코너에서 멈추는지, 어떤 질문을 하면 되는지, 어떤 두세 가지 기준만 보면 되는지 같은 행동 규칙이 저장된다. 의미 기억이 방향을 정하고, 절차 기억이 속도를 만든다. 둘 중 하나만 있으면 충분하지 않다. 방향만 있으면 매장에 와도 시간이 오래 걸리고, 속도만 있으면 잘못된 방향으로 빨라질 수 있다. 강한 매장은 두 층이 동시에 축적되도록 경험을 설계한다. 그래서 다시 오기 쉬운 곳이 된다. 다시 오기 쉬운 곳은 단지 익숙한 곳이 아니라, 선택 비용이 지속적으로 내려가는 곳이다.

유니클로는 이 구조를 아주 정직하게 보여 준다. 파사드의 시작과 끝은 대개 정사각형 사이니지다. 크기가 엄청나지 않아도 반복적으로 같은 얼굴을 유지한다. 매장에 들어갈 때도 마찬가지다. 나는 유니클로에 갈 때 옷을 깐깐히 고르러 간다기보다 '확인하러' 간다는 쪽에 더 가깝다. 이 매장에서 나는 '이 브랜드가 나에게 맞을까'라는 질문을 거의 하지 않는다. 이미 여러 번의 경험을 통해 크게 실패하지 않는다는 판단이 기억으로 저장돼 있기 때문이다.

이런 맥락에서 유니클로는 새로움을 과시하기보다, 같은 문법을 반복한다. 입구의 대량 진열, 중앙의 핵심 카테고리, 벽면의 사이즈와 컬러 반복은 매번 예측 가능하다. 동선은 고민의 대상이 아니라 본능적인 이동 경로가 된다. 진열 방식도 스타일을 과하게 제안하기보다 재고와 가격을 숨김없이 드러내는 쪽에 가깝다. 이 설계는 소비자에게 여기엔 과장이나 속임이 없다는 메시지를 준다. 피팅룸도 위치와 사용 방식이 일관될수록, 옷을 입어 보는 행위 자체가 탐색이 아니라 확인 절차가 된다. 그 순간 선택은 결단이 아니라 업무 처리에 가까운 행위로 바뀐다. 유니클로에서의 기억은 감동이나 인상이 아니라 판단의 요약본으로 남는다. "이 정도면 충분히 괜찮다"는 요약이 다음 방문의 사고 과정을 대신한다. 그래서 다시 올 때 비교하지 않고, 다시 고민하지 않는다.

여기서 오프라인 리테일의 설계 과제가 분명해진다. 기억이 선택 비용을 낮추려면, 기억에 남을 것을 늘리는 것이 아니라 기억이 '규칙'으로 압축되게 설계해야 한다. 많은 매장이 인상을 남기려고 볼거리를 늘리지만, 볼거리는 기억을 늘릴 수 있어도 선택 비용을 줄이지 못한다. 선택 비용을 줄이려면 경험이 반복 가능한 문법으로 저장되어야 한다. 경험이 매번 다른 장식으로만 구성되면 기억은 감상으로 남고 규칙이 되지 않는다. 감상은 이야기로 남지만 행동을 만들지 못한다. 반대로 경험이 일정한 문법으로 반복되면 뇌는 그 문법을 절차로 저장한다. 절차는 다음 방문에서 자동으로 실행된다. 자동 실행이 바로 선택 비용의 절감이다.

기억이 규칙으로 저장되게 만드는 방법은 다섯 가지로 정리된다. 첫째, 첫 판단을 고정한다. 소비자는 입구에서 이곳이 어떤 타입인지 분류한다. 프리미엄인지 실용인지, 큐레이션형인지 창고형인지, 체험형인지 목적형인지가 초반에 명확해야 한다. 분류가 명확하면 비교 기준이 자동으로 정렬된다. 분류가 흔들리면 매장을 더 읽어야 하고, 그 읽기가 선택 비용이 된다.

둘째, 대표 규칙을 최소 개수로 제공한다. 규칙이 많으면 교육이 된다. 교육은 체류를 늘려도 결제를 늦춘다. 두세 개면 충분하다. 무엇을 먼저 고르는지, 무엇을 기준으로 둘째를 고르는지, 마지막에 무엇으로 확정하는지. 이 세 단계가 매장 전체에서 일관되게 반복되면 다음 방문에서 설명 없이도 절차가 재생된다. 규칙은 문장으로 길게 쓰는 것이 아니라, 진열 구조와 동선 흐름으로 '보이게' 만들어야 한다. 보이는 규칙은 외우지 않아도 된다. 외우지 않아도 되는 것은 비용이 낮다.

셋째, 기준점과 변주점을 분리한다. 카테고리 위치, 가격 표기 형식, 대표 옵션의 자리, 질문 가능한 접점 같은 기준점은 고정하고, 추천 조합·시즌 테마·신상품 초점 같은 변주점은 바꾼다. 기준점이 고정되어 있으면 변주점은 새로움이 아니라 업데이트로 경험된다. 업데이트는 재방문 동기가 되고, 기준점은 선택 비용을 낮춘다.

넷째, 결정의 잔여물을 생활로 보내 단서를 만든다. 기억이 선택 비용을 낮추려면 다음 방문에서 쉽게 호출되어야 한다. 호출은 매장 밖에서 시작된다. 제품을 쓰는 순간, 포장을 여는 순간, 라벨을 보는 순간이 단서가 된다. 이때 단서는 로고가 아니라 절차까지 함께 불러와야 강해진다. '다음에도 여기서 이 방식으로 고르면 된다' 가 떠오를 때 선택 비용이 내려간다. 사용 가이드의 구조, 추천 조합 카드, 리필 기준, 사이즈 선택 요령 같은 장치가 이 압축을 돕는다.

다섯째, 결제 단계에서 새로운 판단을 제거한다. 선택 비용이 가장 쉽게 폭발하는 곳이 결제 직전이다. 여기서 옵션이 늘고 혜택 규칙이 길어지고 정책이 모호해지면, 그동안 줄였던 비용이 다시 올라간다. 선택은 동선 중간에서 끝나야 하고 결제는 실행만 남겨야 한다. 결제 직전의 추가 선택은 단기 매출 장치처럼 보여도, 후회 가능성을 키우고 다음 방문의 비용을 올리는 경우가 많다. 장기적으로는 결제의 단순함이 객단가보다 더 큰 자산이 된다.

정리하면, 기억이 선택 비용을 낮춘다는 말은 매장을 '재교육이 필요 없는 시스템'으로 만든다는 뜻이나. 소비자가 매번 새로 배우지 않아도 되는 곳, 다시 비교하지 않아도 되는 곳, 다시 불안해하지 않아도 되는 곳. 이 세 가지가 충족되면 매장은 편리해진다. 여기서 편리함은 동선이 짧다는 의미가 아니다. 판단이 짧다는 의미다. 판단이 짧아지면 여유가 생기고, 여유는 체류를 만들고, 체류는 접점을 늘리고, 접점은 추가 구매를 만든다. 그리고 그 전체가 다시 기억으로 저장되어 다음 선택 비용을 더 낮춘다. 이 순환이 만들어지면 매장은 할인과 광고로 밀어붙이지 않아도 성장한다.

오프라인 리테일의 경쟁은 상품 스펙 경쟁이 아니라 선택 비용 경쟁이다. 소비자는 더 많은 정보를 원하는 것이 아니라, 더 낮은 비용으로 결정을 끝내길 원한다. 그 결정을 끝내게 해 주는 힘이 기억이다. 기억은 감정의 저장고가 아니라, 선택을 단축시키는 절차의 저장고다. 매장이 기억을 규칙으로 설계하는 순간, 소비자는 방문할수록 더 쉽게 산다. 더 쉽게 산다는 것은 더 자주 산다는 뜻이고, 더 자주 산다는 것은 매장이 생활의 기본값이 된다는 뜻이다. 기억이 선택 비용을 낮추는 순간, 리테일은 공간의 예술이 아니라 기억의 공학으로 전환된다.

5장

기억이 브랜드가 되는 과정

많은 리테일 관련자들이 브랜드를 이미지로 오해한다. 통일된 디자인, 일관된 컬러, 잘 정리된 메시지가 브랜드를 만든다고 믿는다. 그러나 이런 요소들은 기억의 결과이지 소비자가 브랜드를 기억하는 원인이 아니다. 우리가 설계한 기억이 먼저 작동하지 않으면 이미지는 흩어지고, 메시지는 소음이 된다. 반대로 기억이 작동하면, 이미지는 최소한으로도 충분하고 메시지는 짧아도 통한다. 브랜드는 기억의 총합이 아니라, 기억이 반복되며 만들어 낸 하나의 판단 규칙이다. 그 판단 규칙이 어떻게 형성되는지를 아는 것이 중요하다.

브랜드가 된 기억에는 몇 가지 공통된 특징이 있다. 첫째, 예측 가능하다. 그 매장에 가면 어떤 방식으로 움직이게 될지, 어떤 수준의 가격과 품질을 만나게 될지, 어떤 기준으로 선택하면 되는지가 미리 떠오른다. 둘째, 안정적이다. 변하지 않는 절차가 있어 매번 다시 배울 필요가 없다. 셋째, 단축적이다. 비교와 탐색의 단계를 줄여 준다. 이 세 가지가 동시에 충족될 때 기억은 개인의 취향을 넘어, 선택의 기본값으로 작동한다. 기본값이 된 기억은 브랜드로 전환된다.

5장은 기억이 어떻게 개인적 경험의 수준을 넘어 사회적 신호로 확장되는지를 다룬다. 기억이 어떻게 '나만의 경험'에서 '남들에게 설명 가능한 기준'으로 변하는지, 그리고 그 과정에서 오프라인 매장이 어떤 역할을 해야 하는지를 분석한다.

브랜드는 말로 정의되는 것이 아니라, 행동으로 증명된다. 사람들이 그 매장을 어떻게 찾고, 어떻게 머물고, 어떻게 떠나며, 언제 다시 떠올리는지가 브랜드의 정의다.

이 장에서 다루는 브랜드는 추상적 개념이 아니다. 로고를 보지 않아도 떠오르고, 이름을 몰라도 선택하게 만드는 힘이다. 이 힘은 광고로 만들 수 없다. 공간 안에서 반복된 경험이 기억으로 저장되고, 그 기억이 선택을 단축시키는 규칙으로 굳어질 때만 만들어진다. 결국 브랜드란, 기억이 가장 효율적인 형태로 조식된 결과다. 오프라인 리테일에서 브랜드를 만든다는 것은, 기억을 설계한다는 뜻과 다르지 않다. 그 설계의 구조를 해부해 보자.

축적된 기억으로 완성되는 브랜드

리테일의 본질은 물건을 보여 주는 일이 아니라, 소비자가 '여기서 사도 된다'고 느끼게 만드는 경험을 만드는 일이다. 로고는 표식이고, 브랜드는 예측이다. 사람은 로고를 보고 매장을 평가하는 게 아니라, 그 매장에 대해 이미 갖고 있던 예측을 로고에 덧씌운다. 같은 로고라도 어떤 사람에게는 '여긴 실패하지 않는다'로 작동하고, 어떤 사람에게는 '여긴 늘 비싸다'로 작동한다. 차이는 시각물이 아니라 축적된 기억이다. 브랜드는 디자인 시스템이 아니라 기억 시스템의 부산물이다.

오프라인에서 브랜드는 경험의 총합이 아니다. 경험은 늘 잡음이 섞인다. 혼잡한 날도 있고, 직원이 바뀌는 날도 있고, 재고가 부족한 날도 있다. 그럼에도 불구하고 특정 매장은 강하게 소비자의 기억에 남아 있다. 이유는 단순하다. 뇌는 경험을 있는 그대로 저장하지 않고, 다음 행동에 유리한 형태로 재구성하기 때문이다. 그 재구성이 반복되면, 매장은 하나의 규칙으로 저장된다. 소비자의 머릿속에 '여기는 이런 곳'이라는 규칙이 저장되는 순간부터, 소비자는 매장을 다시 읽지 않는다. 다시 확인하지 않는다. 그냥 따른다. 기억하고 있기 때문이다. 그 기억 속의 규칙이 바로 브랜드의 실체다.

이 규칙이 만들어지는 과정을 이해하려면 기억을 '저장'이 아니라 '구성'으로 봐야 한다. 프레더릭 바틀렛^{Frederic Bartlett}은 기억은 사진처럼 보관되는 것이 아니라, 의미 구조에 맞게 재구성된다고 설명했다. 사람은 디테일을 통째로 들고 다니지 않는다. 대신 반복되는 패턴을 추출해 스키마^{schema}로 만든다. 스키마는 세계를 빠르게 해석해 주는 내부 모델이다. 매장이 브랜드가 된다는 말은, 그 매장에 대한 스키마가 형성되었다는 뜻이다. 스키마가 형성되면 다음 방문에서 시선과 발걸음이 달라진다. 탐색은 줄고, 확신은 빨라지고, 비교는 단축된다. 브랜드는 로고가 아니라 스키마다.

스키마가 생기려면 무엇이든 많이 경험하면 될 것 같지만, 실제로는 반대다. 스키마는 변하지 않는 것이 명확할수록 빨리 만들어진다. 매장 경험에서 변하지 않는 것은 제품이 아니라 문법이다. 동선의 논리, 카테고리의 배열, 가격의 규칙, 직원의 응대 구조, 체험의 순서, 결제의 리듬 같은 절차적 요소가 반복되면 뇌는 그 반복을 규칙으로 압축한다. 반대로 매번 다르게 꾸민 전시, 과도한 메시지, 랜덤한 프로모션은 디테일을 늘리지만 규칙을 만들지 못한다. 인상은 남겨도 브랜드는 되지 않는다. 브랜드는 강렬함이 아니라 예측 가능성에서 생긴다. 예측 가능성은 감탄보다 강한 행동 유도 장치다.

기억 체계의 관점에서 보면, 오프라인 브랜드는 두 층으로 쌓인다. 하나는 에피소드 기억 episodic memory 이고, 다른 하나는 의미 기억 semantic memory 이다. 엔델 툴빙이 구분한 이 두 체계에서, 매장이 소비자에게 좋았던 사건으로만 남으면 에피소드에 머문다. 에피소드는 회상할 때는 즐겁지만 행동을 자동화하지는 않는다. 반면 매장이 규칙으로 남으면 의미 기억으로 이동한다. 의미 기억은 이야기보다 빠르게 호출되고, 호출되면 선택 비용을 낮춘다. 이때 브랜드는 그날의 특별함이 아니라 그곳의 상식이 된다. 상식이 된 브랜드는 소비자가 주변에 추천할 때의 문장도 바뀐다. "거기 분위기 좋아"가 아니라 "거긴 그거 사면 돼"로 압축된다. 압축된 문장이야말로 브랜드의 목표 상태다.

　오프라인 리테일에서 브랜드를 만든다는 것은 결국 두 가지를 동시에 설계하는 일이다. 하나는 기억에 남는 장면을 만드는 것이고, 다른 하나는 그 장면이 매장에서 같은 방식으로 반복되도록 경험을 정리하는 일이다. 장면만 만들면 전시가 되고, 방식만 만들면 편의점이 된다. 브랜드가 되려면 기억에 남는 장면이 있어야 하고, 그 장면이 언제 방문해도 같은 경험으로 이어져야 한다.

　매장 안의 한두 장면만 보고도 소비자가 '여기서는 어떻게 쇼핑하면 되는지 바로 알겠다'라고 느끼는 순간이 필요하다. 그리고 그 장면은 직원이 바뀌거나 시즌이 달라져도 같은 방식과 같은 품질로 다시 나타나야 한다. 그래야 그 장면이 일회성 이벤트가 아니라 매장의 규칙으로 기억된다.

　리테일적으로 브랜드를 로고가 아닌 기억으로 구축하려면, 매장 경험을 '기억의 계약'으로 재정의해야 한다. 소비자가 매장에 들어오며 무의식적으로 맺는 계약은 하나다. 이곳에서는 어떤 방식으로 선택하면 되는가. 계약이 명확하면 선택 비용이 내려가고, 계약이 흔들리면 비교가 늘어난다. 그래서 첫째, 매장이 제공하는 선택 규칙을 2~3개로 제한해야 한다. 기준이 많을수록 전문적으로 보이지만, 행동은 느려진다. 기준이 적을수록 단순해 보이지만, 행동은 빨라진다. 오프라인에서 브랜드는 고급 정보가 아니라 빠른 확신으로 형성된다. 빠른 확신이 반복되면, 소비자는 그 확신을 브랜드로 명명한다.

둘째, 변하지 않는 요소를 고정하고 변하는 요소를 분리해야 한다. 변하지 않는 요소는 절차다. 들어가서 어디서 시작하는지, 어떤 카테고리 순서로 이해되는지, 가격이 어떤 규칙으로 읽히는지, 질문하면 어떤 방식으로 정리되는지, 결제가 얼마나 매끄러운지 같은 것들이 고정돼야 한다. 변하는 요소는 콘텐츠다. 시즌 추천, 조합, 신상품, 스토리 텔링은 바뀌어야 한다. 절차가 고정된 상태에서 콘텐츠가 바뀌면, 변화는 낯섦이 아니라 갱신으로 경험된다. 갱신은 재방문을 만들고, 고정된 절차는 재방문에서의 선택 비용을 낮춘다. 재방문이 늘수록 기억은 더 압축되고, 더 압축될수록 브랜드는 더 단단해진다.

셋째, 매장의 약속을 경험의 증거로 남겨야 한다. 오프라인에서 소비자들이 만나는 증거는 감각과 절차다. 손에 쥐는 테스트, 비교가 한 번에 정리되는 표식, 실패를 줄여 주는 체험, 질문을 짧게 끝내는 응대 구조, 마지막에 남는 사후 안내의 명료함 같은 경험이 된 기억들이 그 증거다. 브랜드는 증거로 만들어진다. 내부자들의 주장으로 만들어지지 않는다는 사실을 기억하자. 브랜드가 매장에 구축해 둔 이 증거는 소비자의 기억에 남는 장면이면서 동시에 다음 행동을 단축하는 규칙의 부품이 된다. 증거가 규칙으로 축적될 때, 로고도 비로소 의미를 얻는다. 로고가 브랜드를 만들지 않는다. 로고는 이미 형성된 브랜드 기억을 호출하는 단서로 기능할 뿐이다.

넷째, 브랜드에 대한 기억을 '한 문장으로 회수 가능한 상태'로 만들어야 한다. 사람은 브랜드를 길게 설명하지 않는다. 길게 설명해야 하는 브랜드는 아직 브랜드가 아니다. "여긴 이거 사러 가는 곳", "여긴 실패하지 않는 곳", "여긴 이 가격이면 믿을 만한 곳" 같은 문장이 자연스럽게 나오면, 그 매장은 기억의 스키마를 확보한 상태다. 이 문장은 카피로 만들 수 없다. 매장 경험이 반복되며 스스로 생성하는 압축 결과다. 중요한 것은 이 문장을 내부에서 통제하려는 욕심이 아니라, 이 문장이 생길 만한 경험의 규칙을 유지하는 태도다.

다섯째, 브랜드는 매장 밖에서 완성된다는 사실을 전제해야 한다. 오프라인에서의 경험은 매장 안에서 끝나지 않는다. 집에 돌아가 사용하면서, 포장을 만지면서, 다음 구매를 계획하면서 기억은 다시 재구성된다. 이 재구성 과정에서 규칙이 선명해지면 브랜드가 강화되고, 규칙이 흐려지면 브랜드가 약해진다. 그래서 사후 경험의 구조가 필요하다. 사용 가이드가 간단하고, 교환·반품의 규칙이 단정하며, 다음 행동의 기준이 짧게 정리되어 있으면, 매장은 생활 속에서 계속 호출된다. 호출이 반복되면 의미 기억이 강화되고, 의미 기억이 강화되면 브랜드는 더 자동으로 선택된다.

결국 브랜드는 로고가 아니라 축적된 기억이다. 이 말은 미학적 선언이 아니다. 운영의 요구 사항이다. 로고를 바꾸기보다 반복을 바꿔야 하고, 캠페인을 늘리기보다 규칙을 단단하게 해야 하며, 새로움을 과시하기보다 예측 가능성을 보장해야 한다.

브랜드가 된 매장은 화려해서가 아니라 계산을 덜 하게 만들기 때문에 강하다. 사람은 매장을 기억할 때, 무엇을 봤는지보다 '어떻게 선택했는지'를 더 오래 들고 간다. 그 선택 방식이 매장의 스키마로 압축되는 순간, 매장은 공간이 아니라 브랜드가 된다.

재방문은 설계된 결과

소비자의 재방문을 두고 내부에서 이런 오류를 범하는 경우가 있다. "우리 제품과 매장에 만족했으니 다시 온 것이다." 이 해석은 절반만 맞다. 만족은 방문의 평가이고, 재방문은 다음 행동이다. 그러나 평가는 머릿속에서 끝난다. 행동은 일정한 조건이 갖춰져야 발생한다. 좋은 매장이 반드시 다시 선택되지는 않는다. 반대로 압도적으로 좋지 않아도 꾸준히 다시 가는 매장은 존재한다. 차이는 감정의 크기보다 행동이 시작되는 구조에 있다. 재방문은 기분이 아니라 설계의 결과다. 오프라인에서 브랜드가 된다는 것은, 사람의 삶 안에서 그 매장이 다시 호출되는 조건을 확보했다는 뜻이고,

그 조건은 우연히 생기지 않는다.

재방문을 만드는 핵심은 '다시 가고 싶다는 생각'이 아니라, 그 생각이 실제 방문으로 이어지는 순간이다.

이를 설명할 수 있는 이론은 심리학자 피터 골비처 Peter Gollwitzer가 연구한 실행 의도 implementation intention다. 실행 의도는 '언젠가 해야지' 같은 막연한 계획이 아니라 '만약 A 상황이 오면, B 행동을 한다'로 고정된 계획이다. 전향 기억이 단서에 의해 미래 행동을 떠올리게 하는 메커니즘이라면, 실행 의도는 떠올림이 실제 행동으로 이어지게 하는 고정 장치다. 매장 입장에서 재방문은 '또 와야지'라는 감상이 아니라 '언제 어떤 이유로 다시 오게 될지'가 구체화되는 순간부터 발생한다. 구체화가 없으면 기억은 인상으로 남고, 인상은 행동을 만들지 못한다.

오프라인 매장은 실행 의도를 말로 심지 못한다. "다음에 또 들러달라"는 문구는 의도를 만들지도 못하고, 단서도 제공하지 못한다. 실행 의도는 경험의 마지막에서 다음 행동이 자연스럽게 포함된 절차로 심어진다. 예컨대 첫 방문에서 선택이 끝나며 동시에 다음 선택의 기준이 만들어지고, 그 기준이 사후 사용 경험 속에서 다시 등장하며, 그때 매장이 함께 떠오르는 구조다. 이 구조가 잡히면 재방문은 할인과 이벤트에 의존하지 않는다. 삶의 과제 속에서 자동으로 실행된다. 반대로 이 구조가 없으면 재방문은 항상 외부 자극을 기다리는 상태가 된다.

재방문이 설계되는 과정은 세 단계로 단순화된다. 첫째, 다시 올 명분이 생긴다. 둘째, 그 명분이 떠오를 단서가 생긴다. 셋째, 떠오른 뒤 실제로 이동하게 만드는 '마찰 최소화'가 붙는다. 명분만 있으면 미루고, 단서만 있으면 떠올려도 지나치며, 마찰만 낮추면 '언젠가'를 앞당길 이유가 없다. 세 요소가 동시에 맞물릴 때 재방문이 발생한다. 이때 명분은 카테고리의 속성에서 나오고, 단서는 매장 밖의 생활에서 나오며, 마찰 최소화는 운영과 접근성, 절차 설계에서 나온다. 재방문의 설계는 공간 디자인만으로 끝나지 않는 이유가 여기에 있다.

명분을 만드는 방식은 크게 두 갈래다. 하나는 소모와 보충의 리듬을 잡는 방식이고, 다른 하나는 완성과 확장의 리듬을 잡는 방식이다. 소모와 보충은 식품, 코스메틱, 생활용품처럼 반복 구매가 자연스러운 영역에서 강하게 작동한다. 하지만 여기에도 함정이 있다. 보충이 필요해도 매장이 떠오르지 않으면 온라인으로 대체된다.

그래서 오프라인은 보충을 필요로만 두지 않고 확인으로 바꿔야 한다. 같은 보충이라도 '그냥 사기'가 아니라 '이번엔 무엇이 달라졌는지 확인하기'로 바뀌는 순간 재방문은 유지된다. 완성과 확장은 가구, 패션, 취미, 리빙처럼 주기가 긴 영역에서 중요하다. 한 번의 구매가 끝이 아니라 조합, 관리, 업그레이드, 다음 단계로 이어지는 구조가 있어야 한다. 이때 매장은 다음 단계의 질문을 소비자의 삶 안에 남겨야 한다. 질문이 남으면 명분이 생기고, 명분이 생기면 단서가 붙을 때 행동이 된다.

단서를 만드는 설계는 매장 밖에서의 기억 호출을 전제로 한다. 사람은 바쁜 일상에서 매장을 자발적으로 떠올리지 않는다. 떠올림은 특정 상황에서 자동으로 발생한다. 그래서 단서는 생활 속의 반복 장면에 결합되어야 한다. 제품을 쓰는 순간, 포장을 버리기 전 마지막으로 만지는 순간, 수납장 문을 열 때 마주치는 라벨, 사용법을 확인하는 순간 같은 생활 장면이 단서가 된다. 여기서 중요한 것은 로고 노출이 아니라 절차 호출이다. 그 브랜드가 떠오르는 것만으로는 행동이 시작되지 않는다. '다음에도 거기서 그 방식으로 고르면 된다'는 선택 규칙이 함께 떠올라야 이동이 시작된다. 단서 설계는 결국 기억의 내용을 감상에서 규칙으로 바꾸는 작업이다. 브랜드가 된 기억은 언제나 규칙의 형태로 떠오른다.

마찰 최소화는 재방문의 마지막 관문이다. 떠올랐는데도 가지 않는 이유는 대부분 귀찮음이다. 이 귀찮음은 시간의 문제가 아니라 단계 수의 문제다. 가는 길이 복잡하고, 주차가 불편하고, 대기가 길고, 매장 안에서 다시 배워야 할 것이 많고, 원하는 것을 찾기 어렵다면 재방문은 쉽게 끊긴다. 오프라인에서 귀찮음은 단순 불편이 아니라 선택 비용이다. 재방문이 반복될수록 선택 비용이 낮아져야 한다. 다시 왔는데도 매번 처음처럼 헤매면, 기억은 축적되지 않고 피로만 축적된다. 재방문이 설계된 매장은 두 번째 방문부터 체감 난이도가 떨어진다. 무엇부터 보면 되는지, 어떤 기준으로 고르면 되는지, 어디서 질문하면 되는지, 결제는 어떻게 흘러가는지가 이미 학습되어 있기 때문이다. 학습된 절차는 마찰을 낮춘다. 마찰이 낮아지면 실행 의도는 더 쉽게 실행된다.

재방문을 강화하는 심리적 레버가 하나 더 있다. 윌리엄 새뮤얼슨William Samuelson과 리처드 지크하우저Richard Zeckhauser가 정리한 현상 유지 편향status quo bias은 사람에게 이미 쓰던 선택을 유지하려는 강한 성향이 있음을 보여 준다. 한 번 만족한 선택은, 다음에 다시 최적을 찾기보다 그대로 유지하려는 방향으로 굳는다. 오프라인에서 이 편향이 작동하려면 조건이 있다. 그 매장이 기본값이 되려면, 다시 선택했을 때 위험이 낮고 과정이 예측 가능해야 한다. 기본값이 된 매장은 경쟁 매장의 프로모션을 이길 때가 많다. 더 싸서가 아니라 소비자 입장에서 바꿀 때 드는 비용이 더 크기 때문이다. 재방문 설계의 목표는 바로 이 지점이다. 소비자가 '다시 비교하기'를 시작하기 전에, 기본값으로 복귀하게 만드는 것. 브랜드는 호감이 아니라 기본값의 자리를 차지한 기억이다.

리테일에서 재방문을 설계할 때 가장 자주 망가지는 지점은 변화다. 매장이 변화를 주지 않으면 지루해지고, 변화를 과하게 주면 학습된 절차가 깨진다. 재방문을 만드는 변화는 콘텐츠의 변화이지 문법의 변화가 아니다. 문법은 고정되어야 한다. 동선의 핵심, 카테고리의 논리, 가격 체계의 표현, 추천의 기준, 결제의 흐름은 유지되어야 한다. 그 위에서 추천 조합, 시즌의 주제, 신상품의 초점, 체험의 소재가 바뀌어야 한다. 이때 소비자는 '다시 배움'이 아니라 '다시 확인'을 경험한다. 다시 확인은 기대를 만들고, 기대는 재방문의 명분이 된다. 반대로 문법이 바뀌면 소비자는 다시 학습해야 하고, 학습 비용은 곧 이탈 비용으로 전환된다. 재방문 설계는 새로움을 설계하는 일이 아니라, 익숙함을 갱신할 수 있는 경험을 설계하는 일이다.

재방문이 설계되었다는 것은 결과가 하나로 드러난다. 소비자의 방문 이유가 점점 짧아진다. 처음에는 분위기, 이벤트, 추천 같은 길고 느슨한 이유로 오다가, 시간이 지나면 '그거 사러', '그거 확인하러'처럼 압축된 이유로 온다. 이유가 압축될수록 브랜드는 강해진다. 압축된 이유는 곧 압축된 기억이고, 압축된 기억은 행동을 단축한다. 이 단축이 반복되면 재방문은 더 자주 발생하고, 더 자주 발생하면 기억은 더 단단해진다. 브랜드는 그 단단함의 다른 이름이다.

재방문을 운으로 두는 매장은 언제나 외부 자극에 의존한다. 광고, 할인, 콜라보, 유입 캠페인이 멈추면 방문도 멈춘다. 반대로 재방문을 설계한 매장은 외부 자극이 없어도 방문이 유지된다. 이유는 단순하다. 사람들이 '언제, 왜, 어떻게 다시 오면 되는지'를 이미 알고 있기 때문이다. 어떤 상황에서, 어떤 명분으로, 어떤 단서를 통해, 어떤 낮은 마찰로 다시 오게 되는지가 이미 구조로 박혀 있다. 그 구조가 축적되면 기억은 브랜드가 되고, 브랜드가 되면 재방문은 더 이상 마케팅의 성과가 아니라 시스템의 산출물이 된다. 재방문은 결국, 기억이 행동으로 전환되는 설계가 성공했음을 보여 주는 가장 명확한 증거다.

반복이 쌓는 신뢰

오프라인에서 브랜드에 대한 소비자의 신뢰는 매장 안에서 반복적으로 확인되는 예측 가능성에서 생긴다. 예측 가능성은 한 번의 감탄으로 만들어지지 않는다. 반복되는 경험의 패턴이 축적될 때만 '다음에도 이럴 것'이라는 내부 모델이 생긴다. 그 내부 모델이 신뢰다.

신뢰는 호감의 다른 말이 아니다. 신뢰는 위험을 처리하는 방식이다. 소비자가 매장을 "믿는다"라고 말할 때는 감정이 아니라 계산이 들어 있기 때문이다. 이곳에서는 실패할 확률이 낮고, 문제가 생겨도 회복될 것 같고, 내가 바보가 될 가능성이 줄어든다는 계산. 광고는 이 계산에 영향을 주는 듯 보이지만, 실제로는 표면만 건드린다.

광고는 신뢰를 약속한다. 그러나 약속은 신뢰가 아니다. 약속은 미래형 문장이고, 신뢰는 과거 데이터에서 만들어진다. 오프라인 매장은 광고로 약속을 만들 수 있지만, 신뢰는 매장 운영이 남긴 기록으로만 만들어진다. 가격표가 늘 같은 문법으로 읽혔는지, 추천이 늘 같은 기준으로 정리됐는지, 품절이나 하자가 발생했을 때 처리 방식이 흔들리지 않았는지, 직원이 바뀌어도 경험의 구조가 유지됐는지, 결제 이후의 사후 과정이 단정했는지. 이런 요소들은 전부 반복의 형태로만 관찰된다. 소비자는 단발성 경험을 대개 '그 날 운이 좋았던 것' 정도로 받아들인다. 반복이 쌓여야 운이 규칙으로 바뀌고, 규칙이 예측으로 바뀌며, 예측이 신뢰로 바뀐다.

신뢰를 가장 리테일적으로 분해한 틀 중 하나가 메이어Mayer, 데이비스Davis, 쇼어먼Schoorman의 신뢰 모형Mayer, Davis, and Schoorman's model of trust이다. 이들은 신뢰를 상대의 능력ability, 선의benevolence, 성실성integrity이라는 세 축으로 설명했다. 이 틀을 오프라인 매장에 그대로 가져오면 의미가 선명해진다. 능력은 매장이 제품과 운영을 안정적으로 수행하는 능력이다. 선의는 소비자가 손해 보지 않도록 배려하는 방향성이다. 성실성은 규칙이 상황에 따라 흔들리지 않는 일관성이다. 흥미로운 지점은 이 세 축이 전부 반복을 통해서만 검증된다는 사실이다. 단 한 번의 방문으로 능력은 착각될 수 있고, 선의는 연출될 수 있고, 성실성은 확인될 수 없다. 신뢰는 결국 반복을 통해서만 통과하는 검증 절차다.

오프라인에서 신뢰가 특히 반복에 의해 만들어지는 이유는 매장이 본질적으로 변동성이 큰 환경이기 때문이다. 날씨가 바뀌고, 시간대가 바뀌고, 사람이 바뀌고, 재고가 바뀌고, 혼잡이 바뀐다. 이런 변동성 속에서도 경험의 핵심이 유지되면 소비자는 중요한 결론을 만든다. '여기는 변동 속에서도 본질이 유지되는 곳.' 이 결론이 신뢰의 시작이다.

리테일에서 신뢰를 만드는 반복은 다섯 영역으로 구체화된다. 첫째, 가격 신뢰다. 가격 신뢰는 '싸다'가 아니라 '규칙이 단정하다'에서 생긴다. 가격표의 형식이 일관되고, 할인 조건이 짧고, 예외가 적고, 설명이 상황에 따라 바뀌지 않을 때 가격은 위험이 아니라 기준이 된다. 둘째, 품질 신뢰다. 품질 신뢰는 제품 스펙보다 '검증의 방식'에서 생긴다. 테스트가 가능하고, 비교 기준이 명확하고, 추천이 과장되지 않고, 실사용의 한계를 숨기지 않을 때 품질은 신뢰로 전환된다. 셋째, 추천 신뢰다. 추천 신뢰는 친절한 제안이 아니라 기준의 공개에서 나온다. 추천이 어떤 질문을 통해 좁혀지고, 어떤 이유로 탈락시키며, 어떤 사용 장면을 전제로 하는지의 구조가 반복되면 추천은 광고가 아니라 편집이 된다. 넷째, 운영 신뢰다. 운영 신뢰는 재고 안내, 대기 흐름, 결제 절차, 포장과 사후 안내의 일관성에서 나온다. 매장이 바쁠수록 이 영역이 흔들리기 쉬운데, 바쁠 때 흔들리지 않는 매장이 신뢰를 가져간다. 다섯째, 복구 신뢰다. 교환·환불·AS의 규칙이 단정하고 실행이 빠르며, 소비자에게 입증 책임을 과도하게 전가하지 않을 때 복구는 신뢰의 증거가 된다. 복구는 비용처럼 보이지만, 실제로는 장기 매출을 만드는 보험료다.

여기서 흔히 나오는 반론이 있다. "신뢰를 만드려면 감동이 필요하다"는 주장이다. 그러나 감동은 신뢰의 조건이 아니다. 감동은 기억을 강하게 만들 수는 있지만, 신뢰를 안정적으로 만들지는 못한다. 신뢰는 강도의 문제가 아니라 일관성의 문제다. 감동은 편차가 크다. 한 번의 감동은 다음 방문에서 기대치를 올려 버리고, 기대치가 올라가면 작은 흔들림도 배신으로 읽힌다. 반대로 일관된 무난함은 기대치를 안정시킨다. 기대치가 안정되면 작은 변화는 업데이트로 읽히고, 큰 문제도 복구가 가능하다고 판단된다. 오프라인에서 강한 신뢰는 화려함이 아니라 '흔들리지 않음'에서 생긴다. 흔들리지 않는 매장은 경험이 특별해서가 아니라 경험이 예측 가능해서 다시 선택된다.

소비자가 매장에 방문했을 때 구매 경험이 한 번은 좋고 한 번은 나쁘면, 평균 점수는 남더라도 신뢰는 생기지 않는다. 신뢰는 평균이 아니라 분산에 반응한다. '대체로 괜찮다'보다 '언제나 괜찮다'가 기억에 더 긍정적인 영향을 준다. '언제나'는 과장처럼 들리지만, 신뢰가 작동하는 심리는 정확히 그 방향으로 움직인다. 신뢰는 최선의 경험을 기억하는 것이 아니라 최악의 경험 가능성을 얼마나 낮게 느끼는가에서 결정된다.

그래서 신뢰는 '잘해줬다'가 아니라 '내가 실수해도 괜찮다'에서 더 크게 자란다. 많은 매장이 친절과 서비스로 신뢰를 얻으려 하지만, 친절은 신뢰의 연료가 될 수 있어도 신뢰의 골격이 되기는 어렵다. 신뢰의 골격은 시스템이다. 시스템은 소비자가 보지 않는 곳에서 드러난다. 재고 안내가 정확한지, 가격 정책이 흔들리지 않는지, 교환과 환불이 말보다 빠르게 처리되는지, 문제가 생겼을 때 책임 소재를 소비자에게 떠넘기지 않는지. 이런 요소들은 광고 카피로 설득할 수 있는 영역이 아니다. 매장이 실제로 반복해서 보여 주어야 한다. 이 반복이 쌓이면 소비자는 어느 순간부터 매장을 감시하지 않는다. 감시를 멈추는 순간, 신뢰는 완성된다.

오프라인에서 신뢰의 핵심은 '선택 비용을 줄여 준다'는 체감이다. 신뢰하는 매장에서는 소비자가 비교를 덜 한다. 비교를 덜 한다는 것은 그만큼 판단의 비용과 불안을 덜 지불한다는 뜻이다. 신뢰는 감정적으로는 편안함으로 나타나지만, 행동적으로는 단축으로 나타난다. 동선이 빨라지고, 머무는 지점이 명확해지고, 질문이 줄어들고, 결제가 가벼워진다. 매장을 신뢰하면 소비자는 매장을 읽지 않는다. 매장을 읽지 않는다는 것은 위험 탐지에 쓰이던 인지 자원이 다른 곳으로 이동한다는 뜻이다. 그 자원은 탐색과 추가 구매에 쓰인다. 그래서 신뢰는 매출을 직접 끌어올린다. 광고는 방문을 만들 수 있지만, 신뢰는 반복 구매를 만든다. 반복 구매는 구조적으로 더 강한 매출이다.

신뢰를 반복으로 만들려면, 무엇을 반복해야 하는지부터 명확해야 한다. 많은 매장이 반복해야 할 것을 디자인 요소로 착각한다. 색, 로고, 톤앤매너를 반복하면 신뢰가 생길 것 같지만, 그것은 인지적 일관성을 돕는 보조 장치일 뿐이다. 신뢰가 생기는 반복은 절차의 반복이다. 매장에 들어가면 무엇이 먼저 보이고, 어떻게 비교가 정리되고, 직원이 어떤 순서로 질문하고, 가격이 어떤 문법으로 제시되고, 결제가 어떤 흐름으로 마무리되는지. 이 절차가 반복될수록 소비자는 예측할 수 있다. 예측할수록 위험도가 내려간다. 위험이 내려가면 신뢰가 올라간다. 신뢰의 기본 공식은 결국 예측 가능성의 반복이다.

　브랜드의 측면에서 운영 방식은 소비자 입장에서 구매로 이어지는 전체적인 절차가 된다. 이 절차의 반복을 만들기 위해서 매장은 두 가지를 동시에 해야 한다. 하나는 변동성을 관리하는 일이고, 다른 하나는 변동성이 발생했을 때의 복구 방식을 고정하는 일이다. 이것은 운영과도 연결된다. 첫 번째는 예방이고, 두 번째는 신뢰의 핵심이다. 예방이 완벽할 수는 없다. 오프라인에서는 언제든 오류가 생긴다. 문제는 오류 자체가 아니라 오류를 다루는 방식의 분산이다. 같은 문제인데 직원에 따라 말이 달라지고, 시간대에 따라 처리가 달라지고, 상황에 따라 규칙이 달라지면 소비자는 이런 결론을 낸다. "여기는 운이 작동하는 곳." 운이 작동하는 곳에서는 신뢰가 생기지 않는다. 반대로 오류가 생겨도 처리의 문법이 일정하면 소비사는 결론을 바꾼다. "여기는 시스템이 작동하는 곳." 시스템이 작동한다고 느끼는 순간, 신뢰는 급격히 강해진다. 이때 소비자가 신뢰하는 것은 직원 개인이 아니라 브랜드가 가진 운영 방식이다.

　신뢰가 반복에서 생긴다는 말은 결국 브랜드 운영의 기준을 바꾸라는 요구다. 광고 예산을 늘리기보다 경험의 분산을 줄여야 한다. 캠페인을 더하기보다 예외를 삭제해야 한다. 화제성을 만들기보다 규칙을 단정하게 해야 한다. 이 방향이 역설적으로 보이는 이유는, 겉으로 보이는 성장 장치가 광고이기 때문이다. 그러나 오프라인의 장기 성장은 신뢰의 누적에서 나온다. 신뢰는 매장을 기본값으로 만든다. 기본값이 되면 비교가 줄고, 비교가 줄면 선택 비용이 내려가며, 선택 비용이 내려가면 재방문은 더 쉽다. 재방문이 쉬워지면 신뢰는 더 빨리 쌓인다. 신뢰는 이렇게 자기 강화 루프를 만든다. 광고는 이 루프 밖에서 유입을 돕지만, 루프 자체를 만들지는 못한다.

　결론은 단순하다. 광고는 말이고, 신뢰는 기억이다. 말은 한 번 들으면 사라지지만, 기억은 반복되며 행동으로 굳는다. 오프라인 매장에서 신뢰를 만든다는 것은 멋진 말을 만드는 것이 아니라, 같은 경험이 같은 품질로 재현되게 만드는 일이다. 재현 가능한 경험은 절차로 구성되고, 절차는 반복으로 축적되며, 축적된 반복은 예측 모델이 된다. 그 예측 모델이 신뢰다. 신뢰가 생긴 매장은 선택을 설득하지 않는다. 선택이 스스로 굴러가게 만든다. 브랜드는 결국, 이 반복이 만든 신뢰의 다른 이름이다.

기억을 전염시키는 추천

추천은 정보 전달처럼 보이지만, 실제로는 기억 전달에 가깝다. 사람은 "거기 좋아"라는 문장을 들을 때 사실을 받아들이는 것이 아니라, 그 문장이 불러오는 상면을 먼저 만든다. 가격대, 분위기, 실패 가능성, 내가 거기서 어떻게 움직일지에 대한 가상 리허설이 머릿속에서 즉시 시작된다. 오프라인 매장에서 추천이 강력한 이유는 이 리허설이 구매 전 단계의 가장 비싼 비용을 대신 처리하기 때문이다. 추천을 받는 순간, 선택 비용의 일부가 이미 납부된 상태가 된다. 그래서 추천은 광고보다 빠르고, 광고보다 오래 남는다. 광고는 주장이고, 추천은 기억의 대여다.

추천이 단순한 평가 전달이 아니라 기억의 전염이라는 관점은 기억 연구에서도 뒷받침된다. 헨리 로디거 Henry L. Roediger III 와 동료 연구자들은 사회적 상호 작용 속에서 기억이 서로에게 오염되거나 동조되는 현상을 사회적 기억 전염 social contagion of memory 으로 설명했다. 한 사람이 말한 세부가 다른 사람의 기억에 섞여 들어가고, 나중에는 그것이 본인의 기억처럼 회상되는 현상이다. 이 메커니즘이 오프라인 리테일에서는 더 실용적인 형태로 나타난다. 추천을 받은 사람은 방문하지 않은 상태에서도 "이미 다녀온 것 같은" 확신을 갖는다. 그 확신은 사실 정확성에서 오지 않는다. 행동 가능성에서 온다. 어디로 가면 되고, 무엇을 사면 되고, 어떤 수준을 기대하면 되는지가 미리 정리되면, 사람은 그 매장을 선택하기 쉬워진다. 추천은 대상 매장에 대한 기억을 만들어 내는 것이 아니라, 기억의 형태를 빌려준다.

이때 전염되는 것은 주로 두 가지다. 하나는 평가 감정이고, 다른 하나는 절차 규칙이다. 평가 감정은 '괜찮다, 믿을 만하다' 같은 정서적 결론이다. 절차 규칙은 '처음엔 이걸 보고, 다음엔 저걸 고르고, 이 조합이면 실패 없다' 같은 행동 알고리즘이다. 오프라인에서 강한 추천은 감정만 말하지 않는다. 절차를 압축해서 준다. "거기 빵은 무조건 이거, 커피는 산미 말고 고소, 앉을 자리 없으면 테이크아웃이 더 낫다" 같은 식이다. 이 절차가 포함될수록 추천은 광고를 압도한다. 광고는 소비자가 절차를 스스로 구성해야 하지만, 추천은 절차를 완제품 형태로 건네기 때문이다.

추천이 작동하는 과정은 세 단계로 단순화된다. 첫째, 추천하는 사람은 자신의 경험을 압축해 하나의 규칙으로 만든다. 둘째, 이 규칙이 짧은 문장으로 외부화된다. 셋째, 수신자는 그 문장을 단서로 삼아 아직 경험하지 않은 미래 행동을 미리 구성한다. 중요한 것은 이 과정에서 사실의 정확도가 핵심이 아니라는 점이다. 추천은 언제나 과장과 생략을 포함한다. 그럼에도 추천이 강력한 이유는, 생략이 바로 선택 비용 절감이기 때문이다. 오프라인에서 정확한 설명은 행동을 늦추지만 압축된 규칙은 행동을 빠르게 만든다. 추천이 만드는 가장 큰 변화는 지식의 증가가 아니라 망설임의 감소다.

따라서 매장 입장에서 추천을 늘린다는 것은 후기 수를 늘리는 문제가 아니다. 추천이 발생할 만한 기억의 형태를 설계하는 문제다. 추천은 경험의 질이 높으면 자동으로 생기는 것이 아니라, 경험이 말로 옮겨지기 쉬운 구조를 가질 때 생긴다. 말로 옮겨지기 쉬운 구조는 세 가지 조건을 갖는다. 첫째, 한 문장으로 압축되는 차별점이 있어야 한다. 둘째, 누구에게나 적용 가능한 선택 규칙이 있어야 한다. 셋째, 그 규칙을 증명하는 장면이 있어야 한다. 이 세 가지가 없으면 추천은 "좋았어"로 끝나고 전염되지 않는다. 좋았다는 말은 감정을 전달하지만 행동을 복제하지 못한다. 행동이 복제되지 않으면 방문은 늘지 않는다.

이 세 조건에 대해 설명하자면 다음과 같다. 첫 번째 조건인 압축 가능한 차별점은 미사여구가 아니라 기능적 단서다. "분위기 좋아", "힙해" 같은 문장은 평가의 공유만 만들고, 선택의 공유는 만들지 못한다. 반면 "여긴 선택을 빨리할 수 있어", "여긴 실패 확률이 낮아", "여긴 기준이 단정해" 같은 경험이 담긴 문장은 선택의 방식을 전염시킨다. 이 차이는 매장이 어떤 경험을 제공하느냐에서 나온다. 감탄을 제공하면 감탄이 전염된다. 규칙을 제공하면 규칙이 전염된다. 브랜드가 원하는 것은 감탄의 전염이 아니라 규칙의 전염이다. 규칙이 전염되면 비교가 줄고, 비교가 줄면 재방문과 동반 방문이 동시에 늘어난다.

두 번째 조건인 선택 규칙은 '친구에게 설명하기 쉬운 편집'이다. 매장 안에서 소비자가 스스로 편집해야 하는 정보가 많을수록 추천은 약해진다. 사람은 남에게 길게 설명하지 않는다. 설명이 길어지면 추천자는 책임을 느끼고 말을 아낀다. 그래서 추천은 간단해야 한다. 오프라인에서 추천이 강해지는 대표적인 문장 패턴은 네 가지다. '여긴 이걸로 시작해'라는 시작 규칙, '이건 피하고 이걸 골라'라는 배제 규칙, '이 조합이면 된다'라는 조합 규칙, '이럴 때 가면 좋다'라는 상황 규칙. 매장이 이 네 가지 규칙을 공간에서 자연스럽게 경험하게 만들면, 소비자는 그 규칙을 그대로 복제해 다른 사람에게 전달한다. 추천은 소비자의 말솜씨가 아니라 매장의 편집 구조에서 나온다.

세 번째 조건인 증명 장면은 추천을 사실처럼 느끼게 만드는 근거가 아니라, 기억을 선명하게 만드는 고정점이다. 추천은 논증이 아니라 회상이다. 회상이 잘 되려면 장면이 붙어야 한다. 장면은 화려할 필요가 없다. 오히려 기능적이어야 한다. 비교가 한 번에 정리되는 표식, 실패를 줄여 주는 체험, 질문을 짧게 끝내는 응대 구조, 결제가 끊기지 않는 흐름 같은 것들이 장면이 된다. 장면은 좋은 인테리어보다 잘 설계된 순간에서 나온다. 그리고 그 순간이 반복될수록 소비자의 머릿속에서는 '이 매장은 이런 식으로 작동한다'는 스키마가 강화된다. 강화된 스키마는 추천 문장을 더 단단하게 만든다. 추천이 늘어날수록 스키마는 더 확산되고, 확산될수록 신규 소비자는 더 낮은 선택 비용으로 들어온다. 추천은 마케팅 채널이 아니라 선택 비용을 외부화하는 시스템이다.

오프라인에서 추천이 만들어 내는 가장 큰 효과는 신규 유입 자체가 아니라 신규 유입의 질 변화다. 추천을 통해 온 소비자는 매장에 들어오기 전에 이미 기대와 규칙을 갖고 있다. 기대는 동선을 단축시키고, 규칙은 질문을 줄인다. 그래서 같은 매장이라도 추천으로 유입된 소비자는 더 빨리 확신에 도달하고, 더 빨리 결제하며, 더 빠르게 다음 추천자가 된다. 이 순환이 만들어지면 브랜드는 광고비로 성장하지 않는다. 기억의 전염으로 성장한다. 광고는 처음의 문을 여는 데 도움을 주지만, 전염은 문을 열 필요 자체를 줄인다. "거긴 그냥 거기서 사면 돼"라는 문장이 생기는 순간부터, 매장은 비교 경쟁에서 빠져나오기 시작한다.

리테일적으로 추천을 설계한다는 것은 추천을 유도하는 문구를 적어서 소비자에게 전달하는 일이 아니다. 추천의 재료를 경험 속에 심는 일이다. 추천의 재료는 크게 네 영역에서 설계된다. 첫째, 말로 옮길 수 있는 명명이다. 카테고리나 코너의 이름이 멋있으면 전달이 쉬울 것 같지만, 실제로는 반대가 많다. 전달은 멋이 아니라 명확에서 일어난다. 소비자가 친구에게 설명할 때 쓰는 단어는 내부 용어가 아니라 생활 언어다. 매장은 그 생활 언어로 선택 규칙을 붙여야 한다. 둘째, 사진으로 전달되는 장면이다. 오프라인에서 추천은 종종 사진과 함께 이동한다. 사진은 분위기를 전달하지만, 분위기만 전달되면 방문이 구경으로 끝날 확률이 높다. 구매를 동반하는 추천은 사진이 아니라 구도가 필요하다. 사진 속에 무엇이 대표인지, 어떤 조합이 기본인지가 드러나야 한다. 셋째, 한 문장으로 요약되는 실패 방지 장치다. "여긴 직원이 잘 골라 줘" 같은 문장은 강력하지만, 그 문장이 유지되려면 실제로 '잘 골라 주는 구조'가 반복되어야 한다. 추천의 내용이 운영의 현실과 어긋나면 전염은 빠르게 역전염으로 변한다. 넷째, 사후 기억을 강화하는 잔상이다. 집에 돌아가서도 떠오르는 촉감, 포장, 사용 가이드의 구조가 있으면 추천은 방문 직후가 아니라 사용 기간 동안 계속 발생한다. 추천은 방문의 끝이 아니라 사용의 중간에서 가장 많이 발생한다.

추천을 기억의 전염으로 본다는 맥락에서 부정적 추천도 같은 원리로 이해해야 한다. 부정적 추천은 불만이 아니라 '위험 규칙'의 전염이다. "거기 가면 헷갈려", "거긴 가격이 애매해", "거긴 직원마다 말이 달라" 같은 문장은 단번에 선택 비용을 폭증시키는 규칙을 퍼뜨린다. 이 규칙은 개인 경험을 넘어 사회적 경고로 기능한다. 그래서 추천을 설계한다는 것은 긍정 경험을 만드는 것만이 아니라, 분산과 예외를 줄이는 일과 동일해진다. 경험의 분산이 크면 긍정 추천은 과장으로 읽히고, 부정 추천은 사실로 읽힌다. 신뢰가 반복에서 생기듯, 추천도 반복에서 증폭된다.

결국 추천은 브랜드가 되는 기억의 가장 빠른 복제 방식이다. 매장이 소비자에게 남기는 것이 인상에 그치면 추천은 감탄으로 끝난다. 그러나 매장이 소비자에게 남기는 것이 규칙이면 추천은 행동으로 이어진다. 행동으로 이어지는 추천은 신규 소비자의 선택 비용을 낮추고, 낮아진 선택 비용은 더 빠른 확신을 만들며, 더 빠른 확신은 다시 추천을 만든다.

이 순환 속에서 브랜드는 광고로 설명되지 않는 힘을 갖는다. 브랜드가 된다는 것은 매장에 대한 기억이 한 소비자의 머릿속에만 머무르지 않고 다른 소비자의 머릿속으로 이동하기 시작했을 때 의미가 생긴다. 추천은 그 이동의 통로이고, 통로를 따라 전염되는 것은 '이곳에서는 이렇게 고르면 된다'는 기억의 규칙이다. 오프라인 리테일에서 추천이 강한 매장은 경험이 좋은 매장이 아니라, 기억이 복제 가능한 형태로 설계된 매장이다.

가격보다 먼저 떠오르는 기억

가격은 숫자처럼 보이지만, 소비자가 실제로 결제하는 것은 숫자가 아니라 의미다. 같은 9만9천 원이라도 어떤 매장에서는 '그럴 만하다'로 읽히고, 어떤 매장에서는 '말도 안 된다'로 읽힌다. 이 차이는 가격표의 정보량으로 설명되지 않는다. 가격표는 언제나 마지막에 읽힌다. 소비자의 구매 여부는 가격표를 보기 전에 결정된다. 소비자는 매장에 대한 경험을 먼저 떠올리고, 그 기억이 가격을 해석하는 렌즈가 된다. 가격은 선택의 입력값이 아니라, 기억이 만든 결론을 확인하는 출력값에 더 가깝다.

소비자가 가격을 먼저 떠올린다고 믿는 순간, 오프라인은 온라인의 규칙을 따라가게 된다. 온라인에서는 검색과 정렬 구조가 가격을 가장 먼저 비교하게 만든다. 오프라인은 반대다. 오프라인에서 먼저 서는 것은 가치 감각이고, 그 가치 감각은 기억에서 나온다. 입구에서 느낀 안전감, 동선이 만들어 준 확신, 실패하지 않았던 이전 경험, 직원이 정리해 준 기준, 결제 이후에도 문제없었던 복구 경험 같은 것들이 하나의 덩어리로 저장된다. 이 덩어리가 다음 방문에서 먼저 호출되고, 그 덩어리의 톤이 가격을 덜 아프게 하거나 더 아프게 만든다. 결국 가격은 매장 경험의 결과물이다. 숫자는 고정되어도 고통은 고정되지 않는다.

이 현상을 가장 날카롭게 설명하는 개념이 심리학자 폴 슬로빅의 위험 인식 연구에서 정리된 정서 휴리스틱이다. 사람은 복잡한 판단에서 충분한 계산을 하지 않는다. 대신 대상에 대해 떠오르는 즉각적인 정서 반응을 근거로 위험과 가치를 빠르게 추정한다. 마음이 긍정 쪽으로 기울면 위험은 낮아지고 가치는 높아진다. 마음이 부정 쪽으로 기울면 위험은 높아지고 가치는 낮아진다. 가격 판단도 예외가 아니다. '좋다'라는 정서가 먼저 올라오면 비싼 가격은 품질의 신호가 되고, '불편하다'라는 정서가 먼저 올라오면 같은 가격이 착취의 신호가 된다. 가격은 숫자이지만, 가격을 받아들이는 체계는 정서적이다.

정서 휴리스틱이 강해지는 이유는 소비자 입장에서 가격 판단이 어렵기 때문이다. 소비자는 세럼 한 병이 왜 3만 원인지 10만 원인지 완전히 계산할 수 없다. 커피 한 잔의 원가와 임대료, 경험 설계 비용을 모두 반영해 합리적 가격을 산출할 수 없다. 그래서 뇌는 가격을 절댓값으로 판단하지 않고, '이 매장은 어떤 종류의 곳인가'라는 분류를 먼저 만든 뒤 그 분류에 맞게 가격을 해석한다. 분류가 고급이면 비싼 가격은 자연스럽고, 분류가 실용이면 비싼 가격은 이질적이다. 이 분류는 가격표를 읽는 순간에 만들어지지 않는다. 매장의 기억이 분류를 만든다. 기억은 매장을 미리 '가격이 허용되는 세계'와 '가격이 의심되는 세계'로 나눈다.

여기서 핵심은 가격이 싼지 비싼지가 아니라, 가격이 '어울리는지'다. 어울림은 논리가 아니라 맥락의 적합성이다. 맥락은 매장 안에서만 생성되는 것이 아니라, 이미 머릿속에 저장된 기억의 맥락이 먼저 깔린다. 이때 가격은 제품의 속성을 설명하는 정보가 아니라, 기억의 맥락을 배신하는지 확인하는 시험지로 바뀐다. 매장이 '이곳은 단정하고 정직한 곳'이라고 말했던 것을 소비자가 기억하는데, 가격표가 숨어 있거나 조건이 길면 배신감이 생긴다. 매장이 의도한 소비자 기억이 '여기는 큐레이션으로 실패를 줄여 주는 곳'으로 설계되어 있는데 진열이 과잉이고 비교가 혼란스러우면 가격은 즉시 과장으로 읽힌다. 가격은 매장 기억의 일관성을 검증하는 장치가 된다.

또 하나의 중요한 층은 기억이 검색 순서를 바꾼다는 점이다. 매장을 떠올릴 때 사람은 가격을 먼저 떠올리지 않는다. 먼저 떠오르는 것은 장면이다. 입구의 첫 장면, 손이 멈추는 테이블, 직원의 말투, 결제대 앞의 리듬 같은 장면이 떠오르고, 그 장면이 만든 정서가 가격 판단을 선행한다. 가격 정보는 그다음에 붙는다. 그래서 오프라인에서 '가격이 합리적이냐'는 질문은 대개 뒤늦은 질문이다. 이미 정서적으로 납득이 끝났다면 합리성은 따라오고, 이미 정서적으로 거부가 끝났다면 합리성은 아무리 설명해도 들어오지 않는다. 가격 커뮤니케이션이 흔히 실패하는 이유가 여기 있다. 숫자를 먼저 말하면 설득이 될 것 같지만, 실제로는 숫자를 받아들일 정서적 바닥이 없으면 반발만 키운다.

가격보다 기억이 먼저 떠오른다는 말은, 가격의 경쟁이 가격표에서 벌어지지 않는다는 뜻이기도 하다. 가격 경쟁은 소비자 머릿속의 참조점에서 벌어진다. 참조점은 객관적 시장가가 아니라, 그 소비자가 특정 매장에 대해 갖고 있는 기억의 수준이다. 기억이 높은 수준으로 조직된 매장은 같은 가격이 더 싸게 느껴지거나 덜 비싸게 느껴진다. 반대로 기억이 흐릿한 매장은 조금만 비싸도 과하게 비싸게 느껴진다. 이것이 오프라인 브랜드의 가격 탄력성을 만든다. 가격을 올릴 수 있느냐의 문제는 비용 구조보다 기억 구조에 더 의존한다.

리테일에서는 여기서부터 게임이 달라진다. 가격을 방어하려면 제품을 더 설명하는 것이 아니라 기억을 더 단정하게 만들어야 한다. 기억이 단정하면 가격은 이유를 묻지 않아도 된다. 기억이 흐리면 가격은 매번 이유를 요구받는다. 그 이유 요구가 반복되면 직원은 설득을 늘리고, 설득이 늘면 매장은 더 피곤해지고, 피곤해진 매장은 다시 기억이 흐려진다. 악순환이다. 반대로 기억이 단정한 매장은 가격 방어가 자동화된다. 소비자는 '비싸지만 그럴 만하다'라는 결론을 스스로 만든다. 스스로 만든 결론은 광고보다 강하다.

기억이 가격을 이기게 만드는 조건은 네 가지로 정리된다. 첫째, 가격 체계의 문법이 일관돼야 한다. 가격은 싸게 보이는 것이 아니라 이해되게 보여야 한다. 같은 카테고리에서 가격표 형식이 다르고, 할인 조건이 길고, 세트 규칙이 자주 바뀌면 가격은 위험 신호가 된다. 위험 신호가 되면 정서 휴리스틱은 부정 쪽으로 기울고, 그 순간부터 가격은 방어가 아니라 공격을 받는다. 일관된 문법은 기억을 단정하게 만든다. 단정한 기억은 가격의 해석을 안정시킨다.

둘째, 가격을 정당화하는 근거는 정보가 아니라 경험이어야 한다. 오프라인은 체험의 매체다. 체험은 가격을 설명하는 언어가 아니라 가격을 느끼게 하는 증거다. 손에 쥐었을 때의 무게, 입었을 때의 핏, 발랐을 때의 자극감, 마셨을 때의 잔향 같은 감각적 증거는 숫자보다 먼저 납득을 만든다. 이 납득이 기억으로 저장되면 다음 방문에서 가격은 더 쉽게 받아들여진다. 반대로 정보로만 정당화하면 그 정보는 매장 밖에서 검색으로 반박된다. 오프라인의 강점은 반박이 어려운 증거를 제공할 수 있다는 점이다. 가격 방어의 핵심은 스펙이 아니라 체감이다.

셋째, 대표 장면이 있어야 한다. 가격이 납득되는 매장은 대개 한두 개의 장면이 반복된다. 누구나 거기서 멈추고, 누구나 거기서 손을 쓰고, 누구나 거기서 기준을 정리한다. 이 장면이 가격의 기억을 만든다. 가격을 기억하게 만들라는 뜻이 아니다. "여기서는 이런 방식으로 고르면 된다"는 절차 기억이 생기면, 가격은 그 절차의 일부로 흡수된다. 절차가 강하면 가격은 따로 떼어 비교되기 어렵다. 비교는 가격만 뽑아 낼 때 쉬워진다. 가격이 절차와 함께 저장되면 비교는 어려워진다. 어렵다는 것은 불리하다는 뜻이 아니라, 매장에 유리한 기준으로 경쟁이 이동한다는 뜻이다.

넷째, 가격과 신뢰의 복구 루트가 단정해야 한다. 가격은 결제 순간에 끝나지 않는다. 결제 이후의 후회와 불만이 가격 기억을 다시 쓰기도 한다. 교환과 환불, 품질 이슈 대응, 안내의 명료함이 흔들리면 가격은 과거로 소급해 비싸졌던 것으로 재해석된다. 반대로 문제가 생겨도 처리가 단정하면 가격은 오히려 보험료처럼 해석된다. 비싸지만 안전했다는 기억이 남는다. 이 기억은 다음 가격 판단에서 강력한 방패가 된다. 오프라인에서 가격 프리미엄은 제품이 아니라 복구 능력에서 더 많이 발생한다.

가격보다 기억이 먼저 떠오른다는 문장을 리테일 언어로 바꾸면 이렇다. 가격을 낮추는 것보다 가격의 고통을 낮추는 것이 먼저다. 가격의 고통은 숫자 자체가 아니라 위험 감각에서 나온다. 위험 감각은 매장에 대한 기억이 만든다. 따라서 가격 전략은 숫자 전략이 아니라 기억 전략이 된다. 할인은 즉시 효과가 있지만 기억을 흐릴 때가 많나. 잦은 할인과 예외적인 프로모선은 가격 문법을 망가뜨리고, 망가진 문법은 신뢰를 깎으며, 깎인 신뢰는 같은 가격을 더 비싸게 만든다. 반대로 단정한 가격 문법, 반복되는 대표 장면, 경험으로 축적된 증거, 안정적인 복구 루트는 가격을 올려도 덜 아프게 만든다. 오프라인 브랜드의 가격 경쟁력은 비용 구조보다 기억 구조에서 나온다.

결국 브랜드가 된 매장은 가격을 숨기지 않는다. 가격을 당당하게 세운다. 당당함은 태도가 아니라 구조다. 기억이 단정한 매장은 가격이 먼저 떠오르지 않아도 된다. 사람은 그 매장을 떠올릴 때 '비싸다 혹은 싸다'보다 '여긴 이 기준으로 고르면 된다'를 먼저 떠올린다. 기준이 먼저 떠오르는 순간, 가격은 평가의 중심에서 밀려난다. 그리고 그 순간, 매장은 숫자 경쟁에서 빠져나와 기억 경쟁으로 이동한다. 오프라인에서 브랜드는 결국 그 자리를 차지한 기억의 다른 이름이다.

미디어보다 강한 매장

미디어는 메시지를 전달하지만 매장은 경험을 각인한다. 둘 다 브랜드를 만든다고 말하지만, 만들어지는 방식이 다르다. 미디어는 기억을 떠올릴 수 있게 만들고, 매장은 기억을 다시 선택하게 만든다. 떠올림과 선택은 비슷해 보이지만 심리적 비용이 다르다. 떠올림은 머릿속에서 끝나는 사건이고, 선택은 실패 위험과 손실을 감수해야 하는 행동이다. 오프라인에서 브랜드가 강해지는 순간은 로고 회상이 늘어날 때가 아니라, 그 매장이 비교의 대상에서 빠질 때다. 그리고 비교의 대상에서 빠지는 데 필요한 기억은 문구나 이미지의 반복만으로는 부족하다. 필요한 것은 체험을 통해 만들어진 '증거 같은 기억'이다. 매장이 미디어보다 강한 이유가 여기 있다. 매장은 메시지를 말하지 않고, 메시지가 사실이었던 것처럼 느끼게 만든다.

미디어가 약해서가 아니다. 미디어는 도달과 빈도에서 강력하다. 하지만 빈도는 친숙함을 만들 수 있어도, 확신을 항상 만들지는 못한다. 특히 오프라인 구매는 '내가 직접 겪을 위험'을 전제로 한다. 그래서 뇌는 광고를 '외부 정보'로 취급하고, 매장 경험을 '내가 확인한 정보'로 취급한다. 둘은 같은 정보라도 가중치가 다르다. 매장 경험은 자기 검증을 통과한 기억이기 때문이다. 이 자기 검증의 특성 때문에 매장은 단순한 커뮤니케이션 채널이 아니라 신뢰를 생산하는 장치가 된다. 오프라인 매장은 자사의 가장 강한 미디어라는 말이 상투적으로 들리는 이유는, 그 말을 '노출' 관점에서만 이해해서다. 실제로 매장의 힘은 노출이 아니라 처리 깊이에서 나온다.

퍼거스 크레이크Fergus Craik와 로버트 록하트Robert Lockhart가 제시한 깊이 처리 이론levels of processing은 왜 매장 경험이 광고나 메시지보다 실제 구매 행동에 더 큰 영향을 미치는지 를 기억의 관점에서 설명한다. 얕게 처리된 정보는 빨리 사라지고, 깊게 처리된 정보는 오래 남는다. 깊이는 단순히 오래 바라본다고 생기지 않는다. 의미와 연결될 때, 그리고 스스로 조작하고 판단할 때 깊어진다. 미디어는 대체로 소비자가 수동적으로 받는다. 반면 매장은 소비자가 능동적으로 움직인다. 걷고, 멈추고, 만지고, 비교하고, 질문하고, 선택하고, 결제한다. 이 일련의 행동은 기억을 깊게 처리하도록 강제한다. 단순한 이미지보다 '내가 했던 행동'이 더 잘 남는 이유는, 행동이 기억을 의미망에 연결시키기 때문이다. 매장은 소비자가 스스로 깊이처리를 수행하게 만드는 환경이다. 그래서 매장은 메시지를 설득하는 대신, 기억을 증거로 만든다.

이 차이는 콘텐츠의 질 문제가 아니라 학습 형태의 문제다. 광고는 이해를 요구하지만, 매장은 수행을 요구한다. 수행이 들어가는 순간 기억은 달라진다. 토머스 엥겔캄프Thomas Engelkamp와 후베르트 치머Hubert Zimmer가 연구한 실행 효과enactment effect는 사람이 문장을 읽는 것보다 실제 행동으로 수행될 때 기억이 더 강해진다는 점을 보여 준다.

오프라인에서 소비자는 제품을 손에 쥐고, 비교 기준을 정하고, 선택을 확정하는 행위를 직접 수행한다. 이 수행이 곧 기억 강화 장치다. 미디어는 '이 제품이 좋다'를 말하지만, 매장은 '내가(소비자가) 좋다고 판정했다'를 남긴다. 후자는 남의 주장에 대한 동의가 아니라, 자기 결론의 기록이다. 자기 결론은 잘 지워지지 않는다.

설득보다 강한 이유다.

매장이 미디어보다 강하다고 할 때, 그 힘은 감각의 풍부함에만 있지 않다. 감각이 많아도 구조가 없으면 기억은 흩어진다. 강한 매장은 감각을 많이 주는 곳이 아니라, 감각이 같은 방향을 가리키는 곳이다. 매장 안에서 조명, 재질, 소리, 냄새, 동선, 진열 규칙, 직원의 문장이 하나의 동일한 판단으로 수렴할 때, 뇌는 그 경험을 단일한 스키마로 압축한다. 압축은 저장 효율을 높이고, 호출 속도를 높인다. 호출 속도가 높아지면 선택 비용이 내려간다. 선택 비용이 내려가면 가격이 덜 아프고, 비교가 줄고, 재방문이 늘어난다. 미디어가 빈도로 쌓는 것은 친숙함이고, 매장이 구조로 쌓는 것은 선택 규칙이다. 브랜드가 되는 것은 전자보다 후자다.

오프라인 매장은 검증 시스템이기도 하다. 미디어는 약속을 만들지만 매장은 약속을 검사한다. 소비자는 매장에 들어오는 순간 자신도 모르게 질문을 던진다. 여기서는 내가 실수하지 않을까, 설명이 과장된 건 아닐까, 이 가격이 납득 가능한가. 이 질문은 논리적으로만 답해지지 않는다. 환경이 주는 신호가 답을 만든다. 가격표의 문법이 단정하면 '속을 확률'이 내려가고, 체험이 간단하면 '틀릴 확률'이 내려가고, 추천 기준이 반복되면 '운의 개입'이 줄어든다. 매장이 이 답을 일관되게 제공하면, 광고는 더 이상 설득 도구가 아니라 확인 도구로 바뀐다. '광고에서 말하던 그 느낌이 맞다'라는 확인이 반복되면, 브랜드는 메시지에서 경험으로 이행한다. 그 순간부터 미디어는 매장의 증폭 장치가 되지, 매장을 대체하는 장치가 되지 못한다.

리테일에서 '매장이 미디어보다 소비자에게 더 큰 영향을 주는 조건'에는 다섯 가지가 있다. 첫째, 매장 안에 주장보다 증거가 많아야 한다. 증거는 텍스트가 아니라 체험과 구조다. 만져서 차이가 느껴지는 비교, 한 번의 테스트로 기준이 정리되는 체험, 진열 자체가 선택 순서를 안내하는 배열이 증거다. 둘째, 소비자가 스스로 결론을 내리게 해야 한다. 직원이 결론을 대신하면 설득이 되고, 소비자가 결론을 내리면 자기 검증이 된다. 자기 검증은 기억을 딱딱하게 만든다. 셋째, 같은 결론을 반복 생산해야 한다. 경험이 매번 다르면 기억은 인상으로 남고, 인상은 추천으로 전염되기 어렵다. 반복되는 장면과 반복되는 절차가 있어야 결론이 복제된다. 넷째, 매장 밖에서도 호출되는 단서를 남겨야 한다. 패키지, 사용 가이드, 리필 구조, 조합 카드 같은 매개물이 생활 속에서 다시 떠올림을 만든다. 매장은 방문 시점에만 강하면 끝난다. 생활 속에서 다시 떠올라야 강해진다. 다섯째, 예외를 줄여야 한다. 미디어는 예외를 숨길 수 있지만, 매장은 예외가 즉시 경험된다. 정책이 흔들리고, 가격 규칙이 바뀌고, 직원마다 말이 다르면 매장의 힘은 미디어보다 약해진다. 매장이 강해지려면 분산을 줄여야 한다. 분산을 줄이는 것이 곧 신뢰를 생산하는 일이다.

여기서 많은 브랜드가 착각하는 부분이 있다. 매장을 미디어처럼 꾸미면 강해질 것이라는 착각이다. 포토존을 만들고, 문구를 붙이고, 전시를 하고, 굿즈를 뿌리면 콘텐츠가 생기고, 콘텐츠가 생기면 노출이 생긴다. 하지만 노출이 생겨도 선택 규칙이 생기지 않으면 브랜드는 강해지지 않는다. 오프라인에서 콘텐츠는 목적이 아니라 수단이다. 콘텐츠가 해야 할 일은 '기억될 장면'이 아니라 '반복 가능한 결론'을 남기는 것이다. 결론이 남으면 소비자는 사진을 찍지 않아도 추천한다. 추천은 장면을 공유하는 행위처럼 보이지만, 실제로는 결론을 공유하는 행위다. 결론을 공유할 수 있을 때만 추천은 전염되고, 전염될 때만 브랜드는 확장된다.

결론적으로 매장은 미디어보다 강하다. 강하다는 말은 더 자극적이라는 뜻이 아니다. 더 깊게 처리되고, 더 단단히 저장되고, 더 쉽게 호출된다는 뜻이다. 미디어는 기억을 만들지만 매장은 기억을 행동으로 바꾼다. 오프라인 브랜드의 경쟁은 메시지의 경쟁이 아니라, 소비자가 스스로 내린 결론을 얼마나 많이 축적하느냐의 경쟁이다. 그 결론은 광고 카피로 쌓이지 않는다. 반복되는 절차,

예측 가능한 경험, 자기 검증을 통과한 체험이 쌓일 때만 생긴다. 매장은 결국, 브랜드가 말한 것을 증명하는 장소가 아니라 브랜드가 실제로 '되는' 장소다. 그래서 매장은 미디어보다 강하고, 강한 매장은 미디어를 덜 필요로 한다. 브랜드가 된 기억은 언제나 매장에서 시작해, 생활 속에서 반복되며, 다시 매장으로 돌아온다. 그 순환을 설계할 수 있을 때, 오프라인은 채널이 아니라 엔진이 된다.

사람들이 진짜로 기억하는 것은 장소

브랜드를 기억한다고 말하지만, 실제로 사람의 머릿속에 남는 것
은 대개 장소다. 로고와 슬로건은 희미해도 '그 코너를 돌면 바로
보이던 테이블', '계산대 앞에서 느꼈던 리듬', '들어가자마자 왼쪽
으로 몸이 기울던 통로', '항상 같은 자리에 있던 대표 상품' 같은
장면은 또렷하게 남는다. 오프라인 리테일에서 브랜드는 이름이
아니라 좌표로 작동한다. 좌표란 특정한 감정과 특정한 선택 방식
이 결합된 공간적 표식이다. 그래서 사람은 "그 브랜드 가자"라고
하지 않는다. "거기 가자"라고 말한다. 말버릇의 차이가 아니다. 기
억의 저장 방식이 원래 그렇게 생겼다.

장소 기억은 단순한 배경 정보가 아니다. 인간은 공간을 '지나가는 통로'로 처리하지 않고, 의미와 행동 규칙을 저장하는 구조로 처리한다. 오프라인 매장은 그 구조를 가장 강하게 자극한다. 걷고, 멈추고, 만지고, 방향을 바꾸고, 구역을 통과하고, 특정 지점에서 선택을 확정하는 일련의 행동은 모두 공간을 중심으로 조직된다. 이때 뇌는 '무엇을 봤는가'보다 '어디에서 무엇을 했는가'를 우선으로 묶는다. 결과적으로 제품과 메시지는 장소의 일부로 저장되고, 브랜드는 장소의 표정으로 저장된다. 브랜드가 단지 이미지가 아니라 예측 모델이 되는 이유도 여기에 있다. 예측은 문구로 만들어지기보다, 장소가 반복적으로 제공한 '같은 결과'에서 만들어진다.

이 메커니즘을 가장 설득력 있게 설명한 전통적인 개념이 인지지도cognitive map다. 심리학자 에드워드 톨먼Edward C. Tolman은 동물이 단순한 자극-반응의 연결만으로 움직이는 것이 아니라, 환경에 대한 내부 지도를 만든다고 보았다. 이후 존 오키프John O'Keefe와 린 네이들Lynn Nadel은 해마가 공간 정보를 조직하는 방식과 기억의 구조가 깊게 연결되어 있음을 이론화하며 인지지도 관점을 확장했다.

리테일에 이 관점을 가져오면 매장을 어떻게 기획하고 설계할 것인가에 대한 결론은 명확해진다. 사람은 매장을 하나의 텍스트처럼 읽지 않고, 하나의 지도처럼 저장한다. 지도는 문장을 기억하는 방식이 아니라 경로와 기준점을 기억하는 방식이다. 그래서 오프라인에서 강한 브랜드는 좋은 메시지를 가진 브랜드가 아니라 '좋은 지도'를 가진 브랜드다.

지도는 무엇으로 만들어지는지 생각해 보자. 좌표와 기준점이다. 좌표는 특정 구역의 위치와 연결되고, 기준점은 그 구역이 떠올릴 때 함께 붙는 감각과 규칙이다. 예를 들어 어느 소비자의 기준점이 입구를 지나 첫 코너에서 멈추는 지점이 되면, 다음 방문에서 몸은 자동으로 그 지점으로 간다. 그 지점에서 무엇을 먼저 보고, 무엇을 먼저 만지고, 어떤 방식으로 비교를 시작했는지에 대한 기억도 함께 호출된다. 이 호출이 반복되면 선택은 빠르고 가벼워진다. 이때 브랜드는 '기억해야 하는 정보'가 아니라 '따라가게 되는 경로'가 된다. 경로로 저장된 브랜드는 강하다. 이유는 단순하다. 정보는 잊히지만 경로는 습관처럼 남기 때문이다. 오프라인의 경쟁력은 결국 경로를 누가 더 유리하게 설계하느냐에서 생긴다.

사람이 브랜드보다 장소를 기억한다는 명제는, 오프라인 마케팅의 목표를 바꾼다. 노출을 늘려서 로고를 각인시키는 것이 아니라, 한 번의 방문이 '다음 방문에서 재생 가능한 지도'로 남도록 만드는 것이 목표가 된다. 지도는 재생 가능해야 한다. 재생 가능하다는 말은 매장 안의 핵심 규칙이 다음에도 유지된다는 뜻이다. 공간이 매번 다른 이벤트로만 바뀌면 소비자는 방문할 때마다 지도를 새로 그려야 한다. 지도 제작 비용이 올라가면 선택 비용이 올라간다. 선택 비용이 올라가면 비교가 늘고 이탈이 늘어난다. 반대로 핵심 좌표와 기준점이 유지되면, 변화는 새로움이 아니라 업데이트로 경험된다. 업데이트는 방문 동기를 만들고, 고정된 좌표는 선택 비용을 낮춘다. 오프라인에서 재방문이 시스템이 되는 순간은 바로 이 두 요소가 같이 작동할 때다.

장소 기억이 브랜드를 강화하는 또 하나의 이유는 '정서의 고정' 때문이다. 사람은 특정 장소에서 반복적으로 느낀 감정을 그 장소 자체에 귀속시키는 경향이 있다. 이 귀속이 생기면 감정은 제품이나 직원의 친절보다 더 오래 남는다. 장소가 안전하다고 느껴지면 그 매장은 가격이 조금 올라가도 덜 아프다. 장소가 불편하다고 느껴지면 그 매장은 할인해도 불안하다. 가격 판단이 숫자보다 기억에 의해 먼저 결정되는 이유가 여기서 다시 확인된다. 장소는 감정의 저장소이면서 동시에 감정의 호출 버튼이다. 오프라인 브랜드는 결국 장소가 호출하는 감정 위에 서 있다.

여기서 중요한 것은 인테리어의 미학이 아니다. 장소로 기억되는 것은 멋이 아니라 구조다. 사람들이 '거기'를 떠올릴 때 떠올리는 것은 벽의 재질보다 '내가 그 공간에서 어떻게 움직였는지'다. 동선이 자연스럽고, 첫 멈춤이 명확하고, 비교 기준이 빠르게 정리되고, 결제가 끊기지 않으면 그 장소는 "잘 돌아갔던 곳"으로 저장된다. 잘 돌아갔던 장소는 다음 방문에서 선택 비용을 줄인다. 선택 비용이 줄어들면 사람은 그 장소를 기본값으로 둔다. 기본값이 되면 경쟁은 가격과 광고가 아니라 좌표의 소유권이 된다. 특정 카테고리에서 "거기 가면 된다"라는 좌표를 차지한 매장이 결국 브랜드가 된다.

리테일에서 '장소가 브랜드가 되는 조건'은 공간을 지도처럼 설계하는 능력으로 요약된다. 첫째, 기준점을 의도적으로 만들어야 한다. 기준점은 단순한 포토존이 아니다. 기준점은 행동을 시작시키는 지점이다. 멈추게 하고, 만지게 하고, 선택 기준을 한 번에 좁히게 만드는 지점. 기준점이 없으면 소비자의 동선은 표류하고, 표류한 경험은 지도화되지 않는다. 지도화되지 않으면 다음 방문은 새 방문처럼 어렵다.

둘째, 기준점의 의미를 고정해야 한다. 위치만 고정한다고 끝나지 않는다. 그 지점이 늘 같은 종류의 역할을 해야 한다. 한 번은 신상품 소개, 한 번은 행사 상품, 한 번은 사은품 증정으로 성격이 흔들리면 기준점은 지도가 아니라 잡음이 된다. 기준점은 '항상 여기서 시작하면 된다'는 신호여야 한다.

셋째, 경로의 문법을 단순화해야 한다. 사람은 복잡한 지도를 좋아하지 않는다. 매장이 크고 상품이 많아도, 지도는 몇 개의 굵은 간선으로 저장된다. 이 간선이 무엇인지가 중요하다. 입구에서 시작해 대표 구역을 통과하고, 비교 구역을 지나고, 확정 구역으로 이어지는 기본 흐름이 매번 비슷하게 재생되면, 뇌는 그 흐름을 절차로 압축한다. 절차로 압축되면 다음 방문에서 길 찾기는 사라지고 선택만 남는다. 선택만 남는 매장은 강하다.

넷째, 경로 중간에 '확신의 체크 포인트'를 배치해야 한다. 체크 포인트는 감각적 증거를 제공하는 곳이다. 만져서 차이를 느끼고, 체험으로 실패 확률을 낮추고, 추천 기준이 한 번에 정리되는 곳. 체크 포인트가 있으면 소비자는 '나는 충분히 확인했다'는 주관적 검증을 얻고, 그 검증이 결제를 실행으로 바꾼다.

다섯째, 지도는 매장 밖에서도 이어져야 한다. 장소 기억은 방문 중에만 생기지 않는다. 집에서 제품을 사용할 때, 포장을 만질 때, 사용 가이드나 조합 카드 같은 매개물을 볼 때 장소는 다시 호출된다. 이때 호출되는 것이 로고만이면 효과가 약하다. 호출되어야 하는 것은 장소에서 배운 선택 규칙이다. '다음에도 이 방식으로 고르면 된다'고 생각할 수 있을 때 매장의 위치는 소비자의 생활 속에서 좌표가 된다. 좌표가 되면 재방문은 계획이 아니라 실행이 된다.

여섯째, 변화는 지도 위에서 일어나야 한다. 지도 자체를 바꾸면 소비자는 다시 길을 잃는다. 길을 잃은 경험은 장소를 불신하게 만든다. 반대로 지도는 유지한 채 콘텐츠만 바꾸면 소비자는 '다시 가서 확인할 이유'를 얻는다. 이때 장소는 지루해지지 않으면서도 안전하게 유지된다.

사람들이 브랜드가 아니라 장소를 기억한다는 사실은 오프라인 리테일을 근본적으로 유리하게 만든다. 미디어는 이미지를 남기지만, 장소는 절차를 남긴다. 이미지는 떠올림을 만들 수 있어도 행동을 자동화하기 어렵다. 그러나 절차는 행동을 자동화한다. 행동이 자동화되면 선택 비용이 내려가고, 선택 비용이 내려가면 비교가 줄고, 비교가 줄면 가격은 덜 민감해지고, 재방문은 늘어난다. 이 일련의 전환은 '장소가 기억되는 방식'에서 시작된다. 브랜드가 된 매장은 결국 하나의 장소가 아니라 하나의 지도다. 소비자의 머릿속에 '그 카테고리는 그곳에서 해결한다'는 지도 조각이 들어가는 순간, 브랜드는 이름이 아니라 좌표가 된다.

결론은 단순하지만 무겁다. 오프라인에서 브랜드를 만든다는 것은 로고를 각인시키는 일이 아니다. 소비자의 머릿속에 장소 기반의 규칙을 심는 일이다. 이 규칙은 반복되는 기준점과 단순한 경로, 확신의 체크 포인트, 그리고 매장 밖까지 이어지는 호출 단서로 구성된다.

사람들은 결국 브랜드를 기억하지 않는다. 그 브랜드가 되었던 장소를 기억한다. 그리고 장소를 기억하는 방식은 다음 선택을 결정한다. 오프라인 리테일의 승부는 장소를 예쁘게 만드는 데 있지 않다. 장소가 기억으로 저장되는 구조를 설계하는 데 있다. 그 구조가 완성되는 순간, 브랜드는 로고가 아니라 "거기"라는 한 단어로 불린다. 그 한 단어가 반복을 만든다. 반복이 신뢰를 만들고, 신뢰가 브랜드를 만든다.

기억 자산을 가진 매장의 가치

오프라인 매장의 생존을 결정하는 것은 위치도, 상품도, 인테리어도 아니다. 결국 남는 차이는 '소비자가 굳이 다시 선택해야 할 이유가 그 매장 안에 축적되어 있느냐'로 갈린다. 그 축적을 흔히 단골, 팬덤, 로열티 같은 말로 부르지만, 실체는 기억이다. 더 정확히 말하면 기억 자산이다. 기억 자산은 한 번의 방문이 끝난 뒤에도 소비자의 머릿속과 생활 속에서 계속 작동하는 선택 규칙의 저장고다. 이 저장고가 큰 매장은 마케팅을 덜 해도 된다. 가격 경쟁도 덜 해도 된다. 입소문이 우연이 아니라 시스템이 된다. 반대로 기억 자산이 없는 매장은 매달 새로 태어나야 한다. 매달 새로운 유입을 돈으로 사야 하고, 매달 할인으로 결제를 밀어야 한다. 그 구조는 언젠가 무너진다. 오프라인의 비용 구조는 그 정도의 리셋을 견디지 못한다.

기억 자산이라는 표현이 중요한 이유는, 그것이 단순한 좋은 인상과 다르기 때문이다. 좋은 인상은 회상될 수 있지만 행동을 자동화하지는 못한다. 기억 자산은 행동을 단축한다. 단축이 반복을 만들고, 반복이 다시 기억을 강화한다. 이 순환이 생기면 매장은 경쟁의 룰이 달라진다. 경쟁이 상품 구색과 가격에서만 벌어지지 않는다. 선택 비용의 전쟁으로 바뀐다. 소비자는 더 많은 정보가 아니라 더 적은 결정으로 살 수 있는 곳을 찾는다. 결정이 적은 곳은 살아남고, 결정이 많은 곳은 떠밀린다.

여기서 기억은 결정의 양을 줄이는 장치다. 한 번 익힌 절차, 한 번 검증한 기준, 한 번 성공했던 조합이 기억으로 남으면 다음 방문에서 소비자는 다시 계산하지 않는다. 계산하지 않는 순간, 오프라인은 온라인을 이긴다. 온라인이 가격과 정보로 압박해도, 오프라인은 선택 비용을 낮추는 경험으로 방어한다.

기억 자산은 통합이라는 과정에서 만들어진다. 카림 네이더^{Karim Nader}와 동료 연구자들이 대중화한 기억 재통합^{memory reconsolidation} 관점은 하나의 중요한 사실을 강조한다. 기억은 저장된 뒤 고정된

파일이 아니라, 다시 떠올릴 때마다 갱신되고 강화되거나 왜곡되는 살아 있는 구조라는 점이다. 오프라인 매장에서는 이 점이 곧 전략이 된다. 매장이 소비자의 기억 속에서 다시 떠올려질 때마다, 그 기억이 '좋은 방향으로 재통합'되도록 단서를 제공하면 기억 자산이 커진다. 반대로 매장이 떠올려질 때마다 "헷갈렸다", "가격이 애매했다", "직원마다 말이 달랐다" 같은 불안의 조각이 함께 재생되면 기억 자산은 깎인다. 매장이 현장에서 아무리 잘해도, 기억이 밖에서 나쁘게 재통합되면 다음 방문은 줄어든다. 오프라인의 생존은 결국 매장 안에서의 성과가 아니라 매장 밖에서의 재통합 성과로 결정된다.

이 지점에서 '자산'이라는 단어가 가진 회계적 의미가 살아난다. 자산은 미래 현금 흐름을 만드는 축적물이다. 기억 자산도 똑같다. 기억 자산이 크면 미래 방문이 쉽게 발생한다. 미래 방문이 쉽게 발생하면 유입 비용이 줄고, 가격 프로모션 의존도가 줄고, 운영이 단정해진다. 단정한 운영은 신뢰를 더 만들고, 신뢰는 다시 기억 자산을 키운다. 반대로 기억 자산이 없으면 미래 방문이 어렵다. 미래 방문이 어려우면 당장 매출을 만들기 위해 자극을 쓴다. 자극은 정책과 가격 규칙의 예외를 늘리고, 예외는 경험의 분산을 키우고, 분산은 신뢰를 깎고, 신뢰가 깎이면 기억 자산은 더 얇아진다.

이 악순환이 반복되면 매장은 결국 '항상 처음인 곳'이 된다. 처음인 곳은 늘 싸워야 한다. 싸움이 길어지면 비용이 이긴다.

기억 자산이 만드는 가장 큰 힘은 '비용 구조의 전환'이다. 오프라인 매장의 고정비는 크고 변동비는 제한적이다. 임대료와 인건비는 매출과 무관하게 흐른다. 이런 구조에서 가장 위험한 것은 매출의 불확실성이다. 불확실성을 줄이는 가장 확실한 방법은 재방문의 비중을 키우는 것이다. 재방문은 매출을 평균으로 끌어올리는 게 아니라 분산을 줄인다. 분산이 줄면 운영은 안정되고, 안정되면 서비스 품질의 편차가 줄고, 편차가 줄면 기억 자산이 더 커진다. 결국 기억 자산은 단지 마케팅 자산이 아니라 운영 자산이다. 운영을 안정시키는 자산이고, 안정된 운영이 다시 기억을 강화한다. 살아남는 매장은 이 순환을 갖고 있다. 살아남지 못하는 매장은 이 순환이 끊겨 있다.

기억 자산이 구성되는 요소는 다섯 가지다. 첫째는 규칙이다. 소비자가 그 매장에서 무엇을 믿고 어떤 순서로 고르면 되는지에 대한 규칙이 저장되어야 한다. 이 규칙은 제품 지식이 아니라 선택 절차다. 둘째는 기준점이다. 방문할 때마다 동일한 역할을 하는 지점, 즉 시작점·비교점·확신점·마무리점이 있어야 한다. 기준점은 공간의 랜드마크일 수도 있고, 응대의 한 문장일 수도 있으며, 체험의 한 단계일 수도 있다. 셋째는 복구 감각이다. 문제가 생겨도 해결된다는 경험의 기억이 있어야 한다. 복구 감각은 친절보다 시스템의 일관성에서 생긴다. 넷째는 생활 단서다. 매장 밖에서 그 매장이 떠오를 수 있는 단서가 남아야 한다. 포장, 사용 가이드, 리필 구조, 조합 카드 같은 매개물은 단순한 부가물이 아니라 기억 자산의 외부 저장 장치다. 이 네 요소가 결합되면 매장은 '광고 없이도 다시 선택되는 곳'으로 이동한다.

리테일에서 기억 자산을 구축하는 방식은 다르다. 많은 매장이 기억을 만들기 위해 이벤트를 만든다. 이벤트는 순간의 인상은 강하게 만들 수 있다. 그러나 그 인상이 규칙으로 압축되지 않으면 자산이 되지 않는다. 자산이 되려면 반복 가능해야 한다. 반복 가능하다는 말은 특정 직원의 재능이나 특정 시즌의 연출에 의존하지 않는다는 뜻이다. 절차가 있고, 문법이 있고, 예외가 적어야 한다. 매장이 바뀌어도 경험의 핵심이 유지될 때 기억은 스키마로 압축되고, 스키마로 압축될 때 행동은 단축된다. 단축이 쌓이는 것이 자산화다. 결국 기억 자산의 축적은 '새로운 것을 많이 하는 능력'이 아니라 '같은 것을 흔들리지 않게 하는 능력'에 더 가깝다. 오프라인에서 새로움은 동력일 수 있지만, 생존의 토대는 일관성이다.

이 일관성은 디자인의 통일로만 해결되지 않는다. 가장 먼저 통일되어야 하는 것은 운영 규칙이다. 가격표의 문법, 할인 조건의 예외 처리, 품절 시 대응, 교환·환불의 기준, 직원 추천의 질문 구조, 결제 단계의 선택지 수 같은 것들이 통일되어야 한다. 이 규칙이 통일되면 소비자의 기억은 분산되지 않는다. "어느 날은 이렇고 어느 날은 저렇다"는 기억은 자산이 아니라 불안의 축적이다. 불안의 축적은 다음 방문의 선택 비용을 올리고, 선택 비용이 오르면 소비자는 다시 비교한다. 비교가 시작되는 순간, 오프라인의 수익성은 무너진다. 광고로 유입을 만들 수는 있어도, 비교 상태의 소비자를 낮은 비용으로 전환시키기는 어렵다. 그래서 생존은 결국 기억 자산의 설계로 귀결된다.

기억 자산을 가진 매장이 살아남는 또 하나의 이유는, 그들이 가격이 아니라 해석을 팔기 때문이다. 가격은 숫자지만, 소비자가 느끼는 비쌈과 쌈은 해석이다. 해석은 기억에서 나온다. 기억 자산이 크면 가격은 덜 민감해진다. 덜 민감해진다는 말은 비싸도 산다는 뜻이 아니라, '그 가격이 납득되는 세계'가 형성된다는 뜻이다. 납득의 세계가 형성되면 매장은 프로모션으로 매출을 만들 필요가 줄어든다. 프로모션 의존도가 줄면 가격 문법이 단정해지고, 단정한 가격 문법은 신뢰를 키우며, 신뢰는 다시 기억 자산을 키운다. 반대로 기억 자산이 없으면 가격은 항상 공격받는다. 할인은 즉시 매출을 만들지만, 반복되면 가격 문법을 무너뜨리고, 무너진 문법은 기억 자산을 깎는다. 결국 할인은 산소호흡기처럼 보이지만, 장기적으로는 폐를 약하게 만들기도 한다. 살아남는 매장은 할인 이전에 기억을 설계한다.

기억 자산을 운영 언어로 바꾸면 '재현성'이다. 재현성은 동일한 경험이 동일한 품질로 다시 발생할 확률이다. 오프라인은 사람과 상황이 바뀌기 때문에 재현성이 어려운 산업이다. 그래서 재현성을 확보한 매장이 강해진다. 재현성은 매뉴얼만으로 생기지 않는다. 공간의 구조, 동선의 유도, 표기의 문법, 체험의 단계, 응대의 질문 순서, 결제의 흐름이 서로 맞물려야 생긴다. 맞물린 구조는 사람을 바꿔도 결과를 유지한다. 결과가 유지되면 기억은 강화된다. 기억이 강화되면 다시 찾는다. 다시 찾으면 더 빨리 고른다. 더 빨리 고르면 운영은 더 매끄러워진다. 매끄러운 운영은 다시 결과를 유지한다. 이 선순환이 기억 자산의 실제 작동 방식이다.

결론은 간단하다. 오프라인 매장의 생존은 매장 안에서의 경험이 아니라, 그 경험이 소비자의 머릿속에서 자산화 되었는가로 결정된다. 기억 자산은 '좋았던 느낌'이 아니라 '다음에도 이 방식으로 고르면 된다'는 규칙의 축적이다. 규칙이 축적되면 선택 비용이 내려가고, 선택 비용이 내려가면 비교가 줄고, 비교가 줄면 가격의 고통이 줄고, 가격의 고통이 줄면 재방문이 늘고, 재방문이 늘면 운영이 안정되고, 안정된 운영은 다시 규칙을 강화한다. 이 순환을 가진 매장은 시장이 흔들려도 버틴다. 시장이 흔들릴수록 사람은 더 안전한 기본값을 찾고, 기본값이 된 매장은 더 강해진다.

결국 살아남는 매장은 가장 멋진 매장이 아니다. 가장 많이 기억된 매장도 아니다. 가장 잘 압축되어 다시 호출되는 매장이다. 기억이 자산이 된 매장이 끝까지 남는다.

6장

기억을 설계하는 사람들

소비자의 기억에 남는 매장은 우연히 만들어지지 않는다. 설계된 동선과 잘 짜인 경험만으로도 충분하지 않다. 기억은 결국 사람을 통해 완성된다. 같은 공간, 같은 상품, 같은 가격 구조에서도 어떤 매장은 살아남고 어떤 매장은 사라진다. 차이는 운영자의 의도와 현장의 판단, 그리고 그 판단이 얼마나 일관되게 반복되었는가에 있다. 오프라인 리테일에서 공간은 무대에 가깝고, 기억을 실제로 고정시키는 주체는 그 무대를 운영하는 사람이다.

앞선 장들에서 다룬 기억의 메커니즘은 추상적인 이론이 아니다. 동선이 습관이 되고, 익숙함이 결제를 앞당기며, 체류가 매출을 만들고, 재방문이 구조로 설계되고, 브랜드가 기억으로 축적되는 과정은 모두 누군가의 선택과 판단의 결과다. 이 선택은 한 번의 기획으로 끝나지 않는다. 매일 반복되는 작은 결정, 예외를 허용할지 말지의 판단, 바쁠 때 기준을 지킬지 포기할지의 선택이 누적되며 매장의 기억 품질을 결정한다. 그래서 기억되는 매장은 결국 '누가 운영하는가'의 문제로 귀결된다.

6장은 공간을 살아 있게 만드는 사람들의 역할을 해부한다. 기억을 설계하는 기획자, 기억을 유지하는 운영자, 기억을 현장에서 구현하는 스태프, 그리고 기억을 흔들지 않기 위해 무엇을 하지 않기로 결정하는 리더의 태도를 다룬다. 이 장에서 말하는 사람은 특정 직무명이 아니다. 기억을 하나의 자산으로 인식하고, 단기 매출보다 장기 선택 비용을 줄이는 결정을 반복할 수 있는 주체를 의미한다.

이 장은 기억을 만드는 역할이 아니라 기억을 유지하는 태도를 중심에 둔다. 기억되는 매장을 만든 사람들은 대개 눈에 띄지 않는다. 그들은 무언가를 과시하기보다, 변하지 않는 것을 조용히 반복한다. 그리고 그 반복이 어느 순간부터 매장의 성격이 되고, 성격은 기억이 되며, 기억은 브랜드로 굳어진다.

6장은 오프라인 리테일을 다시 사람의 문제로 돌려놓는다. 기술과 트렌드가 아무리 바뀌어도, 기억의 품질을 결정하는 마지막 변수는 언제나 사람이다. 이 장을 통해 드러내고 싶은 결론은 하나다. 기억되는 매장은 재능으로 만들어지지 않는다. 판단의 누적으로 만들어진다. 그리고 그 판단을 누적할 수 있는 사람이 있을 때, 매장은 공간을 넘어 하나의 기억 자산으로 살아남는다.

매장 설계의 진짜 의미

얼마 전, 요즘 국내에서 잘나간다고 꼽히는 P 디자인 기획사 대표와 차를 마신 적이 있다. 그는 디자인으로 먹고사는 사람인데도, 이상히게 우리 대화의 절반은 디지인의 무력감에 기까웠다. "요즘은 업체들도 잘하고, 심지어 개인들도 디자인을 너무 잘해요. 살아남기가 점점 더 어려워요." 게다가 클라이언트는 단가를 낮추고, 여러 회사를 동시에 경쟁시키고, 그 과정에서 보이지 않는 압박이 생긴다고 했다. 예전 같으면 잘 만든 시안이 곧 힘이었는데, 이제는 그것만으로는 부족하다는 현실에 대해 이야기를 주고받았다.

그래서인지 우리는 자연스럽게 리테일 이야기를 꺼냈고, 결국 같은 결론으로 흘러갔다. 팝업이 넘쳐나는 시대라서 오히려 디자인이 과해지고, 과해진 디자인 속에서 무엇이 성공한 매장인지를 우리조차 명확히 정의하지 못하는 아이러니가 생겼다는 것.

그는 마지막에 이렇게 덧붙였다. "요즘 저희가 오히려 절제된 톤으로 미팅하면, 그게 더 먹히는 것 같아요. 그래서 찾아주는 클라이언트가 늘었어요." 그 말을 들으며 확신이 하나 더 선명해졌다. 매장을 설계한다는 것은 주목을 끄는 '예쁜 디자인'만으로 끝나는 일이 아니다.

"요즘 매장들은 너무 디자인에 치우쳐 있는 것 같아요." 신규 매장 기획을 앞둔 미팅에서 나온 말이었다. 각자 준비해 온 레퍼런스가 벽면을 가득 채우고 있었다. 미니멀한 공간, 따뜻한 간접 조명, 매끈한 브라스 라인, 인스타그램에서 반복적으로 소비된 프레임들. 무드 보드에는 '고급, 심플, 프리미엄' 같은 단어가 자연스럽게 붙어 있었다. 누구나 고개를 끄덕일 수밖에 없는 회의였다. 솔직히 말하면, 당장 프로젝트의 해답처럼 보이는 디자인들이었다.

그런데 이상하게도 이런 회의를 할 때마다 마음이 시원해지지 않았다. 예쁜 건 분명한데, 질문이 계속 남았다. 이게 잘 팔릴까. 소비자는 여기서 뭘 하게 될까. 이 공간이 우리 브랜드를 설명해 주는가. 질문은 늘어났지만, 회의는 늘 표면에서만 흘러갔다. 시간이 길어질수록 재료 이야기, 조명 이야기, 벽면을 비우는 이야기, 포토존 위치 이야기로 수렴됐다. 정작 리테일 매장에서 중요한 질문들, 소비자가 어디에서 멈추는지, 어떤 지점에서 구매 결심이 일어나는지, 직원 동선이 실제로 효율적인지, 피크 타임에 병목은 생기지 않는지, 브랜드 스토리가 3초 안에 전달되는지 같은 질문은 좀처럼 등장하지 않았다.

회의가 '멋'으로 정리될수록, 나는 반대로 '행동'으로 내려가고 싶어졌다. 하지만 이런 미팅의 공기는 묘하다. 여기서 판매 이야기를 꺼내면 촌스러워 보일 수 있고, 숫자 이야기를 하면 공간을 예술로 만들고 싶다는 흐름에 찬물을 끼얹는 느낌이 든다. 그러나 리테일은 전시가 아니다. 내부자들만 만족하는 예술로 끝나면 안 된다. 리테일은 마케팅의 일부이고, 마케팅은 결국 소비자의 행동을 바꾸는 설계다. 수익이라는 현실을 외면한 공간은 오래 가지 못한다.

그래서 나는 조심스럽게 한 문장을 꺼냈다. "요즘 리테일은 디자인에 너무 치우쳐 있는 것 같아요." 모두가 완전히 반대하지는 않았지만, 표정에는 미묘한 온도 차가 있었다. 한 사람이 웃으며 말했다. "디자인이 중요하니까요. 요즘 소비자는 공간을 보러 오잖아요." 나는 바로 반박하지 않았다. 대신 질문을 하나 더 얹었다.

"맞긴 한데, 공간을 보러 온 소비자가 그다음에 뭘 하게 될까요?” 그 질문 이후로 회의의 방향이 조금씩 달라지기 시작했다.

나는 디자인을 부정하려는 게 아니었다. 오히려 디자인을 완성시키고 싶었다. 그래서 이렇게 정리했다. 디자인은 결과이고, 전략은 원인이다. 지금 테이블 위에 놓인 레퍼런스는 결과 이미지가 너무 많고, 그 결과를 만들어 내는 원인, 즉 소비자의 행동과 구매 여정이 비어 있다는 이야기였다. ‘예쁜 장면’이 아니라 ‘예쁜 장면 이후의 행동’이 설계되어야 한다.

가장 현실적인 질문부터 던졌다. 이 매장에 들어온 소비자는 첫 5초 안에 무엇을 이해하는가. 우리 브랜드가 무엇인지, 왜 여기 들어와야 하는지, 들어왔다면 어디로 가야 하는지. 이 세 가지가 5초 안에 정리되지 않으면 대부분의 방문은 구경으로 끝난다. 이해가 느리면 행동은 일어나지 않는다. 리테일에서 설득의 핵심은 감동이 아니라 이해의 속도다.

질문은 이어졌다. 사진을 찍는 동선과 구매를 하는 동선이 연결돼 있는가. 포토존이 예쁘면 사람은 멈춘다. 하지만 그다음에 손이 닿는 위치에 제품이나 정보가 없고, 자연스럽게 상담이나 결제로 이어지는 흐름이 없다면 사진만 남고 구매는 남지 않는다. 사진은 기억이 되지만 매출은 되지 않는다. 사진 이후의 다음 행동이 설계되지 않은 매장은 동선이 끊겨 있는 매장이다.

또 다른 질문은 운영으로 향했다. 직원은 이 매장에서 어떻게 움직이게 되는가. 예쁜 매장은 많지만 운영이 불편한 매장은 더 많다. 동선이 길면 직원이 지친다. 직원이 지치면 응대가 늦어진다. 응대가 늦어지면 소비자는 떠난다. 운영은 보이지 않지만, 운영은 곧 매출이고 브랜드 경험이다. 소비자는 이유를 설명하지 못해도 불편한 매장은 다시 찾지 않는다.

이 질문들이 쌓이면서 회의의 결이 바뀌었다. 누군가가 말했다.

"그럼 디자인을 바꾸자는 게 아니라, 디자인이 작동하게 만들자는 거네요."

나는 고개를 끄덕였다. 맞다. 나는 예쁜 디자인을 반대하지 않는다. 나는 예쁜데 작동하지 않는 디자인을 반대한다.

여기서 말하는 설계는 도면을 그리는 일이 아니다. 매장을 설계한다는 것은 소비자의 움직임, 직원의 반응, 운영의 리듬, 그리고 그 모든 과정이 남기는 기억을 하나의 시스템으로 묶는 일이다. 디자인은 그 시스템의 외형일 뿐이고, 설계는 그 외형이 실제로 작동하게 만드는 내부 논리다. 그래서 "~다운 디자인"이라는 말은 미감의 취향이 아니라 작동 원리의 선택에 가깝다. 클라이언트의 성향, 업종의 구매 방식, 시대의 피로도를 읽고, 무엇을 과감히 덜어낼지 결정하는 것. 요즘 절제된 디자인이 오히려 설득력을 갖는 이

유도 여기에 있다. 과잉의 시대에는 절제가 곧 신뢰가 되기 때문
이다.

정리하면, 매장을 설계한다는 것은 주목을 끄는 공간을 만드는
일이 아니다. 소비자가 어디서 멈추고, 무엇을 이해하고, 언제 결
정을 내리는지를 설계하는 일이다. 그 설계는 사진 한 장으로 완성
되지 않는다. 동선, 정보, 접점, 운영, 그리고 '다음 행동'까지 연결
될 때 비로소 완성된다.

결론적으로 전략 없는 디자인은 인스타그램에서는 주목을 받지
만 손익에서는 버티지 못한다. 예쁜 매장은 이제 넘쳐난다. 그러나
잘 작동하는 매장은 여전히 드물다. 매장을 설계한다는 것은 공간
을 꾸미는 일이 아니라, 행동이 자연스럽게 발생하도록 시스템을
만드는 일이다. 그리고 그 시스템이 반복될 때, 매장은 비로소 기
억되는 장소가 된다.

에이전시가 책임지는 범위

오프라인 프로젝트에서 에이전시의 책임 범위는 늘 뒤늦게 논쟁
이 된다. 오픈 전에는 '멋지게만 나오면 된다'로 기획과 계획의 방
향이 수렴되었다가, 오픈 후 매출과 재방문이 기대만큼 나오지 않
으면 질문이 바뀐다. 동선이 왜 막히는가, 왜 사람들이 둘러보다가
나가는가, 왜 사진은 찍는데 구매는 적은가, 왜 직원이 바뀌자마자
경험이 무너지는가. 이때 클라이언트는 대개 같은 결론으로 간다.
설계가 문제다. 에이전시도 다른 결론으로 간다. 운영이 문제다.
둘 다 틀리지 않다. 둘 다 절반만 맞다. 책임이 불명확한 상태에서
시작된 프로젝트는 결과가 나올수록 서로를 원인으로 만들어 낸

다. 오프라인은 시스템 산업인데 계약은 종종 결과가 아니라 산출물 중심으로 설계된다. 그 틈에서 기억은 분산되고, 분산된 기억은 브랜드가 되지 못한다.

에이전시의 책임을 디자인까지 혹은 오픈까지로 제한해 두면 현실을 설명하지 못한다. 오프라인에서 소비자가 기억하는 것은 벽과 가구가 아니라 선택 과정의 체감이다. 선택 과정은 동선, 진열, 가격 문법, 체험의 순서, 응대의 질문 구조, 결제의 리듬, 사후 복구까지 한 덩어리로 작동한다. 이 덩어리 중 일부만 설계하고 일부는 즉흥에 맡기면, 소비자 입장에서는 매장이 아니라 서로 다른 시스템의 이어 붙임을 경험한다. 이어붙임은 피로를 만들고 피로는 이탈을 만든다. 그러면 다시 책임 공방이 시작된다. 결국 에이전시 책임의 핵심은 디자인의 범위가 아니라 시스템의 연속성이다. 연속성을 어디까지 담보할 수 있느냐, 혹은 담보하도록 구조를 어디까지 만들었느냐가 책임의 본질이다.

이 갈등은 구조적으로 설명할 수 있다. 마이클 젠슨Michael Jensen과 윌리엄 메클링William Meckling은 그들이 정리한 대리인 이론agency theory에서, 이해관계가 다른 주체가 계약을 통해 일을 수행할 때 발생하는 정보 비대칭과 도덕적 해이를 다룬다. 리테일 프로젝트에 그대로 적용된다. 클라이언트는 장기 성과를 원하지만, 에이전시는 정해진 기간과 예산 안에서 산출물을 납품해야 한다. 클라이언트는 운영의 변동성을 과소평가하고, 에이전시는 운영이 실제로 경험을 좌우한다는 사실을 알면서도 계약 밖이면 통제하지 못한다. 이때 양쪽은 서로에게 기대를 숨긴다. 클라이언트는 "결국 잘 되게 해달라"는 기대를 품고, 에이전시는 "운영은 우리가 모른다"는 전제를 품는다. 오픈 전에는 이 불일치가 드러나지 않는다. 오픈 후에만 드러난다. 소비자 경험이 '반복'으로 굳어지는 시점이 오픈 이후이기 때문이다. 기억은 오픈 당일이 아니라 반복의 데이터로 만들어지는데, 계약은 대개 오픈 당일을 끝점으로 잡는다. 기억이 만들어지는 구간이 책임 밖으로 밀려나는 구조다.

따라서 '에이전시는 어디까지 책임지는가'라는 질문은 이렇게 바뀌어야 한다. '무엇을 납품받을 것인가가 아니라, 무엇이 반복되게 해달라고 요청해야 하는가.' 반복이 설계되지 않은 매상은 이벤트는 되지만 브랜드는 되지 못한다. 오프라인에서 브랜드는 이미지가 아니라 예측 모델이고, 예측 모델은 일관된 재현성에서 나온다. 재현성은 디자인만으로 확보되지 않는다. 운영 규칙과 현장 판단의 문법까지 포함해야 확보된다. 결국 책임 논쟁의 핵심은 재현성을 누가 소유하느냐다.

에이전시 책임을 현실적으로 나누려면 경험을 두 층으로 쪼개야 한다. 첫째는 구조 층이다. 동선의 논리, 구역의 역할, 진열의 규칙, 가격 표기의 문법, 체험의 단계, 결제 전후의 흐름 같은 고정 장치들이다. 둘째는 실행 층이다. 직원의 질문 순서, 추천의 기준 적용, 품절·하자·대기 같은 예외 처리, 청결과 리필의 루틴, 피크타임의 운영 우선순위 같은 '가변 판단'들이다. 구조는 설계로 만들 수 있고, 실행은 운영으로 유지된다. 그런데 강한 매장은 두 층이 분리되어 있지 않다. 구조가 실행을 쉽게 만들고, 실행이 구조를 증명한다. 이 결합이 깨지면 소비자 기억은 분산된다. 에이전시가 책임져야 하는 지점은 최소한 '구조가 실행을 강제하는 정도'까지다. 실행을 100% 대신할 수는 없지만, 실행이 망가지지 않도록 방어벽을 만들어야 한다. 방어벽이 없는 아름다운 공간은 사진에서는 이기지만 반복에서는 진다.

리테일에서 에이전시가 책임질 수 있는 범위는 세 가지로 명확해진다. 첫째, 선택 비용을 줄이는 구조적 장치의 설계다. 소비자가 어디서 시작하고 무엇을 먼저 고르는지, 비교가 어떻게 축소되는지, 확신이 어디서 생기는지, 결제가 어떤 리듬으로 끊기지 않는지까지를 '공간과 표식'으로 고정하는 것. 이건 디자인의 범위가 아니라 인지 공학의 범위다. 둘째, 운영이 흔들릴 때도 경험이 폭발하지 않게 만드는 실패 안전장치 fail-safe 설계다. 품절이 났을 때 대안 동선이 있는지, 대기가 생길 때 병목을 흡수할 구역이 있는지, 직원 숙련도가 낮아도 추천이 과장되지 않게 만드는 질문 템플릿이 있는지 같은 것. 셋째, 오픈 이후 반복 구간을 위한 '운영 프로토콜의 최소 세트'를 설계하는 일이다. 매뉴얼을 두껍게 만드는 것이 아니라, 경험을 무너뜨리는 변수를 몇 개로 압축하고 그 변수의 처리 문법을 고정하는 일이다. 가격 예외 처리, 클레임 복구, 추천 기준, 피크 타임 우선순위 같은 핵심만 잡아도 경험 분산이 급격히 줄어든다.

반대로 에이전시가 책임질 수 없는 것들도 있다. 시장 수요의 부재, 제품 경쟁력의 근본적 약함, 공급망의 불안정, 인력 운영의 붕괴 같은 것들은 공간과 경험 설계로 완전히 상쇄되지 않는다. 하지만 여기서 흔히 벌어지는 문제가 있다. 에이전시가 책임질 수 없는 영역을 이유로, 책임질 수 있는 영역까지 방기하는 패턴이다. "운영이 엉망이면 다 소용없다"는 말은 사실이지만, 그래서 구조를 대충 해도 된다는 뜻은 아니다. 운영이 흔들리는 것이 오프라인의 기본값이라면, 설계는 흔들림을 전제로 더 단단해져야 한다. 오프라인에서 설계의 가치는 '좋은 날'이 아니라 '나쁜 날'을 견디는 힘에서 드러난다. 견디는 힘이 기억을 만든다. 기억이 자산이 되는 지점은 늘 위기 이후다.

책임 범위를 합리적으로 정하려면 계약 언어도 바뀌어야 한다. '오픈까지'라는 시간 기준은 경험의 생성 방식과 맞지 않는다. 경험은 오픈 후에야 데이터가 쌓이고, 데이터가 쌓여야 문제의 형태가 선명해진다. 따라서 계약은 기간이 아니라 단계로 나뉘어야 한다. 설계 단계, 구현 단계, 오픈 단계, 안정화 단계. 특히 안정화 단계는 선택 비용과 경험 분산을 실제로 줄이는 구간이다. 이 구간을 통째로 클라이언트에게 넘기면 에이전시가 만든 구조는 제대로 검증되지 못하고, 클라이언트는 설계의 가치를 체감하지 못한 채 운영 탓만 하게 된다. 반대로 안정화 단계까지 포함하면 에이전시는 '공간의 완성'이 아니라 '경험의 재현성'으로 평가받는다. 이때부터 책임은 납품이 아니라 성과에 가까워진다. 성과를 약속하라는 뜻이 아니다. 성과를 가능하게 하는 재현성을 합의하라는 뜻이다.

재현성을 합의하는 가장 현실적인 방식은 결과 지표가 아니라 분산 지표를 잡는 것이다. 매출은 변수가 많다. 그러나 경험 분산은 설계와 운영이 직접 좌우한다. 예를 들어 소비자가 헤매는 지점이 반복되는지, 질문의 길이가 길어지는 순간이 어디인지, 결제 직전 이탈이 특정 구역에서 발생하는지, 품절 때 문의가 폭증하는지 같은 것들은 경험 구조의 문제다. 이런 분산 지표를 줄이는 것이 에이전시와 클라이언트가 공유할 수 있는 책임 목표가 된다. 분산이 줄면 신뢰가 생기고, 신뢰가 생기면 기억이 압축된다. 기억이 압축되면 재방문이 늘어난다. 결국 성과는 분산 관리의 부산물로 따라온다. 책임을 매출로 직접 묶는 순간 계약은 싸움이 되지만, 책임을 분산 감소로 묶으면 계약은 시스템이 된다.

여기서 에이전시의 역할은 또 하나 확장된다. 클라이언트 내부 의사 결정의 품질을 끌어올리는 역할이다. 오프라인은 예외 상황이 많고, 예외 상황에서의 의사 결정이 경험을 좌우한다. 의사 결정이 느리거나 모순되면 정책 예외가 늘고, 예외가 늘면 가격 문법과 추천 문법이 깨진다. 문법이 깨지면 소비자는 매장을 더 이상 예측할 수 없고, 예측 불가능성은 신뢰를 깎는다. 신뢰가 깎이면 기억은 자산이 아니라 경고로 바뀐다. 결국 에이전시가 책임져야 할 최종 산출물은 도면이나 3D 렌더가 아니다. '이 매장은 어떤 예외를 허용하지 않는가'에 대한 운영의 결단을 이끌어 내는 것이다. 이 결단이 없으면 어떤 설계도 장기적으로 살아남지 못한다.

정리하면 에이전시의 책임은 미학의 끝까지가 아니라 기억의 시작까지다. 소비자가 매장을 기억으로 압축할 수 있는 반복 장치, 운영이 흔들려도 경험이 폭발하지 않게 하는 방어벽, 그리고 오픈 이후 재현성을 확보하기 위한 최소 프로토콜. 이 세 가지가 갖춰지면 에이전시는 자기 역할을 다한 것이다. 그다음은 클라이언트의 책임이다. 그 구조를 반복으로 유지하고, 예외를 줄이고, 같은 문법을 지키는 것. 반복은 누구도 대신할 수 없다. 반복은 현장과 리더가 만든다. 하지만 반복이 가능하도록 설계하는 것은 에이전시가 해야 한다. 이 경계를 합의하지 않으면 프로젝트는 늘 감정싸움으로 끝난다.

결국 이 논쟁의 종착지는 기억이다. 오프라인에서 살아남는 매장은 멋진 매장이 아니라 기억 자산을 축적한 매장이다. 기억 자산은 일관된 재현성이 만든다. 재현성은 설계와 운영의 접합면에서 생긴다. 에이전시는 그 접합면을 설계하고, 클라이언트는 그 접합면을 반복으로 굳힌다. 누가 더 중요하냐의 문제가 아니다. 둘 중 하나라도 틀어지면 소비자 기억은 분산되고, 분산된 기억은 브랜드가 되지 못한다. 에이전시의 책임을 묻는다는 것은 결국, 이 매장이 어떤 기억으로 남도록 만들었는가를 묻는 것이다. 기억에 남도록 만들었다면, 책임은 끝난 것이 아니라 시작된 것이다. 오프라인의 성패는 오픈이 아니라 반복에서 결정되고, 반복은 설계된 구조 위에서만 가능하다.

살아남는 마케터의 설계 능력

리테일 프로젝트를 매년 경쟁 입찰로 따내는 일은, 매출이 줄어드는 것보다 사람을 더 빠르게 지치게 만든다. 성과가 나빠서가 아니라, 매번 스스로를 다시 증명해야 하기 때문이다. 나는 한 브랜드를 8년 연속으로 경쟁에서 수주한 경험이 있다. 이유 없는 연승은 없다. 그 시간 동안 매일 아침 브랜드 기사와 경쟁사 뉴스를 먼저 확인했고, 개인 블로그에 제품 콘텐츠를 올리며 사실상 홍보에 가까운 일도 했다. 클라이언트보다 더 제품을 공부했고, 프로젝트 외적인 자리보다 제안서와 매장 구조를 먼저 챙겼다.

그렇게 몇 년이 지나고 나서야 분명해진 사실이 하나 있다. 리테일 마케터의 생존을 결정하는 것은 말솜씨도, 감각도, 트렌드 감지도 아니었다. 현장에서 결과가 흔들리지 않게 만드는 구조를 설계하는 능력, 그 한 가지였다.

오프라인에서 마케터의 위기는 유입이 줄어서가 아니라 권한이 줄어서 온다. 인테리어는 디자이너의 몫이고, 운영은 점장의 영역이며, 상품은 MD가 책임지고, 매출은 영업 조직이 관리한다. 마케터는 브랜딩이라는 말로 존재를 설명하지만, 브랜딩이 무엇을 바꿨는지 수치로 보여 주지 못하면 그 말은 곧 변명이 된다. 오프라인에서 마케터가 살아남으려면 메시지를 만드는 사람이 아니라 선택 비용을 줄이는 시스템을 설계하는 사람으로 역할을 바꿔야 한다.

현장에서 가장 흔한 착각은 잘 보이면 팔린다는 믿음이다. 물론 잘 보여야 한다. 그러나 보이는 순간 다음 행동이 이어지지 않으면 매출은 발생하지 않는다. 동선이 끊기고, 진열이 복잡하고, 가격 규칙이 불분명하고, 체험의 순서가 정리되어 있지 않으면 소비자는 멈춘다. 멈추는 순간 비교가 시작되고, 비교가 시작되는 순간 오프라인은 온라인과 같은 게임을 하게 된다. 오프라인이 유리해지는 유일한 순간은 소비자가 스마트폰을 꺼내기 전에 판단이 끝날 때다. 마케터가 관리해야 할 것은 노출량이 아니라 이동 확률이다.

입구에서 첫 멈춤으로, 첫 멈춤에서 체험으로, 체험에서 확정으로, 확정에서 결제로 이어지는 흐름이 얼마나 매끄러운가, 그것이 성과다.

이 지점에서 '척'이 등장한다. 결과를 만들지 못하면 스토리를 키운다. 스토리가 커질수록 구조는 얕아지고, 구조가 얕아질수록 다시 결과는 멀어진다. 브랜드 척은 '감성, 세계관, 경험' 같은 단어로 현장의 결함을 가린다. 데이터 척은 방문자 수, 노출 수, 팔로워 수 같은 간접 지표를 성과처럼 말한다.

그러나 오프라인의 직접 성과는 따로 있다. 재방문율, 추천 비율, 체류 중 접점 수, 결제 직전 이탈률, 가격 민감도 같은 선택 과정 지표들이다. 이 지표를 소유하지 못하면 마케터는 해석자에 머문다. 해석자는 조직에서 가장 먼저 정리된다.

'감'에 의존하는 방식도 오래가지 못한다. 감은 빠르지만 공유되지 않고, 복제되지 않는다. 복제되지 않는 판단은 시스템이 될 수 없다. 시스템이 없는 매장은 기억 자산을 쌓지 못하고, 기억이 쌓이지 않는 매장은 할인과 이벤트에 의존하게 된다. 감은 뛰어난 개인을 만들 수는 있어도, 흔들리지 않는 매장을 만들지는 못한다.

한 리테일 매장의 운영 책임자와 나눈 대화가 있다. 그가 이렇게 말했다. "요즘은 매장이 잘 만들어져 있어도 결과가 일정하지 않아요." 공간은 좋아 보이고, 방문자도 적지 않은데 매출은 매번 다르게 나온다는 것이다. 잘될 때와 안될 때의 차이가 설명되지 않는다는 말도 덧붙였다.

이 말은 리테일의 현실을 정확히 짚는다. 주목을 끄는 감각은 이미 상향 평준화되었다. 이제 남는 차별점은 작동하는 규칙이다. 사람이 바뀌어도 같은 결론이 나오는 구조, 상황이 달라져도 경험이 흔들리지 않는 문법이다. 마케터의 역할은 감으로 결정하는 사람이 아니라, 감이 개입해도 결과가 달라지지 않게 만드는 사람이다.

내가 프로젝트를 할 때 가장 자주 던지는 질문도 늘 이것이었다. 이 디자인은 어떤 행동을 바꾸는가. 이 구조는 어디에서 멈추게 만드는가. 이 체험은 어떤 확정을 돕는가. 이 문구는 어떤 불안을 줄이는가. 이런 질문에 답하려면 한 영역만 알아서는 부족하다. 제품, 가격, 운영, 직원 동선, CRM, 재고 흐름까지 모두 이해해야 매장의 흐름을 하나의 규칙으로 묶을 수 있다.

마케터가 만들어야 할 규칙은 복잡하지 않다. 매장에서의 선택 과정을 세 단계로 고정하는 것이다. 어디서 시작하는가, 무엇만 비교하면 되는가, 왜 이 선택이 안전한가.

대부분의 마케터는 시작만 설계한다. 입구 메시지와 키 비주얼에 집중한다. 그러나 매출을 바꾸는 것은 비교 단계와 확정 단계다. 비교 규칙이 없으면 소비자는 전수 비교에 빠지고, 확정 규칙이 없으면 결제 직전에서 멈춘다. 오프라인에서 실력은 도입부가 아니라 마지막 동선에서 드러난다.

반복 역시 이벤트 캘린더가 아니다. 소비자의 기억 속에 저장되는 절차다. 같은 질문, 같은 동선, 같은 비교 방식, 같은 결제 리듬이 반복될수록 선택 비용은 내려간다. 선택 비용이 내려가면 가격 민감도도 내려간다. 재방문과 추천이 늘고, 광고비 의존은 줄어든다. 구조가 흔들리면 소비자는 매번 다시 배워야 하고, 다시 배워야 하는 매장은 기억되지 않는다.

마케터가 해야 할 일은 사람을 흥분시키는 것이 아니라 불안하지 않게 만드는 것이다. 불안을 줄이는 가장 강력한 방법이 경험의 분산을 줄이는 일이다. 매일 조금씩 달라지는 매장은 신뢰를 쌓지 못한다. 신뢰가 없으면 기억은 자산이 아니라 경계심으로 저상된다.

리테일 마케터의 생존은 결국 하나의 질문으로 정리된다. '이 매장을 기억되는 시스템으로 만들 수 있는가.' 그 답을 만들려면 마케터는 더 많이 말하는 사람이 아니라 더 많이 줄이는 사람이 되어야 한다. 선택 단계, 비교 변수, 예외, 흔들림을 줄이는 사람. 그 결과 소비자의 머릿속에는 문장 하나만 남는다.

"여기는 이렇게 고르면 된다."

이 문장을 만들 수 있는 사람이, 오프라인 리테일에서 끝까지 살아남는다.

완성보다 중요한 기억의 남김

작년에 약수역에 있는 에스프레소 바 리사르에 네 번을 갔다. 크지 않은 공간이고, 인테리어라고 부를 만한 요소도 거의 없으며, 메뉴 역시 몇 가지 되지 않는다. 화려한 콘셉트도 없고 사진을 찍기 좋은 장치도 없다. 그런데 이상하게도 누군가 "기억에 남는 매장이 어디냐"고 물으면 나는 늘 그곳을 떠올린다. 지금도 주변 사람들에게 종종 "약수역 가면 거기 한번 들러 보라"고 말한다.

곰곰이 생각해 보면 그 매장은 무엇을 보여 주려 하지 않았다. 대신 어떤 감각 하나를 남겼다. 짧게 머물렀지만 다시 떠올릴 수 있는 장면, 다시 들러도 될 것 같다는 확신, 그 동네를 지나가면 한 번쯤 들러도 괜찮겠다는 리듬 같은 것들이다. '잘 만들었다'는 인상보다 '남아 있다'는 감각이 더 오래 작동했다.

———

오프라인 프로젝트는 종종 잘 만들었다는 평가로 끝난다. 랜더링이 좋고, 소재가 고급스럽고, 조명이 안정적이고, 동선이 그럴듯하면 내부 회의에서 박수가 나온다. 그러나 리테일의 성패는 그 박수로 결정되지 않는다. 매장은 오픈 순간이 아니라 오픈 이후의 반복에서 생존이 갈린다. 반복은 하나의 조건에서만 발생한다. 방문 경험이 소비자의 삶 안에 남아, 다시 호출될 때다. 그래서 매장의 완성도는 미학적 완성보다 기억의 잔존성으로 판단되어야 한다. 잘 만든 매장은 많지만 남긴 매장은 적다. 이 차이가 결국 비용 구조를 가르고, 재방문을 가르고, 브랜드를 가른다.

"남겼다"는 말은 감성적인 표현이 아니다. 기억의 관점에서는 매우 기술적인 요구다. 경험이 끝난 뒤에도 특정 단서가 남아, 다음 행동의 비용을 줄이는 상태를 뜻한다. 소비자가 매장을 나서는 순간 경험은 사라지지만, 선택 비용은 사라지지 않는다. 다음번 구매 상황에서 소비자는 다시 비교하고, 다시 의심하고, 다시 후회를 계산한다. 이때 매장이 아무것도 남기지 못했다면 소비자는 자연스럽게 온라인으로 이동한다. 가격 비교와 후기 탐색이 그 자리를 대신한다. 반대로 매장이 어떤 규칙을 남겼다면 소비자는 비교를 건너뛴다. 기억이 어떻게 고르면 되는지를 대신 실행하기 때문이다. 남겼다는 말은 결국, 방문 이후에도 선택 비용을 낮추는 구조를 남겼다는 뜻이다.

망각은 자연스럽다. 헤르만 에빙하우스^{Hermann Ebbinghaus}의 망각 곡선^{forgetting curve}이 보여 주듯, 사람은 빠르게 잊는다. 매장이 아무리 인상적이어도 디테일은 사라진다. '강렬하면 기억을 남길 수 있다'는 생각은 리테일에서 위험하다. 강렬함은 순간의 회상은 만들 수 있어도, 다음 행동을 만들지는 못한다. 행동을 만드는 기억은 디테일이 아니라 구조다. 무엇을 샀는지가 아니라, 어떤 기준으로 골랐는지, 어디서 확신이 생겼는지, 문제가 생기면 어떻게 해결됐는지 같은 절차가 남아야 한다. 절차는 봄으로 학습되면 자동화된다. 남긴 매장은 이 자동화를 만들어 낸 매장이다.

'매장을 잘 만들었다'는 평가가 내부에서만 머무는 이유도 여기에 있다. 대부분의 설계가 방문 순간의 감탄을 목표로 하기 때문이다. 감탄은 사진을 만든다. 그러나 사진은 공유되기 쉽지, 다시 오게 만들지는 않는다. 다시 오게 만드는 것은 생활 장면과 연결되는 단서다. 집에서 컵을 꺼낼 때, 특정 요일이 반복될 때, 늘 지나던 길목에 들어섰을 때, 매장이 떠오르는 구조가 있어야 한다. 오프라인의 본질은 현장 체험이지만, 승부는 현장 이후에 난다. 매장이 남겼다는 말은 설계가 매장 밖까지 연장되었다는 뜻이다.

남김은 세 가지 형태로 나타난다. 물리적 잔상, 언어적 잔상, 절차적 잔상이다. 물리적 잔상은 포장, 라벨, 사용 가이드, 동봉 카드처럼 생활 속에서 반복적으로 마주치는 요소다. 중요한 것은 로고가 아니라 내용이다. '이 브랜드'가 아니라 '이렇게 고르면 된다'는 규칙이 압축되어 있어야 한다. 이것은 광고가 아니라 기억의 외장 장치다.

언어적 잔상은 추천 문장이다. "거긴 그냥 그걸로 가면 돼", "거긴 고르는 방식이 정해져 있어" 같은 짧은 문장이 만들어지면 매장은 소비자 사이에서 전파된다. 이 문장은 감동이 아니라 편집의 결과다. 무엇을 보여 주었는지가 아니라 무엇을 버리게 했는지가 문장을 만든다.

절차적 잔상은 몸에 남는 경로다. 어디서 시작하고, 어디서 멈추고, 무엇을 묻고, 어떻게 결제하는지의 순서가 저장되면 소비자는 다음 방문에서 매장을 다시 해석하지 않는다. 그냥 사용한다. 해석이 줄어들수록 선택 비용은 낮아지고, 선택 비용이 낮아질수록 가격 민감도도 낮아진다. 절차는 편리함이 아니라 수익 구조다.

약수역의 리사르는 이 세 가지를 모두 작게 남겼다. 특별한 디자인 대신 짧은 체류 리듬을 남겼고, 복잡한 메뉴 대신 고르는 방식의 단순함을 남겼고, 강한 인상 대신 "그 근처 가면 한번 들러도 된다"는 생활 문장을 남겼다. 나는 그곳을 네 번 갔고, 지금도 추천한다. 그 매장은 나를 통해 작은 홍보 채널을 하나 확보한 셈이다.

요즘처럼 팝업이 넘쳐나고 매장이 과잉 설계되는 시대에 '잘 만들었다'는 평가는 흔해졌다. 반대로 '기억난다'는 평가는 줄어들고 있다. 잘 만들었다는 일회성이지만, '남겼다'는 소비자의 구매 반복을 만든다. 반복은 습관을 만들고, 습관은 비용 구조를 바꾼다.

'소비자의 머릿속에 남기는 리테일 설계'는 다섯 가지 전략으로 구체화된다. 대표 장면을 포인트가 아니라 반복 가능한 기준점으로 만들 것, 출구를 끝이 아니라 다음 행동의 시작으로 설계할 것, 운영 예외 상황의 처리 방식을 시스템으로 남길 것, 집에서도 농일한 선택 규칙을 재생할 수 있게 만들 것, 그리고 변화는 콘텐츠만 바꾸고 문법은 유지할 것이다. 이 다섯 가지가 유지되면 매장은 매달 새로 시작하지 않는다. 시간이 쌓일수록 더 쉬운 선택지가 된다.

그래서 매장을 평가할 때 질문은 바뀌어야 한다. 무엇을 만들었는가가 아니라 소비자의 머릿속에 무엇을 남겼는가, 사진이 남았는가, 아니면 규칙이 남았는가. 인상이 남았는가, 아니면 경로가 남았는가. 감탄이 남았는가, 아니면 신뢰가 남았는가.

오프라인 리테일은 반복 산업이다. 반복은 남김의 산업이다. 소비자의 기억에 남길 것을 만들지 못한 매장은 매달 리셋되고, 남긴 매장은 시간이 지날수록 유리해진다. 소비자가 덜 헤매고, 덜 비교하고, 덜 후회하기 때문이다. 그 덜함이 비용을 줄이고, 비용이 줄면 생존 확률은 올라간다.

결국 잘 만들었다는 말은 내부의 만족이고, 남겼다는 말은 시장에서의 생존이다. 기억 속에 규칙을 남기는 매장만이 다시 선택되고, 다시 추천되고, 다시 살아남는다. 그리고 그런 매장만이 뒤늦게, 진짜로 잘 만들었다는 평가를 받는다.

숫자로 보이지 않는 기억 자산

리뉴얼 프로젝트가 끝나고 한 달쯤 지나면 늘 같은 질문을 받는다. 매출이 얼마나 올랐는지, 방문객 수는 늘었는지, 체류 시간은 얼마나 길어졌는지. 최근 진행한 한 매장도 그랬다. 외관과 내부 동선을 전면적으로 바꾸고, 진열 방식과 메시지 구조를 새로 설계했다. 그러나 한 달 뒤 지표는 기대만큼 움직이지 않았다. 글로벌 경기 영향도 있었고, 소비 자체가 둔해진 시기였다. 숫자만 보면 "성과가 없다"고 말해도 이상하지 않은 상황이었다.

그런데 현장에서는 다른 변화가 나타났다. 경쟁 브랜드들이 매장의 구성 방식과 메시지 구조를 그대로 따라 하기 시작했고, 내부 직원들은 "우리 매장은 이제 이런 기준을 가진 매장이다"라는 말을 쓰기 시작했다. 이전에는 설명하기 어려웠던 매장의 정체성이 하나의 문장으로 정리되기 시작했고, 신규 직원에게도 같은 방식으로 교육이 가능해졌다. 숫자는 그대로였지만, 매장은 이전보다 단단해지고 있었다. 이 경험은 오프라인 성과를 다시 보게 만든 계기였다.

오프라인 매장의 성과는 숫자로만 보이지 않는다. 더 정확히 말하면, 숫자로 보이는 성과는 항상 마지막에 나타난다. 매출, 객단가, 방문자 수는 결과다. 그보다 먼저 바뀌는 것은 소비자가 매장에서 결정을 내리는 과정의 난이도, 직원 응대의 안정성, 운영의 흔들림 정도, 그리고 매장을 떠난 뒤 머릿속에 남는 선택 방식이다. 이 변화는 POS에 바로 찍히지 않는다. 대신 결제 직전에 망설이는 사람이 늘어나고, "이게 뭐가 달라요?"라는 소비자 질문이 길어지고, 직원 설명 시간이 늘어나고, 추천이 구체적인 조합이 아니라 단순 나열로 바뀌고, 재방문 간격이 조금씩 벌어진다. 그리고 나서야 매출이 흔들린다. 숫자는 원인이 아니라 증상이다.

대부분의 오프라인 조직은 반대로 움직인다. 측정할 수 있는 것만 관리할 수 있다고 믿기 때문이다. 그래서 매출, 유입, 체류 시간 같은 결과 지표에 모든 시선이 쏠린다. 그러나 이 순간부터 매장은 서서히 망가진다. 체류 시간을 늘리겠다고 볼거리를 추가하면 소비자는 오래 머물지만 결정을 미룬다. 방문자를 늘리겠다고 이벤트를 늘리면 매장은 붐비지만 소비자의 자발적인 추천은 줄어든다. 객단가를 올리겠다고 결제 직전에 옵션과 혜택 조건을 붙이면 소비자는 계산을 다시 시작한다. 숫자를 맞추기 위한 설계가 소비자의 판단을 복잡하게 만들고, 판단이 복잡해질수록 기억은 남지 않는다.

지표가 목표가 되는 순간 그 지표는 더 이상 성과를 설명하지 못한다는 굿하트의 법칙이 말하듯, 숫자를 관리하는 일과 성과를 만드는 일은 종종 다른 방향으로 흘러간다. 오프라인에서도 마찬가지다. 숫자를 목표로 삼는 순간 매장은 소비자의 경험을 왜곡한다. 경험이 왜곡되면 기억이 남지 않으며, 기억이 남지 않으면 재방문이 끊긴다. 재방문이 끊긴 뒤에야 매출이 흔들린다.

숫자로 보이지 않는 성과란 결국 소비자가 얼마나 쉽게 결정할 수 있게 되었는가에 대한 문제다. 매장에 들어와서 무엇을 먼저 보면 되는지, 무엇만 비교하면 되는지, 왜 이 선택이 안전한지, 문제가 생기면 어떻게 처리되는지가 명확할수록 소비자의 선택 비용은 내려간다. 선택 비용이 내려가면 비교가 줄고, 가격 질문이 줄고, 결제 속도가 빨라진다. 이 변화는 매출표에는 바로 찍히지 않지만, 매출을 지탱하는 구조를 만든다.

그래서 오프라인 성과는 매출이 아니라 매출이 흔들리지 않게 만드는 조건으로 봐야 한다. 평균 매출을 단기간에 올리기는 어렵지만, 매출의 변동 폭을 줄이는 것은 가능하다. 소비자가 덜 헤매고, 직원 응대가 일정하고, 품절이나 클레임 처리 방식이 매번 같고, 추천 기준이 반복되면 매장은 안정된다. 이 안정성이 쌓이면 할인 없이도 버티고, 광고를 줄여도 유지된다.

이를 리테일 언어로 정리하면 두 가지다. 하나는 진행률이다. 입구에서 첫 멈춤으로, 첫 멈춤에서 비교로, 비교에서 확정으로, 확정에서 결제로 끊기지 않고 이동하는 비율이다. 다른 하나는 재현성이다. 직원이 바뀌어도, 요일이 달라도, 매장 상황이 달라도 소비자 경험이 크게 달라지지 않는 정도다. 이 두 가지가 올라가면 매출은 따라온다. 이 두 가지가 무너지면 매출은 늦게 무너진다. 늦게 무너진다는 점이 오히려 위험하다. 현장은 이미 흔들리고 있는데 숫자만 아직 괜찮아 보이기 때문이다.

보이지 않는 성과를 관리하려면 매장을 공간이 아니라 결정 과정을 처리하는 시스템으로 봐야 한다. 현장에서 확인해야 할 것은 이런 것들이다. 입구에서 소비자가 매번 다른 곳에서 멈추는지, 아니면 항상 비슷한 지점에서 멈추는지. 소비자 질문이 짧아지고 있는지, 아니면 점점 길어지고 있는지. 같은 코너를 여러 번 왕복하는 사람이 늘고 있는지. 결제대 앞에서 직원 설명이 점점 길어지고 있는지. 품절이나 환불 상황에서 직원마다 말이 다른지. 이런 것들은 숫자가 아니라 관찰이지만, 매출보다 먼저 변한다.

최근 리뉴얼한 매장도 마찬가지였다. 매출은 그대로였지만, 직원들의 설명 문장이 짧아졌고, 추천 방식이 두세 가지 패턴으로 수렴했고, 경쟁 브랜드들이 구조를 그대로 베끼기 시작했다. 매장은 잘 꾸민 공간이 아니라 '선택 기준이 분명한 매장'이 됐다. 구성원들 사이에서 "우리 매장은 이런 매장이다"라는 말이 생긴 순간, 브랜드는 내부에서 먼저 단단해졌다.

성수동의 팝업들도 그렇다. 많은 팝업은 당장 돈을 벌기보다 오히려 돈을 쓰는 구조다. 하지만 기억에 강하게 남으면 몇 달 뒤 검색량과 방문 의도, 브랜드 선호도로 돌아온다. 소비자는 하루아침에 바뀌지 않는다. 그래서 당장의 숫자만 보면 리테일의 절반밖에 보지 못한다.

보이지 않는 성과를 성과로 만들기 위해서는 기억 설계와 관련된 실무자들의 언어부터 바뀌어야 한다. "브랜딩이 좋아졌다"가 아니라 "소비자 질문이 줄었다", "결제 전 설명이 짧아졌다", "추천 방식이 고정됐다", "응대 문장이 통일됐다", "경쟁사가 구조를 따라 한다"처럼 말할 수 있어야 한다. 그래야 조직이 이해하고, 책임을 나누고, 반복할 수 있다.

　정리하면 이렇다. 매출은 결과이고, 기억은 원인이다. 기억은 안정된 경험에서 만들어지고, 안정된 경험은 현장의 마찰을 줄일 때 만들어진다. 이 변화는 처음에는 잘 보이지 않는다. 그러나 시간이 지나면 매출이 덜 흔들리고, 할인 없이도 버티며, 추천이 자연스럽게 늘어난다. 강한 매장은 숫자가 좋아서 강한 것이 아니다. 숫자가 좋아지기 전에, 보이지 않는 성과를 먼저 관리해 왔기 때문에 강해진다. 오프라인 리테일은 결국 매출이 만들어지기 전의 과정을 관리하는 산업이다. 그 과정을 관리할 수 있는 조직만이 오래 살아남는다.

기억을 포기한 매장의 실패 패턴

프로젝트를 하다 보면 결과를 보기 전부터 실패를 직감하는 순간이 있다. 회의실에서 오가는 말이 바뀌기 때문이다. "이 안이면 안 혼나겠지", "윗분이 이 스타일 좋아하잖아"와 같은 대화가 그런 맥락이다. 소비자 이야기는 사라지고, 상사의 취향과 보고용 화면이 기준이 된다. 그 순간부터 논의는 깊어지지 않는다. 동선이나 구매 과정이 아니라 색감과 분위기, PPT에서 잘 보이는 이미지가 중심이 된다. 다들 어딘가 이상하다는 걸 알지만, 말하면 책임이 돌아오는 분위기가 된다. 그런 프로젝트는 결과도 나쁘고, 과정도 즐겁지 않다. 리테일처럼 소비자와 가장 가까운 산업에서조차 전략과 디자인이 소비자보다 윗사람에 맞춰 설계될 때, 실패는 이미 시작된다.

실패하는 매장을 설명할 때 가장 흔한 결론은 "입지가 나빴다", "상품이 약했다", "경쟁이 심했다"다. 전부 맞는 말일 수 있다. 그러나 오프라인에서 진짜 공통점은 더 아래층에 있다. 실패하는 매장은 소비자가 다음 방문에서 덜 생각하게 만드는 구조를 만들지 못한다. 한 번 방문이 끝난 뒤에도 선택 비용이 그대로 남는다. 무엇부터 봐야 하는지, 무엇만 비교하면 되는지, 왜 이 선택이 안전한지에 대한 기준이 남지 않는다. 선택 비용이 그대로 남으면 소비자는 다음번에 다시 비교를 시작한다. 비교가 시작되면 매장은 온라인과 같은 룰로 싸우게 되고, 그 싸움은 가격과 프로모션으로 기울 수밖에 없다. 그 순간부터 실패는 수치로 보이기 시작하지만, 실제 실패는 훨씬 전에 이미 진행되고 있었다. 매출이 무너진 것이 아니라 기억이 무너진 것이다.

매장은 경험을 팔지만, 소비자가 실제로 사는 것은 물건이 아니라 '이번 선택이 실패하지 않을 것 같다는 확신'이다. 이 확신은 카피 문구나 인테리어 설명에서 오지 않는다. 반복되는 구조에서 온다. 실패하는 매장은 이 구조가 없다. 매번 다른 시작점, 매번 다른 추천 방식, 매번 다른 가격 설명, 매번 다른 예외 처리로 경험이 흩어진다. 이렇게 흩어진 경험은 기억되더라도 행동을 만들지 못한다. 행동을 만들지 못하는 기억은 사진과 이야기로만 남고, 다음 방문을 앞당기지 않는다. 오프라인에서 가장 잔인한 평가가 "재미있긴 했는데 다시 갈 이유는 없다"라는 말이다. 이 말이 나오는 순간, 매장은 콘텐츠가 되고 시스템이 되지 못한다. 시스템이 되지 못한 매장은 결국 비용 경쟁으로 밀려난다.

첫 번째 공통점은 목표가 방문자 수에만 묶여 있다는 점이다. 유입을 늘리는 데는 집착하지만, 들어온 뒤 소비자가 어떤 결론을 내리는지는 소유하지 못한다. 입구에서 멈추고, 어디로 가야 할지 몰라 서성이고, 결국 아무것도 사지 않고 나가는 사람이 늘어나도 방문 수만 유지되면 괜찮다고 착각한다. 그러나 오프라인에서 중요한 것은 사람 수가 아니라 결론 수다. 소비자가 매장에서 몇 번의 구매 결론을 내렸는가, 그 결론이 얼마나 빠르고 단정했는가가 성과다. 결론이 적고 느리면 사람은 많아도 매출은 얇아진다. 더 치명적인 것은, 결론을 못 내린 경험이 "여긴 복잡하다", "여긴 고르기 어렵다"라는 기억으로 남는다는 점이다. 이 기억은 다음 방문을 막는 장벽이 된다. 실패하는 매장은 이 장벽을 스스로 쌓는다.

두 번째 공통점은 선택의 폭을 가치로 착각한다는 점이다. 상품이 많고 옵션이 많으면 소비자가 좋아할 것이라 믿는다. 그러나 실제 매장에서는 반대다. 소비자는 전체를 계산하지 않는다. 무엇을 버리고 무엇만 보면 되는지 알려 주지 않으면, 머릿속에서 계산이 시작되고 피로가 올라간다. 이 피로는 곧 회피로 바뀐다. 그래서 실패하는 매장은 많이 준비한 매장이 아니라 결정을 소비자에게 떠넘긴 매장이다. 어떤 기준으로 후보를 줄이고, 어느 지점에서 확정해야 하는지 안내하지 않는다. 떠넘겨진 판단은 소비자의 집중력을 소모시키고, 결국 스마트폰을 꺼내게 만든다. 그 순간 오프라인의 장점은 사라진다.

세 번째 공통점은 매장 문법이 자주 바뀐다는 점이다. 레이아웃이 바뀌고, 진열 우선순위가 바뀌고, 가격 설명 방식이 바뀌고, 행사 규칙이 매번 달라진다. 내부에서는 새로움이라고 부르지만, 소비자에게는 매번 다시 배워야 하는 곳이 된다. 배워야 하는 매장은 다시 오기 어렵다. 오프라인 브랜드는 새로움의 총량이 아니라, 기준의 안정성에서 만들어진다. 기준이 안정적이면 변화는 업데이트로 느껴지고, 기준이 흔들리면 변화는 혼란이 된다. 실패하는 매장은 업데이트를 한다고 생각하지만, 소비자는 혼란을 겪는다. 혼란은 불신으로 바뀌고, 불신은 가격을 더 비싸게 느끼게 만든다. 그 다음 단계가 할인 의존이다.

네 번째 공통점은 예외 상황에서 무너진다는 점이다. 품절, 대기,

클레임, 환불 같은 순간에 매장의 진짜 수준이 드러난다. 소비자는 좋은 날보다 나쁜 날의 경험을 더 오래 기억한다. 실패하는 매장은 예외를 재수가 없던 날로 치부한다. 반면 오래가는 매장은 예외를 시스템의 일부로 설계한다. 품절일 때 무엇을 안내하는지, 대체 상품은 어떻게 제시하는지, 보상 기준은 무엇인지가 고정되어 있다. 실패하는 매장은 이 기준이 사람마다 다르다. 이 작은 차이들이 쌓여 신뢰를 무너뜨린다. 신뢰가 무너진 기억은 한 번 생기면 복구가 어렵다.

다섯 번째 공통점은 현장의 편차를 방치한다는 점이다. 어떤 날은 친절하고, 어떤 날은 불친절하고, 어떤 날은 설명이 명확하고, 어떤 날은 제각각이다. 소비자에게 남는 것은 평균이 아니라 최악의 하루다. 실패하는 매장은 이를 사람 문제로 돌린다. 그러나 편차는 대부분 시스템 문제다. 질문 순서, 추천 기준, 가격 설명 방식, 결제 전후 단계, 예외 처리 문장이 고정되어 있지 않기 때문이다. 고정되지 않은 상태에서 결과만 요구하면 운영은 운이 된다. 운으로 굴러가는 매장은 오래 버티지 못한다.

여섯 번째 공통점은 내부 언어와 소비자 언어가 다르다는 점이다. 내부에서는 매장의 콘셉트를 길게 설명할 수 있지만, 소비자는 한 문장으로 요약하지 못한다. "여기는 이런 곳이다"라는 말이 나오지 않으면 추천도 나오지 않는다. 추천이 없으면 유입은 돈으로 사야 하고, 돈으로 산 유입은 가격에 민감하다. 가격에 민감한 소비자가 늘어나면 프로모션이 잦아지고, 프로모션이 잦아지면 정체성은 더 흐려진다. 실패하는 매장은 브랜드를 만든다고 말하지만, 소비자가 복제해서 쓸 수 있는 규칙을 남기지 못한다.

일곱 번째 공통점은 측정이 항상 늦다는 점이다. 매출이 떨어진 뒤에 동선을 바꾸고, 후기가 나빠진 뒤에 응대 방식을 고치고, 재방문이 줄어든 뒤에 멤버십을 손본다. 그러나 매출보다 먼저 변하는 신호들이 있다. 결제 직전의 망설임, 질문의 길이, 되돌아가는 동선, 가격 문의의 빈도, 예외 상황에서의 표정 같은 것들이다. 실패하는 매장은 이 신호를 볼 체계를 만들지 않는다. 그래서 항상 늦게 고치고, 늦게 고치니 크게 흔들고, 크게 흔들다 문법을 깨뜨린다.

여덟 번째 공통점은 책임 구조가 경험을 분절시킨다는 점이다. 디자인은 디자인대로, 운영은 운영대로, 마케팅은 마케팅대로 잘한다. 그러나 소비자는 그것을 하나의 매장으로 경험한다. 분업이 그대로 드러나는 매장은 흐름이 끊기고, 끊긴 흐름은 확신을 줄인다. 확신이 줄면 가격은 더 부담스럽게 느껴진다. 그래서 실패하는 매장은 늘 '각자 열심히 했는데 왜 안 되는지 모르는' 상태에 빠진다.

결국 실패하는 매장의 공통점은 화려하지 않아서가 아니다. 기억을 구조로 만들지 못했기 때문이다. 선택 비용을 줄이는 규칙, 반복되는 기준점, 예외를 견디는 운영 방식, 편차를 줄이는 프로세스, 소비자 언어로 압축되는 설명이 없다. 이 다섯 가지가 없으면 매장은 매번 처음이 된다. 매번 처음인 매장은 늘 할인과 광고로 숨을 쉰다. 숨 쉬는 동안은 살아 있는 것처럼 보이지만, 기억 자산이 쌓이지 않기 때문에 시간이 갈수록 유지 비용만 커진다.

실패를 피하는 방법은 새로운 아이디어를 더하는 것이 아니다. 실패가 시작되는 지점을 끊어 내는 것이다. 소비자가 결론을 내리기 전에 헤매게 만드는 요소를 지우고, 예외 처리 방식을 고정하고, 추천이 규칙으로 말해지게 만들고, 변화는 문법을 유지한 채로만 주고, 편차를 줄이는 방향으로 운영을 단정하게 만드는 것. 이 작업은 매장을 멋지게 만드는 일이 아니라, 매장을 오래 가게 만드는 일이다. 실패하는 매장은 잘 만들려고 하고, 살아남는 매장은 남기려고 한다. 남기는 것은 기억이고, 기억은 반복을 만든다. 오프라인의 성패는 결국 그 반복을 누가 설계했는가에서 결정된다.

오래가는 매장의 비밀

오래가는 매장은 대체로 화려하지 않다. 오픈 초기에 폭발적인 관심을 끌지 못해도 버틴다. 반대로 오픈 직후 완벽해 보였던 매장이 조용히 사라지는 경우도 많다. 이 차이를 입지나 자본으로만 설명하면 핵심을 놓친다.

오래가는 매장은 '좋은 날'의 완성도가 아니라 '나쁜 날'의 안정성을 확보한 매장이다. 나쁜 날이란 바쁜 날, 품절이 난 날, 신규 직원이 투입된 날, 소비자 컴플레인이 발생한 날, 날씨가 궂은 날처럼 변동성이 폭발하는 순간이다. 오프라인의 장기 성패는 이런 날에 결정된다. 사람은 좋은 날의 매장보다 흔들리는 날의 매장을 더 선명하게 기억하고, 그 기억이 다시 선택을 막거나 밀어준다. 결국 오래가는 매장은 매출을 관리하는 매장이 아니라 '경험이 흔들리는 폭'을 관리하는 매장이다. 같은 상황에서 같은 품질이 나오는가, 그 안정성이 시간을 이긴다.

오래가는 조건을 기억의 언어로 바꾸면 한 문장으로 수렴한다. 시간이 갈수록 소비자의 선택 비용이 내려가는가. 내려가면 매장은 강해지고, 그대로면 매장은 약해진다. 선택 비용이 내려간다는 말은 소비자가 더 빨리 이해하고, 더 빨리 확신하고, 더 적게 비교하고, 더 적게 후회한다는 뜻이다. 이 과정이 반복되면 매장은 소비자의 기본값이 된다. 기본값이 된 매장은 유행이 바뀌어도 버틴다. 반대로 선택 비용이 내려가지 않는 매장은 매번 '처음인 곳'으로 남는다. 처음인 곳은 매번 설명해야 하고, 매번 할인해야 하며, 매번 이벤트로 숨을 쉰다. 고정비가 큰 오프라인에서 이런 호흡은 오래 지속될 수 없다. 오래가는 매장의 조건은 결국 '기억이 자산으로 쌓이는 구조'를 갖췄는가로 판단해야 한다.

첫 번째 조건은 쇼핑하는 방식의 일관성이다. 오래가는 매장은 계절이 바뀌어도 '어디서 시작하고 어떤 순서로 확정되는지'가 크게 흔들리지 않는다. 콘텐츠는 바뀌지만 절차는 유지된다. 소비자가 다시 올 때 새로 배울 것이 적을수록 재방문은 쉬워진다. 새로움이 필요한 건 맞지만, 새로움은 문법 위에서만 의미를 가진다. 문법이 없는 새로움은 '놀라움'이 아니라 '혼란'이 된다. 혼란은 곧 불신으로 이어진다. 불신이 생기면 가격은 더 비싸게 느껴지고, 소비자는 비교를 시작한다. 비교가 시작되는 순간 매장은 온라인과 같은 룰로 싸워야 한다. 오래가는 매장은 룰을 바꾸는 매장이고, 룰을 바꾸는 방법은 문법을 고정하는 것이다.

두 번째 조건은 경험의 흔들림을 줄이는 것이다. 평균을 높이는 것보다 경험의 편차를 줄이는 것이 중요하다. 어떤 날은 훌륭하고 어떤 날은 엉망이면, 소비자에게 남는 것은 평균이 아니라 최악의 순간이다. 최악의 순간은 경고로 저장된다. 경고로 저장된 매장은 다음 선택에서 자동으로 배제된다. 오래가는 매장은 '잘하는 날'을 늘리는 대신 '망하는 날'을 줄인다. 이를 위해 필요한 것은 직원 개인의 기량이 아니라 시스템의 방어벽이다. 질문의 순서를 고정하고, 추천 기준을 단정하게 만들고, 가격표의 문법을 통일하고, 예외 처리의 문장을 고정한다. 사람이 바뀌어도 경험의 핵심이 유지되면 편차가 줄고, 편차가 줄면 신뢰가 쌓이며, 신뢰가 쌓이면 기억이 자산으로 압축된다. 오래가는 매장은 운영을 감으로 밀지 않는다. 감이 들어갈 자리를 줄여서 생존한다.

세 번째 조건은 예외 상황의 설계다. 오프라인에서 예외는 사고가 아니라 상수다. 품절, 대기, 배송 지연, 하자, 교환·환불, 결제 오류 같은 순간은 반드시 발생한다. 오래가는 매장은 예외가 발생했을 때 '그때그때 잘 대처해 준다'가 아니라 '항상 같은 방식으로 처리한다'를 만든다. 소비자가 진짜로 신뢰하는 것은 친절의 강도가 아니라 처리의 일관성이다. 문제가 생겼을 때 안내가 단정하고, 대안이 있고, 기준이 흔들리지 않으면 소비자는 '이 매장은 시스템이 있다'고 느낀다. 시스템이 있다고 느끼면 가격은 덜 비싸게 느껴지고, 다음 방문에서 불안은 줄어든다. 예외 처리는 비용처럼 보이지만 실제로는 기억 자산을 쌓는 투자다. 반대로 예외 처리가 흔들리는 매장은 오픈 초기의 모든 미학을 단 한 번의 장면으로 무너뜨릴 수 있다.

네 번째 조건은 업데이트의 방식이다. 오래가는 매장은 변화를 멈추지 않는다. 다만 변화의 단위를 다르게 삽는다. 레이아웃을 통째로 갈아엎는 변화가 아니라, 소비자가 이미 학습한 절차를 보존한 채 '다시 확인할 이유'를 만든다. 추천 조합의 업데이트, 신상품의 초점 이동, 시즌 제안 방식의 변화처럼 콘텐츠를 바꾸되, 시작점·비교점·확신점·마무리점의 역할은 유지한다. 소비자는 '다시 가면 새로 나온 게 있겠다'는 동기를 얻으면서도 '가면 어떻게 고르면 되는지 안다'는 안정감을 잃지 않는다. 새로움만 있으면 피곤하고, 안정감만 있으면 지루하다. 오래가는 매장은 지루함과 피로 사이에서 균형을 잡는다. 이 균형은 감각이 아니라 구조로 만들어 진다.

다섯 번째 조건은 현장의 언어를 문법으로 만드는 능력이다. 여기서 통제는 검열이 아니라 일관된 안내 방식의 확보다. 오래가는 매장은 직원이 소비자에게 던지는 첫 질문이 비슷하고, 추천을 정리하는 방식이 비슷하고, 가격을 설명하는 문장이 비슷하고, 교환·환불을 안내하는 문장이 비슷하다. 이 비슷함이 소비자에게는 예측 가능성으로 전달된다. 예측 가능성은 위험을 낮추고, 위험이 낮아지면 결제는 쉬워진다. 반대로 직원마다 언어가 다르면 매장은 매번 다른 매장이 된다. 다른 매장은 기억이 압축되지 않는다. 기억이 압축되지 않으면 추천도 전염되지 않는다. 오래가는 매장은 말을 잘하는 직원을 만드는 것이 아니라, 말이 덜 흔들리게 만드는 시스템을 만든다.

여섯 번째 조건은 매장의 현장 학습 내재화다. 오프라인은 정답을 미리 완벽하게 설계할 수 없다. 소비자 흐름은 매일 달라지고, 상권은 계속 바뀌고, 경쟁은 형태를 바꾼다. 오래가는 매장은 이 변화를 해석하고 즉시 조정하는 루프를 갖고 있다. 중요한 것은 무엇을 바꾸느냐가 아니라 무엇을 바꾸지 않느냐다. 문법은 고정하

기억을 팝니다

고, 마찰만 삭제한다. 병목이 생기는 지점을 찾고, 질문이 길어지는 구간을 줄이고, 되돌아가는 동선을 끊고, 결제 직전의 옵션과 규칙을 단정하게 만든다. 이런 작은 수정이 누적되면 시간이 갈수록 소비자의 선택 비용이 내려간다. 선택 비용이 내려가면 운영도 더 쉬워지고, 운영이 쉬워지면 품질이 더 안정되며, 안정된 품질은 다시 기억 자산을 키운다. 오래가는 매장은 큰 리브랜딩으로 살아남지 않는다. 작은 마찰 삭제의 누적으로 살아남는다.

여기까지는 대기업 브랜드에도, 골목 가게에도 똑같이 적용된다. 대기업 매장은 전략·디자인·운영을 오랫동안 다듬어 문법을 만들기 때문에 오래간다. 그런데 리테일에는 자본이 크지 않아도 오래가는 매장이 많다. 동네 미용실, 골목 어귀의 소호 의류샵, 단골로 유지되는 음식점이 그렇다.

한 번 퇴근길에 문득 그런 생각을 한 적이 있다. "서 미용실은 특별한 간판도 없는데 어떻게 몇십 년을 버틸까." 답은 '새로움'이 아니라 '재현성'이었다. 주인이 소비자가 원하는 것을 정확히 알고, 소비자가 편해하는 환경을 반복해서 제공한다. 소비자는 매번 새로운 것을 기대하며 가는 게 아니라, 같은 품질을 다시 받으러 간다. 단골은 결국 재현성 위에서 만들어진다.

내가 자주 가는 미용실의 장면이 딱 그랬다. 그곳은 일부러 의자

간격을 넓게 두고 음악을 조금 크게 튼다. 처음엔 그냥 취향인 줄 알았는데, 몇 번 가다 보니 의도가 읽혔다. 디자이너와 나누는 대화를 옆자리에서 잘 듣지 못하게 하려는 배려였다. 머리를 자르는 기술만으로는 만들기 어려운 '편함'이 그 방식으로 반복된다. 이 편함은 말로 설명되지 않아도 몸으로 저장된다. '거긴 조용히 내 얘기 해도 되는 곳'이라는 기억이 남는다. 그 기억이 다음 예약을 만든다. 이런 매장은 화려한 새로움이 없어도 시간이 갈수록 강해진다. 소비자가 '실패하지 않는다'는 확신을 이미 갖고 있기 때문이다.

정리하면 오래가는 매장은 새로움을 많이 만든 매장이 아니다. 같은 상황에서 같은 품질이 반복되는 매장이다. 문법이 고정되어 있고, 편차가 줄어들며, 예외 처리가 일관되고, 업데이트가 문법을 깨지 않으며, 현장 언어가 단정하고, 작은 마찰을 계속 삭제하는 학습 루프가 있다면 시간은 그 매장의 편이 된다.

결국 질문은 하나로 좁혀진다. 시간이 갈수록 소비자가 덜 생각하게 되는가. 덜 생각하게 만들면 매장은 더 쉬워지고, 더 쉬워진 매장은 더 자주 선택되며, 더 자주 선택된 매장은 더 강한 기억 자산을 축적한다. 오래가는 매장은 멋진 매장이 아니라 '기억이 누적되는 매장'이다. 그 누적이 유행을 이기고, 시간을 이긴다.

기억을 설계하는 직업의 가치

나는 원래 건축, 그중에서도 아파트 같은 주택 기획 쪽에서 일을 했다. 규모가 큰 만큼 완공됐을 때의 뿌듯함이 분명히 있다. 하지만 리테일로 넘어오면서 다른 종류의 만족을 알게 됐다. 건축이 '공간을 세우는 일'이라면, 리테일은 '사람의 기억을 세우는 일'에 더 가깝다. 내가 이렇게 디자인하면 소비자는 이렇게 반응하고, 내가 동선을 이렇게 짜면 소비자는 그대로 움직인다. 그 반응이 매일 눈앞에서 확인된다. 기억을 설계한다는 말이 그때부터 현실이 됐다.

오프라인 리테일에서 가장 저평가된 직업은 공간을 꾸미는 사람이 아니라 기억을 설계하는 사람이다. 이유는 단순하다. 기억은 결과가 늦게 나타나고, 성과가 분산되며, 공이 누구에게 있는지 특정하기 어렵다. 반면 단기 성과는 눈앞에서 숫자로 보인다. 프로모션은 즉시 매출을 만들고, 광고는 즉시 유입을 만든다. 그래서 조직은 기억을 설계하는 일을 비용처럼 취급하기 쉽다. 하지만 오프라인의 구조적 현실은 반대다. 고정비가 큰 산업에서 단기 유입과 할인에 의존하는 순간, 매장은 시간이 지날수록 더 비싸게 숨을 쉬어야 한다. 오래 버티는 매장은 늘 같은 결론으로 돌아온다. 유입이 아니라 반복이 생존을 만든다. 반복은 기억 자산의 산출물이고, 기억 자산은 설계된 직무의 산출물이다. 기억을 설계하는 직업의 가치는 결국 '매장을 매번 처음으로 만들지 않게 하는 힘'에서 나온다.

기억을 설계한다는 말이 추상처럼 들리는 이유는, 기억을 머릿속의 심리 현상으로만 보기 때문이다. 그러나 오프라인에서 기억은 개인 내부에만 존재하지 않는다. 매장 안의 표식, 진열의 문법, 가격표의 구조, 직원의 질문 순서, 체험의 단계, 예외 처리의 규칙 같은 외부 요소가 소비자의 판단을 대신 수행한다. 확장된 마음 관점이 말하듯 인지는 환경으로 확장된다. 리테일에 적용하면 의미는 명확해진다. 매장은 단순한 배경이 아니라 소비자의 사고 장치다. 소비자가 덜 생각하게 되는 순간은 소비자가 갑자기 똑똑해져서가 아니라, 매장이 생각의 일부를 떠안았기 때문이다. 기억을 설계하는 직업은 바로 이 외부 인지 장치를 구성한다. 그래서 이 직업은 미학의 직업이 아니라 인지 비용의 직업이다.

이 직업의 첫 번째 가치는 선택 비용을 구조적으로 낮춘다는 점이다. 선택 비용은 "고르기 어렵다" 같은 불평이 아니라 탐색, 비교, 정당화, 확정의 과정에서 발생하는 시간·불안·인지 피로의 총합이다. 선택 비용이 높은 매장은 소비자를 오래 붙잡아도 얇게 산다. 선택 비용이 낮은 매장은 소비자가 빨리 확신해도 두껍게 산다. 이 차이는 매장 매출의 평균을 단번에 바꾸기보다 매출의 '흔들림'을 먼저 바꾼다. 흔들림이 줄면 고정비 산업은 강해진다. 흔들림이 줄면 재고와 인력 운영의 난이도가 내려가고, 운영 난이도가 내려가면 경험 편차가 줄며, 경험 편차가 줄면 신뢰가 쌓인다. 이 선순환은 프로모션이 만들기 어렵다. 프로모션은 평균을 잠깐 올릴 수는 있어도 흔들림을 줄이긴 어렵다. 기억을 설계하는 직업은 흔들림을 줄이는 직업이고, 흔들림을 줄이는 직업은 오프라인에서 곧 생존 직업이 된다.

두 번째 가치는 시간의 지평을 바꾼다는 점이다. 광고와 프로모션은 현재의 매출을 당겨 온다. 반면 기억 설계는 미래의 매출을 덜 비싸게 만든다. 오프라인의 가장 위험한 상태는 매장이 매달 새로 태어나야 하는 상태다. 매달 유입을 돈으로 사고, 매달 할인으로 결제를 밀어야 하는 상태. 이 상태에서는 브랜드라는 단어가 있어도 브랜드가 작동하지 않는다. 브랜드가 작동한다는 것은 소비자가 다음 구매에서 비교를 덜 하게 된다는 뜻이고, 비교를 덜 하게 된다는 것은 기억이 선택 비용을 낮췄다는 뜻이다. 기억을 설계하는 직업은 현재의 전환율보다 다음번의 마찰을 줄이는 데 집중한다. 다음번의 마찰이 줄어들면 소비자는 더 빨리 돌아오고, 더 쉽게 추천하고, 가격을 덜 아프게 받아들인다. 이 변화는 한 달의 KPI로는 잘 보이지 않지만, 6개월과 12개월의 손익을 바꾼다. 오프라인의 장기 수익성은 결국 기억 설계의 누적값이다.

세 번째 가치는 조직 내부의 책임 구조를 통합한다는 점이다. 매장은 한 덩어리인데 조직은 보통 분절되어 있다. 상품은 MD, 공간은 디자인, 현장은 운영, 유입은 마케팅으로 나뉜다. 분절된 조직에서 소비자 경험은 하나로 이어붙는다. 이어붙은 경험은 매끄럽지 않고, 매끄럽지 않은 경험은 기억으로 압축되지 않는다. 기억을 설계하는 직업은 이 분절을 '하나의 문법'으로 묶는 역할을 한다. 입구에서 어떤 기준이 시작되는지, 비교가 어디에서 축소되는지, 확정이 어떤 증거로 일어나는지, 예외 상황에서 어떤 문장으로 신뢰를 복구하는지까지를 통합된 흐름으로 설계한다. 이 통합이 있어야 매장은 콘텐츠가 아니라 시스템이 된다. 시스템이 되면 역할이 바뀌어도 결과가 유지된다. 결과가 유지되면 조직은 감으로 운영하지 않고, 감이 들어갈 자리를 줄인다. 감이 줄어든 조직은 인력 교체와 시장 변동을 견딘다. 기억 설계는 결국 '사람이 바뀌어도 유지되는 경험'을 만드는 조직 기술이다.

네 번째 가치는 윤리적이라는 점이다. 오프라인에서 윤리는 거창한 선언이 아니라 실패 확률을 줄여 주는 구조로 나타난다. 소비자가 바보가 되지 않게 만드는 것, 숨은 조건으로 낚지 않는 것, 예외 상황에서 책임을 떠넘기지 않는 것, 과장된 추천을 강요하지 않는 것. 이런 요소들은 신뢰를 만들고, 신뢰는 반복을 만든다. 반복은 매장을 지속시키고, 지속은 지역과 사람의 생활 리듬을 안정시킨다. 기억을 설계하는 직업이 윤리적인 이유는, 소비자의 인지 비용을 줄이는 일이 곧 소비자의 시간을 존중하는 일이기 때문이다. 소비자의 시간을 존중하는 매장은 단기적으로도 강하지만, 장기적으로는 더 강해진다. 오프라인에서 장기 강함은 결국 신뢰의 누적이고, 신뢰는 설계된 일관성에서 나온다.

이 직업의 가치는 현장에서 더 노골적으로 드러난다. 기억 자산은 광고비를 줄이고, 할인 의존을 줄이고, 재방문을 늘리고, 추천을 자생시킨다. 이 네 가지는 모두 손익 계산서에 직결된다. 오프라인의 큰 비용은 임대료와 인건비만이 아니다. '매번 다시 설득해야 하는 비용'이 크다. 설득 비용은 광고비로만 나타나지 않는다. 현장에서 길어지는 응대, 반복되는 설명, 늘어나는 가격 문의, 결제 직전의 이탈, 예외 처리로 인한 감정 소모가 전부 설득 비용이다. 기억이 설계된 매장은 설득이 줄어든다. 설득이 줄어들면 현장은 조용해지고, 조용해지면 운영 품질은 안정되며, 안정되면 경험 편차가 줄고, 편차가 줄면 신뢰가 쌓인다. 신뢰가 쌓이면 다시 설득이 더 줄어든다. 기억 설계는 이 선순환을 여는 레버다.

그렇다면 기억을 설계하는 사람은 구체적으로 무엇을 만드는가. 첫째, 문법을 만든다. 소비자가 매장을 읽는 문법, 가격을 해석하는 문법, 추천을 받아들이는 문법을 만든다. 둘째, 기준점을 만든다. 시작점·비교점·확신점·마무리점이 반복되게 만든다. 셋째, 예외의 문장을 만든다. 품절과 대기, 교환·환불과 하자 같은 순간에 경험이 분산되지 않게 만든다. 넷째, 남는 것을 만든다. 포장과 가이드, 조합 카드와 사후 안내처럼 매장 밖에서 기억을 다시 호출하게 만드는 외부 단서를 만든다. 다섯째, 측정의 렌즈를 만든다. 매출 이전에 먼저 흔들리는 신호, 즉 진행률과 재현성, 질문의 길이와 되돌이 동선을 관찰하고 수정하는 루프를 만든다. 이 다섯 가지는 전부 '잘 만들었다'의 영역이 아니라 '남겼다'의 영역이다. 남기는 것이 생존을 만든다.

내가 이 직업을 좋아하는 이유도 여기에 있다. 공간을 만들고, 동선을 짜고, 사람을 배치하고, 말의 톤을 정한다. 그리고 그 결과가 소비자의 행동으로 바로 돌아온다. "그냥 거기로 가면 돼", "거긴 실패할 리 없어" 이 같은 문장이 소비자 입에서 나오기 시작하면, 그건 감성의 승리가 아니라 불확실성이 제거된 상태다. 소비자의 고민을 줄여 주고, 판단을 단축시켜 주고, 후회를 덜게 만드는 일이다. 소비자의 생각과 고민을 대행해 주는 일이라는 표현이 과장이 아니다. 오프라인에서 기억이 설계되면 소비자는 덜 생각하고, 덜 생각하면 더 자주 온다. 더 자주 오면 그 매장은 더 강해진다.

마지막으로 이 직업의 가치는 시대 변화에서 더 커진다. 온라인이 강해질수록 오프라인은 '정보 제공'으로는 이길 수 없다. 대신 오프라인은 '결정의 단축'으로만 이길 수 있다. 결정의 단축은 기억이 만들어낸다. 소비자가 다음번에 덜 비교하게 만드는 능력, 다음번에 덜 불안해하는 능력, 다음번에 덜 고민하게 만드는 능력. 이 능력은 알고리즘이 아니라 경험의 반복으로 생긴다.

경험의 반복은 우연이 아니라 설계다. 그래서 기억을 설계하는 직업은 기술이 발전할수록 사라지지 않는다. 오히려 더 중요해진다. 기술이 제공하는 것은 정보의 풍부함이지만, 사람에게 필요한

것은 선택의 단순함이기 때문이다. 선택을 단순하게 만드는 매장
이 결국 남고, 그 단순함을 설계하는 사람이 결국 남는다.

　결론은 간단하다. 오프라인 리테일에서 가장 비싼 것은 임대료
가 아니라 망각이다. 매장이 소비자에게 남기지 못하면, 소비자는
다음번에 다시 비교하고 다시 의심하고 다시 온라인으로 이동한다.
그때 매장은 매번 돈으로 숨을 쉬어야 한다. 반대로 매장이 남기
면, 소비자는 다음번에 덜 생각하고 더 빨리 확신한다. 덜 생각하
는 소비자가 반복을 만들고, 반복이 신뢰를 만들며, 신뢰가 브랜드
를 만든다. 기억을 설계하는 직업의 가치는 이 연쇄를 시작시키는
힘이다. 매장을 예쁘게 만드는 직업이 아니라, 매장을 시간이 갈수
록 더 쉬워지게 만드는 직업. 오프라인이 공간의 예술이 아니라 기
억의 공학이라면, 이 직업은 그 공학의 핵심 기술자다. 그리고 그
런 기술자는 결국 비용을 이기고 시간을 이긴다.

기억이 남은 자리에 매장이 남는다

이 책은 매장을 잘 만드는 법을 직접 설명하려는 책은 아니다. 대신 매장이 어떻게 남는지를 다뤘다. 남는다는 말은 오래 버틴다는 뜻이 아니라, 다음 선택에서 자동으로 호출된다는 뜻이다. 오프라인 리테일의 성패는 방문 수가 아니라 호출 수에서 갈린다. 사람들은 수많은 매장을 다녀도, 다시 떠올리는 매장은 극히 일부다. 그 일부는 우연히 선택되지 않는다. 기억의 구조가 선택을 단축시키는 곳만이 다음 행동의 기본값이 된다.

책의 처음부터 끝까지 반복된 하나의 전제는 단순하다. 리테일은 공간 예술이 아니라 기억의 공학이다. 이 문장은 비유가 아니다.

공간은 기억을 만들기 위한 수단이고, 기억은 행동을 자동화하기 위한 장치다. 자동화되지 않은 경험은 감상으로 끝나고, 감상으로 끝난 경험은 다시 선택되지 않는다. 다시 선택되지 않는 매장은 아무리 잘 만들어도 매번 처음으로 돌아간다. 매번 처음인 매장은 비용을 이길 수 없다.

오프라인의 경쟁은 더 이상 '무엇을 더 보여 줄 것인가'가 아니다. '무엇을 덜 생각하게 할 것인가'의 경쟁이다. 사람은 정보를 원하지 않는다. 결정을 끝내고 싶어 한다. 이때 매장이 해야 할 역할은 설득이 아니라 정리다. 기준을 정리하고, 비교를 축소하고, 확신을 빠르게 만들고, 실패 확률을 낮추는 구조를 제공하는 것. 이 구조가 반복될 때 기억은 규칙으로 압축되고, 압축된 기억은 다음 방문에서 선택 비용을 낮춘다. 이 낮아진 비용이 재방문과 추천을 만든다. 브랜드는 그 결과로 생긴다.

책의 각 장은 다른 이야기를 하는 것처럼 보이지만, 결국 하나의 질문으로 수렴한다. 이 매장은 소비자의 머릿속에서 어떤 일을 대신하고 있는가. 길 찾기를 대신하고 있는가, 비교를 대신하고 있는가, 확신을 대신하고 있는가, 후회 방지를 대신하고 있는가.

대신하는 일이 많을수록 매장은 강해진다. 대신하는 일이 적을수록 소비자는 스마트폰을 꺼내고, 스마트폰을 꺼내는 순간 오프라인의 우위는 사라진다.

이 책에서 말한 설계, 운영, 마케팅, 조직, 에이전시의 역할은 모두 기억이라는 하나의 대상에 연결되어 있다. 기억은 개인의 심리 현상이지만, 매장에서는 시스템의 산물이다. 동선, 진열, 가격 문법, 응대 언어, 예외 처리, 사후 단서가 함께 작동할 때 기억은 자산이 된다. 자산이 된 기억은 매출보다 먼저 움직이고, 매출보다 오래 남는다. 그래서 매출이 흔들릴 때도 버티는 매장이 생기고, 매출이 좋았는데도 사라지는 매장이 생긴다. 차이는 숫자가 아니라 기억의 축적량이다.

오프라인 리테일은 겉으로는 빠르게 변하는 산업처럼 보이지만, 본질적으로는 느린 산업이다. 트렌드는 빠르게 바뀌고 매장은 끊임없이 새로워진다. 그러나 신뢰와 재방문은 시간이 걸려 쌓인다. 변화가 빠르다고 해서 결과가 빨리 검증되는 것은 아니다. 이 느림을 견디지 못하면 매장은 단기 자극에 의존하게 된다. 자극은 순간을 만들 수는 있어도 반복을 만들지는 못한다. 반복이 없는 자극은 결국 비용만 남긴다. 문제는 바로 이 지점에서 시작된다. 잘 만들려는 욕망이 남기려는 책임을 압도하는 순간, 매장은 화려해지고 약해진다. 반대로 남기려는 책임이 앞서는 매장은 단정해지고 강해진다.

기억을 설계하는 일은 눈에 띄지 않는다. 칭찬도 늦고, 성과도 분산된다. 그래서 종종 과소평가된다. 그러나 오프라인에서 가장 비싼 실패는 망각이다. 소비자가 다시 떠올리지 않는 순간, 그 매장은 존재하지 않는 것과 다르지 않다. 기억을 설계하는 사람들의 가치는 바로 이 망각을 줄이는 데 있다. 소비자의 시간을 덜 쓰게 만들고, 판단을 덜 하게 만들고, 후회를 덜 하게 만드는 구조를 반복으로 증명하는 일. 이 반복이 쌓이면 매장은 유행보다 오래 간다.

이 책을 덮는 순간에도 많은 매장은 여전히 멋진 것을 만들고 있을 것이다. 그중 일부만이 남는다. 남는 매장은 잘 만들어서 남는 것이 아니라, 기억을 남겨서 남는다. 그리고 그 기억은 우연히 생기지 않는다. 설계되고, 지켜지고, 반복된다. 오프라인 리테일의 미래는 기술이나 트렌드가 아니라, 이 반복을 감당할 수 있는 태도에 달려 있다.

결국 질문은 하나다. 이 매장은 다음번에 덜 생각하게 만드는가. 그렇다면 이미 절반은 성공이다. 덜 생각하게 만드는 매장은 시간이 갈수록 더 쉬워지고, 더 쉬워진 매장은 더 자주 선택되며, 더 자주 선택된 매장은 기억이 된다. 기억이 된 매장만이 남는다. 이 책이 말하고자 한 모든 것은 그 단순한 진실로 돌아온다.

오프라인 리테일은 쉽지 않은 업이다. 매일 사람을 만나고, 매일 변수를 견디고, 매일 작은 선택을 반복해야 한다. 그래도 그 반복을 견디는 사람들 덕분에 어떤 매장은 오래 남는다. 이 책이 그런 일을 하는 사람들에게 작은 응원이 되기를 바란다.

리테일 마케터를 위한 To-Do List

∨	실천 항목	책의 핵심 인사이트	우선순위
기본 사고 전환 — 판매 공간에서 기억 설계 공간으로 전환한다			
☐	매장 기획 시 첫 질문을 '어떻게 팔까'가 아닌 '손님이 무엇을 기억하게 될까'로 바꾼다.	오프라인 매장은 이제 물건을 쌓아 두는 장소가 아니라 브랜드를 체험하고 기억하는 공간이다. (프롤로그)	∎
☐	'잘 만들었다'는 내부 평가보다 '잘 남겼다'를 성과 기준으로 삼는다.	매장의 성패는 오픈 순간의 박수가 아니라 오픈 이후 반복 방문에서 갈린다. (6장)	∎
☐	기억은 '정보'보다 '감정'에 저장된다는 것을 모든 콘텐츠 기획에 적용한다.	기억은 정보가 아닌 감정의 회로에 새겨진다. 콘텐츠가 감정을 건드리지 못하면 기억에도 남지 않는다. (3장)	∎
현장 관찰력 키우기 — 소비자 행동을 데이터로 읽는다			
☐	경쟁 매장 방문 시 '입구 3초의 첫인상'을 반드시 기록하는 습관을 만든다.	첫 방문이 전부를 결정한다. 브랜드 스토리가 3초 안에 전달되는지가 핵심이다. (1장·6장)	∎
☐	고객이 매장 내 어디서 멈추고 어떤 동선을 반복하는지 현장에서 직접 관찰한다.	사람은 왜 같은 동선을 반복하는가, 익숙함이 결제를 쉽게 만든다. (4장)	∎

∨	실천 항목	책의 핵심 인사이트	우선순위
☐	피크 타임에 병목이 어디서 발생하는지 시간대별로 기록하고 분석한다.	병목은 공간의 문제가 아니라 흐름 설계의 문제다. 막히는 곳에서 고객의 기억도 함께 끊긴다. (4장)	■■
☐	체류 시간과 구매 전환율 간의 상관관계를 데이터로 파악하는 루틴을 만든다.	막히는 지점은 포기가 시작되는 지점이다. 동선의 병목은 피로를 만든다. 피로는 이탈을 만든다. (2장)	■

| 감각 설계 이해하기 — 다중 감각의 일관된 정렬 |

∨	실천 항목	책의 핵심 인사이트	우선순위
☐	기획 전 매장의 핵심 감정(편안함·신뢰·흥분 등)을 먼저 한 단어로 정의한다.	리테일에서 감정은 반드시 행동과 연결되어야 한다. 감정 정의 없이 감각 설계는 흐려진다. (1장)	■■■
☐	조명·향기·음악·소재·온도가 동일한 방향의 감정을 전달하는지 점검 체크리스트를 만든다.	감각이 겹칠수록 기억은 강해진다. 서로 다른 메시지를 동시에 보내면 기억은 흐려진다. (3장)	■■
☐	향기·시그니처 사운드 등 후각·청각 단서를 공간의 '정체성 레이블'로 활용한다.	냄새는 브랜드보다 오래 남는다. 향은 단독 자산이 아니라 경험의 레이블이다. (3장)	■

	선택 비용 줄이기 — 소비자의 결정을 설계한다		
☐	상품·메뉴 구성 기획 시 선택지 수보다 '선택하기 쉬운 구조'를 우선 설계한다.	선택지가 많아질수록 자유가 커지는 것이 아니라 피로가 커진다. (2장)	■■■
☐	추천 조합·베스트셀러를 시각적으로 명확하게 제시해 비교 없이 결정이 가능하도록 한다.	비교하지 않아도 되는 매장의 힘을 만들어야 한다. 경쟁 자체를 무의미하게 만드는 것이 목표다. (4장)	■■
☐	미완성 구조(자이가르닉 효과)를 활용해 소비자가 매장 안에서 자발적으로 탐색하게 만든다.	미완성은 붙잡아 두는 기술이 아니라 끝까지 가게 만드는 구조다. (2장)	■
	기억 자산 관리 — 반복 가능한 구조를 만든다		
☐	프로젝트 보고서에 매출 외 체류 시간·재방문율·추천 발생 건수를 반드시 포함시킨다.	매출은 결과이고 기억은 원인이다. 보이지 않는 성과를 먼저 관리해야 한다. (5장)	■■■
☐	'Small Change, Big Impact' 원칙을 적용해 작은 변화 하나의 전후 효과를 측정하는 습관을 기른다.	모든 것을 바꾸지 않아도 인식은 바꿀 수 있다. 오히려 이 일이 새로 짓는 것보다 어렵다. (프롤로그)	■■■

∨	실천 항목	책의 핵심 인사이트	우선순위
☐	회의에서 디자인·분위기 중심 논의가 나올 때 소비자 행동 언어로 전환하는 연습을 한다.	회의가 멋으로 정리될수록 소비자 이야기는 사라진다. 행동으로 내려가야 한다. (6장)	■■
☐	에이전시·협력사와 계약 시 '오픈 후 안정화 단계'까지 책임 범위에 포함시킨다.	경험은 오픈 후에야 데이터가 쌓인다. 계약은 기간이 아니라 단계로 나뉘어야 한다. (6장)	■

자영업자를 위한 실천 To-Do List

∨	실천 항목	책의 핵심 인사이트	우선순위
	우리 가게 기억 진단 — 지금 손님에게 무엇이 남아 있는지 살핀다		
☐	단골 손님 3명에게 '어떻게 다시 오시게 됐어요?'와 관련한 질문을 하고 답을 기록한다.	'괜찮았어' '나쁘지 않았어' 같은 막연한 답은 기억이 정리되지 못했다는 경고 신호다. (1장)	∎
☐	직접 손님 역할로 입구를 들어서며 '3초 안에 무엇이 느껴지는가'를 체크한다.	첫 방문이 전부를 결정한다. 입구 3초의 인상이 이후 모든 경험을 필터링한다. (1장)	∎
☐	가게 이름·메뉴·분위기가 '한 문장'으로 설명되는지 테스트해 본다.	브랜드는 로고가 아니라 축적된 기억이다. 문법이 명확한 가게만 기억으로 남는다. (5장)	∎
	감각 환경 점검 — 몸이 먼저 느끼는 가게를 만든다		
☐	가게의 향 : 의도한 냄새가 있는지, 혹은 불쾌한 냄새가 차단되어 있는지 확인한다.	냄새는 브랜드보다 오래 남는다. 향은 경험의 레이블이 되어 기억을 고정시킨다. (3장)	∎
☐	조명 : 제품·음식이 가장 맛있어 보이는 색온도와 밝기로 조정한다. 조명은 공간의 감정을 만든다.	색온도 하나가 체류 시간과 구매 결정을 바꾼다. (3장)	∎

기억을 팝니다

∨	실천 항목	책의 핵심 인사이트	우선순위
☐	음악 : 가게 성격에 맞는 장르와 볼륨인지, 손님 대화를 방해하지 않는지 점검한다.	소리는 공간의 성격을 결정한다. 거슬리는 소리는 피로가 되고 피로는 이탈을 만든다. (3장)	■■
☐	온도 : 손님이 오래 머물고 싶은 쾌적한 온도를 계절별로 유지한다. 온도와 밀도는 체류 시간을 바꾼다.	체류 시간이 늘면 매출이 따라온다. (3장)	■
☐	매대·테이블·포장재의 소재와 질감이 가게의 가격대·이미지와 일치하는지 확인한다.	손에 닿는 감촉이 신뢰를 만든다. 촉감은 시각적 기대와 일치할 때 신뢰를 강화한다. (3장)	■

| 선택 비용 줄이기 ─ 손님이 덜 고민하게 만든다 |

∨	실천 항목	책의 핵심 인사이트	우선순위
☐	메뉴·상품 수를 줄이거나 '추천 조합'을 명확하게 제시해 결정을 돕는다.	선택지가 많아질수록 피로가 커진다. 오프라인의 선택은 비교·필터링이 아닌 몸과 감각을 통과한다. (2장)	■■■
☐	조명: 제품·음식이 가장 맛있어 보이는 색온도와 밝기로 조정한다. 조명은 공간의 감정을 만든다.	비교하지 않아도 되는 매장의 힘을 키운다. 경쟁 자체를 무의미하게 만드는 것이 목표다. (4장)	■■■
☐	가격 구조를 단순화하고 할인·예외 조건을 일관되게 유지한다.	가격 문법이 흔들리면 소비자는 다시 비교를 시작한다. 비교 시작은 오프라인 수익성 붕괴와 연결된다. (5장)	■■

	실천 항목	책의 핵심 인사이트	우선순위
| 재방문 구조 만들기 — '다음에 또 올 이유'를 설계한다 |			
☐	손님이 집에 돌아가서도 가게를 떠올릴 단서를 하나 남긴다. (포장·카드·QR 등)	생활 단서: 매장 밖에서 그 매장이 떠오를 수 있는 단서가 남아야 기억 자산이 된다. (5장)	▪▪▪
☐	'다음에 또 들러요' 대신 '○월에 신메뉴 나와요' 처럼 구체적인 재방문 이유를 말한다.	재방문은 '또 와야지'라는 감상이 아니라 구체적인 실행 의도가 생겨야 발생한다. (5장)	▪▪
☐	시즌 메뉴·한정 상품 등 '돌아올 이유'를 주기적으로 미리 기획해 둔다.	미완성은 소비자가 자발적으로 이야기를 이어 붙이게 만드는 구조다 → 다음 방문 동기로 활용한다. (2장)	▪▪
| 운영 일관성 유지 — 평균을 높이기보다 최악의 날을 없앤다 |			
☐	품절·실수·불만 상황에 대한 대응 기준을 미리 정하고 직원과 공유한다.	오래가는 매장은 '항상 같은 방식으로 처리한다'를 만든다. 일관성이 신뢰를 만든다. (6장)	▪▪▪
☐	어떤 날은 훌륭하고 어떤 날은 엉망인 상황을 줄이는 것이 최우선 운영 과제임을 인식한다.	소비자에게 남는 것은 평균이 아니라 최악의 순간이다. 최악이 경고로 저장된다. (6장)	▪▪▪

∨	실천 항목	책의 핵심 인사이트	우선순위
☐	가격 정책·추천 방식·결제 과정을 어느 날이든 동일하게 유지한다.	'어느 날은 이렇고 어느 날은 저렇다'는 기억은 자산이 아니라 불안의 축적이다. (5장)	■■

| 추천이 일어나는 경험 설계 — 입소문은 설계된 결과다 |

∨	실천 항목	책의 핵심 인사이트	우선순위
☐	손님이 사진 찍고 싶은 포인트를 가게 안에 하나 만든다.	적은 수의 소비자일지라도 깊은 인상을 남기면 그 경험은 사진이 되고 이야기가 된다. (프롤로그)	■■
☐	'거긴 그냥 거기서 사면 돼'라는 말이 나올 만큼 우리 가게만의 문법을 만든다.	비교하지 않아도 되는 매장은 경쟁에서 이긴 것이 아니라 경쟁 자체를 무의미하게 만든 것이다. (4장)	■■
☐	추천으로 온 신규 손님에게 기대와 규칙을 자연스럽게 전달할 수 있는 첫 응대를 설계한다.	추천으로 유입된 소비자는 이미 기대와 규칙을 갖고 있어 더 빨리 확신에 도달하고 결제한다. (5장)	■
☐	단골 손님이 지인에게 쉽게 설명할 수 있는 '한 문장 소개말'을 만들어 두고 매장 SNS에 자주 인용한다.	추천은 기억의 전염이다. 전염은 광고비 없이 성장하는 구조다. (5장)	■

기억을 팝니다

초판 1쇄 인쇄일 2026년 4월 20일
초판 1쇄 발행일 2026년 4월 29일

지은이 김용일

발행인 윤호권

편집 구민준 **디자인** 정은경 **마케팅** 김진규
발행처 ㈜SIGONGSA **주소** 서울시 성동구 광나루로172 린하우스 4층 (04791)
대표전화 02-3486-6877 **팩스(주문)** 02-598-4245
홈페이지 www.sigongsa.com / www.sigongjunior.com

이 책의 출판권은 ㈜SIGONGSA에 있습니다. 저작권법에 의해
한국 내에서 보호받는 저작물이므로 무단 전재와 무단 복제를 금합니다.

ISBN 979-11-7125-931-1 (03320)

WEPUB 원스톱 출판 투고 플랫폼 '위펍' _wepub.kr
위펍은 다양한 콘텐츠 발굴과 확장의 기회를 높여주는
SIGONGSA의 출판IP 투고·매칭 플랫폼입니다.